普通高等职业教育规划教材
21世纪卓越汽车应用型人才培养专用教材

汽车电气与电子技术

实训项目作业书

组　编　华汽教育
主　编　钱　强
主　审　夏令伟

同濟大學出版社
TONGJI UNIVERSITY PRESS

内 容 提 要

本书是“汽车电气与电子技术”课程的配套实训教材，在内容安排上本着近期“必需够用”和将来“迁移可用”的原则，以培养学生实际工作的基本能力和基本技能为目的。

全书共15个实训大项目，包括：汽车电源系统、起动系统、点火系统、照明与信号系统、仪表系统、电动风窗刮水洗涤系统、电动车窗系统、电动天窗系统、电动座椅系统、电动后视镜系统、中控门锁系统、巡航系统、空调系统、安全气囊系统、总线系统等。

本书不仅可以作为在校学生学习“汽车电气与电子技术”实践操作技能的教材，也可以作为汽车从业人员业务培训的用书。

图书在版编目(CIP)数据

汽车电气与电子技术实训项目作业书/钱强主编.
--上海：同济大学出版社，2011.8（2017.7 重印）
普通高等职业教育规划教材　21 世纪卓越汽车应用型人才培养专用教材
ISBN 978-7-5608-4664-4

Ⅰ. ①汽…　Ⅱ. ①钱…　Ⅲ. ①汽车－电气设备－高等职业教育－教学参考资料②汽车－电子技术－高等职业教育－教学参考资料　Ⅳ. ①U463.6

中国版本图书馆 CIP 数据核字(2011)第 172225 号

普 通 高 等 职 业 教 育 规 划 教 材
21 世纪卓越汽车应用型人才培养专用教材
汽车电气与电子技术实训项目作业书
组编 华汽教育　**主编** 钱　强　　**主审** 夏令伟
责任编辑 陈佳蔚　　**责任校对** 徐春莲　　**封面设计** 庞　波　　**项目执行** 陈佳蔚　周群飞

出版发行　同济大学出版社(www.tongjipress.com.cn　地址：上海市四平路 1239 号
　　　　　邮编 200092　电话 021－65985622)
经　　销　全国各地新华书店
印　　刷　常熟市大宏印刷有限公司
开　　本　889 mm×1 194 mm　1/16
印　　张　18.25
印　　数　21601-23100
字　　数　584 000
版　　次　2011 年 8 月第 1 版　　2017 年 7 月第 10 次印刷
书　　号　ISBN 978-7-5608-4664-4

定　　价　38.00 元

普通高等职业教育规划教材
21世纪卓越汽车应用型人才培养专用教材

编审委员会

序

汽车产业是我国最重要的支柱产业之一，对国民经济的发展起着重要的作用。经过几代人的共同努力，20世纪90年代初我国的汽车产业进入了前所未有的全面快速发展阶段。2009年国内汽车产业实现了历史性跨越，以年产、销量均超1 000万辆而居全球之首。

我们国家虽已成为汽车大国，但还远不是汽车强国。我们还没有大型的国际化汽车公司，没有世界知名的自主汽车品牌，没有完全掌握汽车工业的核心技术，对国外汽车市场的开拓尚处于起步阶段。显然，要成为汽车强国，我国任重而道远。

汽车产业具有人才密集、资金密集、技术密集、装备集约化和生产规模化的特点。在这些产业要素中，专业人才具有极为重要的地位。无论是在汽车的研发、制造等汽车产业链的前端，还是在汽车的销售、应用、维修乃至报废处理等汽车产业链的后端，都需要大批具备基本理论知识、掌握现代汽车核心技术、具有熟练操作技能的工程技术人员和技术工人。

就汽车后市场而言，随着我国汽车产业的加速发展、汽车技术的不断进步、汽车社会保有量的持续增加，从事汽车技术服务与营销、汽车检测与维修的从业人员已日益增多，对高质量、高技能人才的需求将不断扩大，各类训练有素的高技能人才的短缺是不争的事实，这已引起全国上下的广泛关注。

开展多层次、多种形式的职业教育，加强从业人员的职前和职后培训，是解决汽车专业人才紧缺的有效途径。为此，许多高等职业院校增设了汽车专业，与汽车技术普及和提高相关的各类培训机构和技能鉴定机构亦大量涌现，职业教育呈现出良好的发展势头。然而，由于传统教学体制和教学理念的局限性，高等职业院校的专业建设水准与汽车产业发展的实际需求还有很大差距；各类培训机构也同样面临进一步提高培训质量的问题。诚如教育部"教高[2006]16号文件《关于全面提高高等职业教育教学质量的若干意见》"中所指出的，"随着我国走新型工业化道路、建设社会主义新农村和创新型国家对高技能人才要求的不断提高，高等职业教育既面临着极好的发展机遇，也面临着严峻的挑战"。显然，提高教育质量和技能培训质量是当前高等职业教育面临的最大挑战。

教材建设是高等职业院校专业建设的基石，是人才培养计划得以成功的必要条件，是提高高等职业教育质量的重要保障。为认真贯彻党的十七大精神和《国务院关于大力推进职业教育改革与发展的决定》，根据教育部大力推动技能型紧缺人才培养培训工程的指导思想，同济大学出版社联合上海中锐教育集团旗下的华汽教育、无锡南洋职业技术学院及与中锐教育集团合作开办汽车相关专业的全国15所高等职业院校，在总结近几年教学经验的基础上，组织编撰了"普通高等职业教育规划教材·21世纪卓越汽车应用型人才培养专用教材"丛书。

为了做好教材的组编工作，编撰人员深入探讨了国内高等职业院校的特点和教学规律，对德国、美国、日本等发达国家的汽车职业教育进行了多次考察，同时结合中锐教育集团为汽车生产厂商开发企业内部培训课程的经验，力求在"因材施教、学以致用"上有所突破；力求在"淡化学科分类、突出综合应用"

上有所突破;力求在高等职业院校教材的内容、体例、风格上有所突破。

本丛书是为培养高素质、高技能紧缺人才而编写的,为此组建了以高等院校、高等职业技术学院、汽车工程学术组织、汽车技术研究机构、汽车生产企业、汽车经销服务企业、汽车维修行业协会、汽车流通行业协会及汽车职业技能培训机构等各方人士相结合的教材编审委员会,以保证教材质量,促进我国高等职业教育事业的发展,造福于莘莘学子。

真诚地希望本丛书的出版能对我国的职业教育和技能培训有所裨益,热切期待广大读者提出宝贵意见和建议,使教材更臻完善。

李理光

2010 年 7 月

前　言

汽车实训是高等职业院校提高教学质量的重点教学内容。《汽车电气与电子技术实训项目作业书》是“汽车电气与电子技术”课程的配套实训教材，在内容安排上本着近期“必需够用”和将来“迁移可用”的原则，以培养学生的职业素养和职业岗位能力为编写目标，并努力使学生通过实训教学获得就业的技能和创业的本领。

本书的特色及主要内容说明如下。

1. 本书结合高等职业教育的特点，在对汽车企业广泛调研的基础上，结合目前汽车维修市场的实际状况，根据汽车维修企业对汽车维修人员的岗位能力要求，按照模块化教学方法的要求进行了知识和技能的整合，突出技能培训。

2. 本书将传统的实训指导书、实训报告和当前流行的工作页整合在一起，将优点集合在一起，实用简练，具有很强的可操作性，可作为教师的实训指导、课前实训设备与材料的准备；可以供学生实训课前的自习与预习、实训操作的辅导、实训操作过程的记录和试训后的复习与思考，巩固实训效果。

3. 本书突出基本理论知识对实训操作的指导，规范学生操作，培养学生自主学习的能力并掌握工作业务的研究方法。不仅具有工作页的基本特点，而且具有培养高职学生综合分析能力的作用。

4. 本书包括15个实训大项目，主要包括：汽车电源系统、起动系统、点火系统、照明与信号系统、仪表系统、电动风窗刮水洗涤系统、电动车窗系统、电动天窗系统、电动座椅系统、电动后视镜系统、中控门锁系统、巡航系统、空调系统、安全气囊系统、总线系统等。

本书不仅可以作为在校学生学习“汽车电气与电子技术”实践操作技能的教材，也可以作为汽车从业人员业务培训的用书。

本书由无锡南洋职业技术学院钱强担任主编，滕明凤、周嫣担任副主编，赵海峰参加编写，夏令伟担任主审，在编写过程中得到了华汽编写委员会委员们的热情关怀和指导，在此一并表示衷心感谢！

由于水平有限，不足之处在所难免，欢迎读者提出宝贵意见。

编　者

2011年7月

目　录

实训一 电 源 系 统

姓名：____________ 班级：____________ 日期：____________

实训一（一） 蓄电池构造认识及技术状况检查

一、实训指导

（一）实训目标

1. 熟悉蓄电池的构造特点；
2. 学会配置电解液；
3. 学会使用密度计和高率放电计等检测仪器检查蓄电池的技术状况。

（二）安全要求及注意事项

1. 测量电解液液面高度及电解液密度时，注意不要将电解液滴落到地面或其他物品上，以免损坏物品和污染环境；
2. 搬动和量取硫酸时要小心谨慎，如果溅到皮肤上，应立即用10%苏打溶液或肥皂水冲洗；
3. 密度计、温度计和玻璃管等用后应立即用清水洗净放好，避免仪器损坏；
4. 用高率放电计测量电压时，放电叉与蓄电池的接触时间每次不得超过5 s，以防蓄电池长时间大电流放电。

（三）设备/工具/耗材要求

设备：解体的蓄电池、普通蓄电池、免维护蓄电池、干荷电蓄电池各1个。
工具：吸式密度计、温度计、玻璃棒、耐酸容器、防护用品。
仪器：12 V高率放电计、数字万用表。
耗材：10%的苏打溶液、相对密度为1.83～1.84 g/cm^3 的化学纯硫酸、蒸馏水。

（四）实训操作指导

1. 认识蓄电池结构组成
蓄电池解体件的结构见下图。

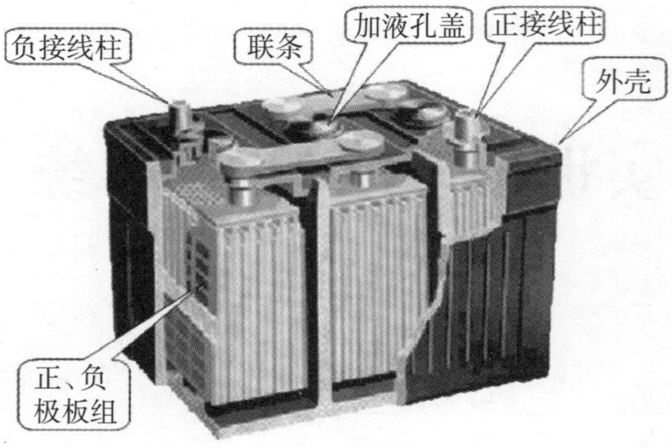

蓄电池结构

2. 分辨蓄电池正、负极板和正、负极柱

1) 蓄电池正、负极板的辨别

极板是蓄电池的核心部分，它分正极板和负极板。正极板上的活性物质是深棕色的二氧化铅(PbO_2)，负极板上的活性物质是青灰色的海绵状铅(Pb)。

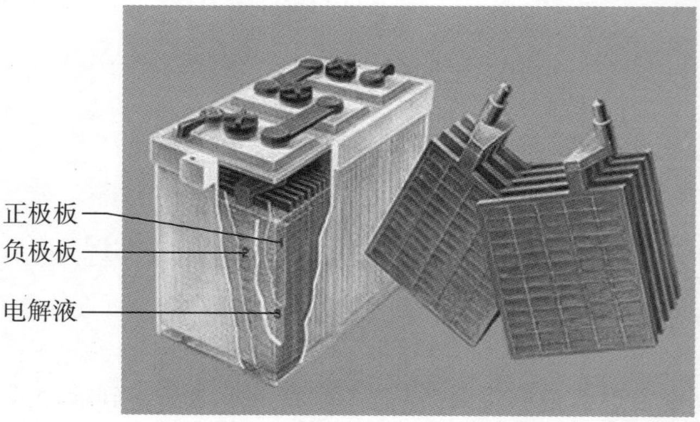

蓄电池极板认识

2) 蓄电池正、负极柱的辨别

(1) 有正负标记

有的蓄电池上铸有正负标记，“+”(或 P)的接柱为正，“−”(或 N)的接柱为负。

(2) 有颜色标记

有的蓄电池极柱上涂有颜色，正极涂红漆，负极涂黑漆。

(3) 无标记

无标记蓄电池的正负接线柱识别方法有以下几种：

① 看极柱的粗细：粗的锥形接线柱为正极，细的为负极。

② 看极柱的自然颜色：呈深褐色的为正极，浅灰色的为负极。

③ 看极柱的表面硬度：用一字起子在极柱表面轻划，较坚硬的为正极，反之为负极。

④ 用万用表检测：有的蓄电池没有任何标记；有的蓄电池使用太久，标记被腐蚀损坏，辨别不清。把万用表置直流电压 20 V 挡，红表棒与黑表棒分别接触蓄电池的两个极柱，如果显示的数值是“+”值，则红表棒接触的是正极，黑表棒接触的是负极，如果显示的数值是“−”值，则红表棒接触的是负极，黑表棒接触的是正极。

3. 蓄电池的外观检查

(1) 检查蓄电池外壳是否破裂、电解液有无渗漏；

(2) 检查蓄电池正、负极柱是否脏污或有氧化物；

(3) 观察加液孔盖是否破裂、电解液有无渗漏、通气孔是否畅通。

4. 电解液液面高度检查

一般汽车行驶 1 000 km 后应检查蓄电池液面高度。电解液液面高度应高出极板 10～15 mm。电解液不足应及时添加蒸馏水，如果是因为电解液溅出而导致液面降低的，应该补加相应密度的电解液，并重新充电调整。电解液液面高度的检查方法有玻璃管测量法和观察液面高度指示线法。

1) 玻璃管测量法

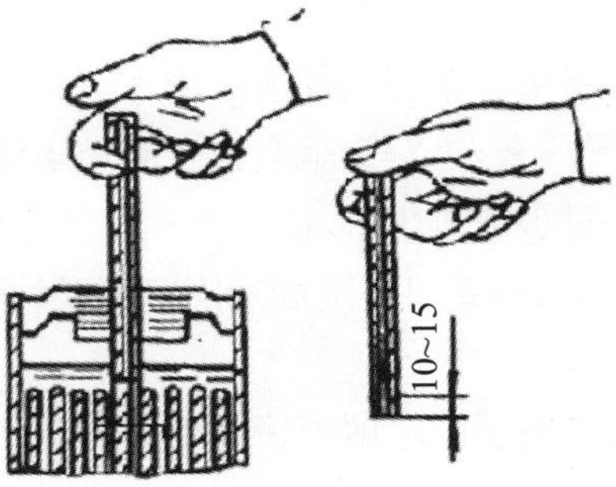

玻璃管测量法

(1) 用一空心玻璃管插入蓄电池电解液内极板的上平面处；

(2) 玻璃管内的电解液与蓄电池液面同高，用大拇指按玻璃管上端，使管口密封；

(3) 提起玻璃管，玻璃管内的液面高度即为蓄电池电解液液面高度。

2) 观察液面高度指示线法

液面高度指示线法

透明塑料容器的蓄电池，容器壳体上刻有两条指示线，指示最高液面和最低液面。正常液面高度应介于两线之间，低于中线则为液面过低，应添加蒸馏水补充。

当电解液液面低于标准时，应及时补充蒸馏水。除确知液面降低是由电解液溅出所致外，不允许补充硫酸溶液。这是因为电解液液面正常降低是由电解液中的蒸馏水电解和蒸发所致。不能加注冷开水、自来水、河水及其他质地的水。

5. 蓄电池电解液密度测量

电解液密度的大小，是判断蓄电池容量的重要标志。测量蓄电池电解液密度时，蓄电池应处于稳定状态。蓄电池充、放电或加注蒸馏水后，应静置 30 min 后再测量。

1) 非密封式蓄电池电解液密度的测量

对于非密封式蓄电池，可用吸管式密度计测量电解液密度，其测量过程如下图所示。

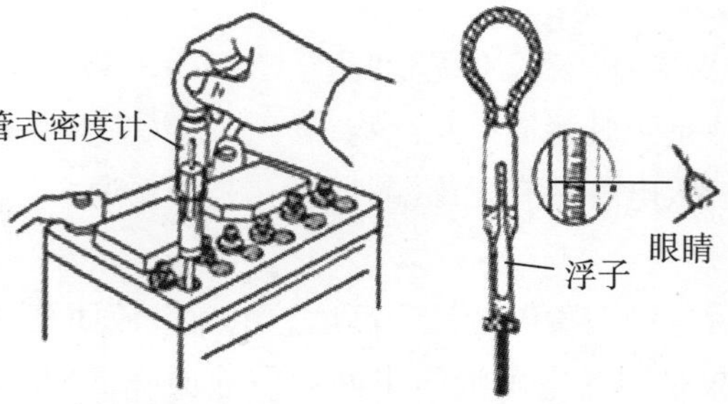

用吸管式密度计进行测量电解液密度

方法如下：

(1) 打开蓄电池的加液盖。

(2) 把密度计下端的橡皮管伸入蓄电池单格的加液口内。

(3) 用手将橡皮球捏一下，再慢慢放开，电解液就会被吸到玻璃管中。

(4) 注意控制吸入时电解液不要过多或过少，以能将密度计浮子浮起而不会顶住为宜。

(5) 使管内的浮子浮在玻璃管中央(不要相互接触)，读取密度计的读数。读数时密度计刻度线与眼睛平齐。

(6) 将所测量的密度值与上次充电终了的电解液密度值进行对比，根据密度下降的程度来判断蓄电池的放电程度。

通过对各个单格电池电解液密度的测量，可以确定蓄电池是否失效。如果单格电池之间的密度相差 0.05 g/cm^3，则该电池失效。

2) 有内置式密度计的免维护蓄电池电解液密度的测量

对于密封式的免维护蓄电池，一般在蓄电池盖上装有特殊的温度补偿密度计。密度计上部有一个透明玻璃棒，棒下连接一个小盒，盒子内部有一个绿色小球，当电解液的密度约为蓄电池额定容电 65% 时，绿色小球就会浮起，升至小盒顶端，顶住玻璃球下端，这样，可以看见密度计的中央出现一个小绿点。检测时，如果看到绿点，说明蓄电池的电量已经很足。如果看不到绿点或只是一片黑色，说明需要给蓄电池充电。如果看到是白色，说明蓄电池损坏需更换。

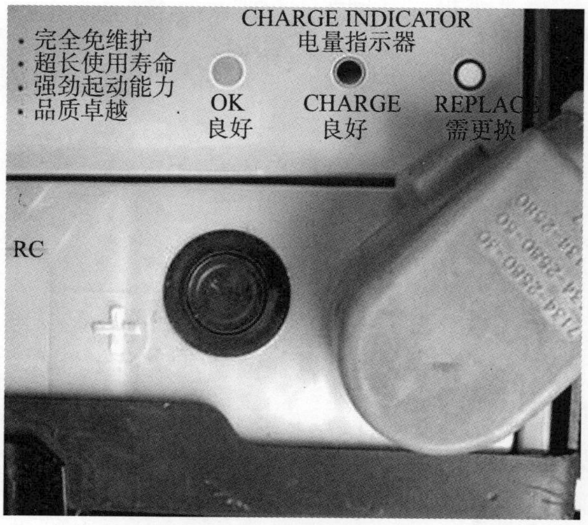

免维护蓄电池检视口

还有一些内置式密度计用红色标记表示警告标记，一旦出现红色标记，说明蓄电池已经彻底放电，使用前必须充电。

6. 用 12 V 高率放电计测试放电程度

高率放电计能模拟起动机工作状态检测蓄电池容量，是目前普遍使用的检测仪表。它由一只电压表和一个负载电阻组成。由于在检测时，蓄电池对负载电阻的放电电流可达 100 A 以上，所以能比较准确判定蓄电池的容量和基本性能，如下图所示。

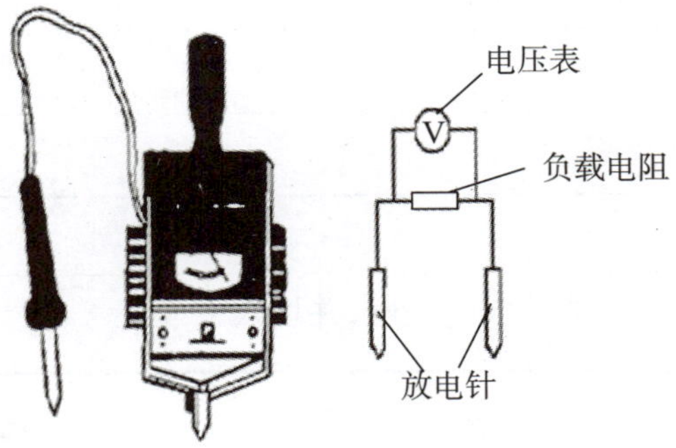

用高率放电计检测

以 12 V 蓄电池为例，使用方法如下：将高率放电计的正、负放电针分别压在蓄电池的正、负极柱上，保持 5 s，若电压保持在 9.6 V 以上，说明性能良好，若电压迅速下降，说明蓄电池已经损坏。

7. 用万用表测试放电程度

将万用表的正、负表棒分别压在蓄电池的正、负极柱上，起动发动机，观察起动时蓄电池的电压降，若起动时电压保持在 9.6 V 以上，说明性能良好，若电压迅速下降，说明蓄电池电量不足。

(五) 技术要点

1. 对于刚进行过强电流放电或刚加过蒸馏水后的蓄电池，不宜进行电解液密度测量；否则会因电解液混合不均匀而使测量结果不准。

2. 电解液密度应根据地区、季节不同来选择，因为选得过高、过低都将影响蓄电池的容量。

3. 用高率放电计和高率测试仪测试放电程度，不能连续进行，必须间隔 1 min 后才可以再次检测，以防止蓄电池损坏。

二、工作页

1. 检查蓄电池外观，并填入下表。

序号	蓄电池型号	额定电压/容量	外观是否良好	技术状况
1				
2				
3				

2. 用吸管式密度计测量电解液密度，并填入下表。

项　目	蓄电池单格数					
	1	2	3	4	5	6
液面高度						
电解液密度						
放电程度						

蓄电池技术状况判定：________________

3. 用 12 V 高率放电计测试蓄电池的放电程度，并填入下表。

序号	蓄电池型号	额定电压/容量	放电电压	技术状况
1				
2				
3				

4. 用万用表测试蓄电池的放电程度，并填入下表。

序号	蓄电池型号	额定电压/容量	放电电压	技术状况
1				
2				
3				

三、复习思考题

1. 怎样区分蓄电池的正负极柱？

2. 用万用表检测蓄电池的端电压为 12 V，该蓄电池电量是否充足？为什么？

3. 怎样判定免维护蓄电池的技术状况？

实训一（二） 蓄电池充电机的使用

一、实训指导

（一）实训目标

1. 了解蓄电池的充电过程；
2. 掌握蓄电池的充电方法和操作步骤。

（二）安全要求及注意事项

1. 充电时，应打开蓄电池的加液孔盖，并保持室内通风良好，以免充电终了时释放大量的气体污染环境；
2. 充电时，严禁烟火，防止充电时释放的气体产生燃烧；
3. 使用充电机应先连接好蓄电池与充电机间的正、负极电缆，再接通充电机电源，否则可能会在连接电缆时产生火花，引起爆炸；
4. 充电过程中，应随时检查蓄电池的温度，切勿过热；
5. 充电机一般接 220 V 或 380 V 的电源，在移动、操作充电机时务必注意安全。

（三）设备/工具/耗材要求

设备：蓄电池、普通充电机、脉冲快速充电机。
工具：防护用品。
仪器：12 V 高率放电计、数字万用表、温度计、吸式密度计。
耗材：电解液、蒸馏水、抹布等。

（四）实训操作指导

1. 充电机的认识

蓄电池充电的方法有定流充电和定压充电两种，汽车上发电机对蓄电池的充电采用定压充电方法，在汽车维修企业里都使用充电机对蓄电池充电，即采用定流充电方法。充电机有普通充电机和脉冲快速充电机两种，如下图所示。

普通充电机

脉冲快速充电机

2. 定流充电

定流充电即定电流充电，蓄电池在充电过程中，使其充电电流保持恒定不变，当充到蓄电池单格电压上升至 2.4 V(电解液开始冒气泡)时，将充电电流减小一半后保持恒定，直到蓄电池完全充足。

定流充电法可任意选择和调整电流，适应各种不同条件下的蓄电池充电(新蓄电池的初充电，使用中的电池补充充电以及去硫充电等)，因此它有较大适用性，但充电时间长。

1) 接线方法

(1) 如果蓄电池的容量相同，可采用串联法对蓄电池进行充电，即将同容量的蓄电池串联起来接入充电电源。其接线方法如下图所示。

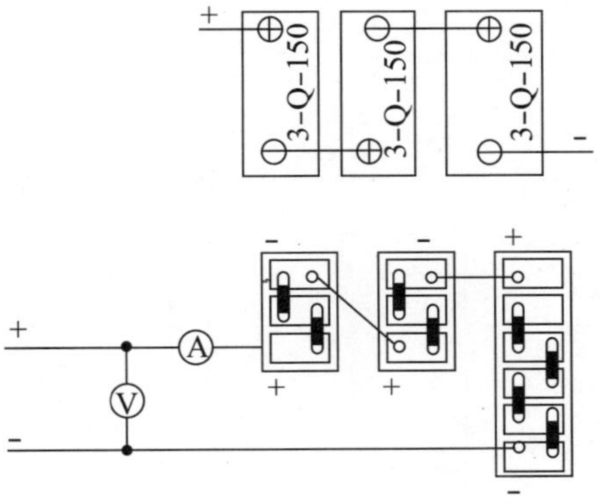

同容量蓄电池串联充电

(2) 如果蓄电池的容量、电压大小不等，可按混联方法进行充电，如下图所示。即在接线前将蓄电池按容量与放电程度分组，把额定容量相同且放电程度相同的蓄电池串联起来，并使各串联组内单格电池数相等，然后将各串联组并联到充电电源上去。

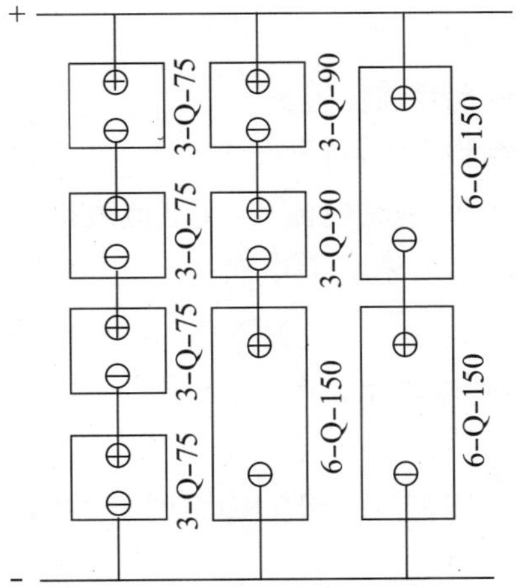

不同容量、不同电压蓄电池混联充电

2) 充电步骤

(1) 对待充电的蓄电池进行技术状况检查，清洁外部，若液面过低时，应补充电解液，直到电解液高出极板 10～15 mm，完成上述操作后，暂不盖上加液孔盖。

(2) 根据被充蓄电池的容量，按充电电流规范确定充电电流，见下表。

蓄电池的充电电流规范

蓄电池型号	额定容量/A·h	额定电压/V	初充电				补充充电			
			第一阶段		第二阶段		第一阶段		第二阶段	
			电流/A	时间/h	电流/A	时间/h	电流/A	时间/h	电流/A	时间/h
3-Q-75	75		5		3		7.5		4	
3-Q-90	90		6		3		9.0		5	
3-Q-105	105		7		4		10.5		5	
3-Q-120	120	6	8		4		12.0		6	
3-Q-135	135		9		5		13.5		7	
3-Q-150	150		10		5		15.0		7	
3-Q-195	195		11	25～35	7	20～30	19.5	10～11	10	3～5
6-Q-60	60		4		2		6.0		3	
6-Q-75	75		5		3		7.5		4	
6-Q-90	90	12	6		3		9.0		4	
6-Q-105	105		7		4		10.5		5	
6-Q-120	120		8		4		12.0		6	

(3) 用充电专用线将充电机的“＋”极接线柱与蓄电池的“＋”极相连，充电机的“－”极接线柱与蓄电池的“－”极相连。

(4) 将充电机的电压调节旋钮调至合适位置。

(5) 接通交流电源至充电机的控制开关，打开充电机上的电源开关。

(6) 旋转充电机电流调节旋钮，同时观察电流表，使电流表指示出所选定的数值。

(7) 在达到蓄电池的充电电流规范所示的充电时间后，用万用表或电压表测量各蓄电池两端的电压，用密度计测量各蓄电池的相对密度。

(8) 蓄电池如有充足电的特征，则可停止充电。

3. 定压充电

定压充电指在充电过程中，加在蓄电池两端的充电电压保持恒定不变的充电方法。其接线方法如下图所示。

汽车上的发电机对蓄电池的充电即为定压充电。其特点是充电开始，充电电流很大，随着蓄电池电动势的不断增高，充电电流逐渐减小。充电终了，充电电流将自动减小至零，因而不需要人照管。同时，由于定压法充电速度快，4～5 h 内蓄电池就可获得本身容量的 90%～95%，比定流充电时间大大地缩短。所以，特别适合对具有不同容量的蓄电池进行充电。

在定压充电过程中，充电电压对充电的效果影响很大。采用定压充电时，要选择好充电电压。一般每单格电池电压约需 2.5 V，对 12 V 蓄电池充电，电源电压应为 15 V，且被充电的蓄电池必须并联在充

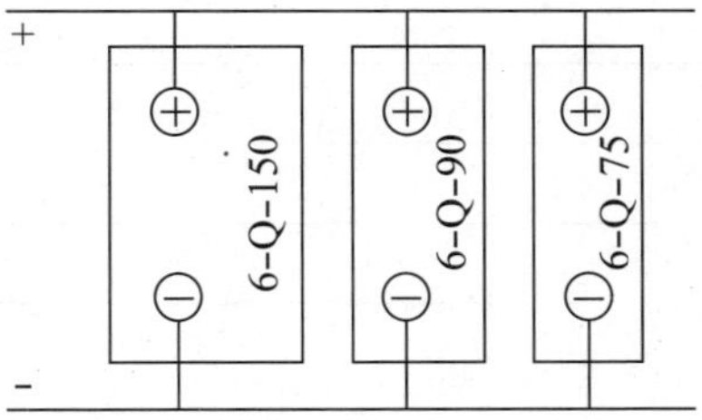

定压充电

电电源之间。如果充电电压合适，蓄电池充足电后，充电电流可自动减小到 0 V；如果充电电压低，蓄电池将永远也充不满电，会缩短蓄电池的使用寿命。如果充电电压过高，在蓄电池充满电后还会继续充电，此时的充电即为过充电。过充电将会消耗电解液中的水分，损坏极板，影响蓄电池的使用寿命。

4. 脉冲快速充电法

脉冲快速充电法整个充电过程为：正脉冲充电、停充(25 ms)、负脉冲(瞬间)放电、再停充、再正脉冲充电。

该充电方法的特点是充电速度快，充电时间大大缩短。一次初充电只需 5 h 左右，补充充电仅需 1 h 左右。采用这种方法充电，还可以使蓄电池容量增加，使极板“去硫化”明显。其缺点是充电速度快，析出的气体总量虽减少，但其出气率高，对极板活性物质的冲刷力强，故易使活性物质脱落，因而对蓄电池的使用寿命会有一定影响。

(五) 技术要点

1. 蓄电池充电达到规定时间后，可用万用表或高率放电计测量蓄电池端电压，用密度计测量蓄电池的相对密度。

2. 蓄电池充足电的特征：蓄电池产生大量气泡，即出现“沸腾”现象；端电压上升到最大值，且 2 h 内不再增加；电解液相对密度上升至最大值，且 2～3 h 内不再增加。

二、工作页

1. 写出用普通充电机给蓄电池充电的步骤。

蓄电池型号	额定电压/容量	第一阶段充电电流	第二阶段充电电流	充电终了标志

(1) ______________________________

(2) ______________________________

(3) ______________________________

(4) ______________________________

(5) ______________________________

(6) ______________________________

2. 写出用脉冲快速充电机给蓄电池充电的步骤。

(1) ______________________________

(2) ____

(3) ____

(4) ____

(5) ____

三、复习思考题

1. 试述定流充电的操作步骤及注意事项。

2. 充电时，为什么要将蓄电池的加液孔盖打开？

3. 给多个蓄电池同时充电时应怎样进行连接？

4. 定流充电和定压充电的主要区别是什么？

实训一(三)　交流发电机拆装与检测

一、实训指导

(一) 实训目标

1. 认识硅整流交流发电机的组成与结构；
2. 掌握从整车上拆装交流发电机的方法；
3. 掌握硅整流交流发电机的拆解及装复方法；
4. 掌握硅整流交流发电机各零部件及总成的检测方法。

(二) 安全要求及注意事项

1. 在实车上拆下发电机前应先断开与蓄电池的连接；
2. 分离前后端盖时，不要硬敲硬撬，要使用拉器；
3. 使用万用表检测时，应注意万用表型号和挡位的选择。

(三) 设备/工具/耗材要求

设备：大众桑塔纳轿车、大众桑塔纳交流发电机、V形铁。
工具：组合工具、拉器。
仪器：万用表、弹簧秤、游标卡尺或钢尺、百分表。
耗材：毛刷、清洗剂、润滑脂、“00”号纱布及棉纱。

(四) 实训操作指导

1. 在实车上拆卸交流发电机

(1) 断开蓄电池负极连接线。

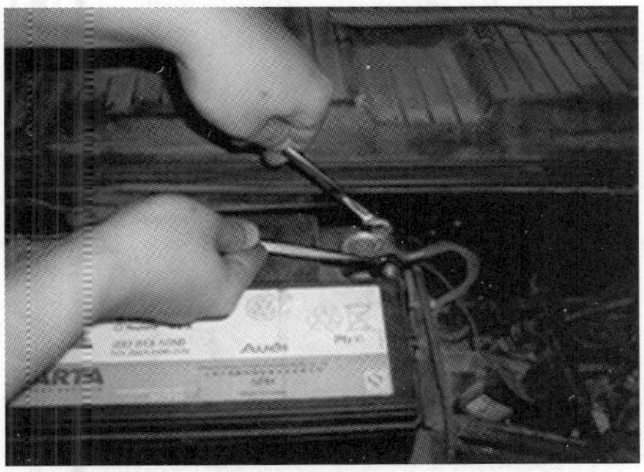

(2) 断开与发电机相关连接线。

(3) 松开并拆卸发电机紧固螺栓和张紧度调整螺栓。

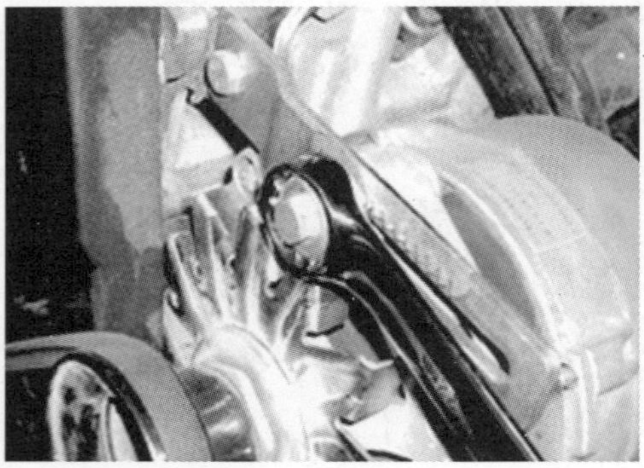

(4) 松开并拆卸发电机支撑螺栓并将发电机放置在拆装台上。

2. 交流发电机拆装与检测

1) 交流发电机拆解前的检查

交流发电机拆解前，将万用表挡调到 20 Ω 挡位置，用万用表检测发电机外壳上的“F”和“－”接柱，阻值应与标准相符(一般 12 V 发电机转子绕组电阻为 3.5～6 Ω，24 V 的为 15～21 Ω)。若阻值为“∞”，说明断路；若阻值过大，说明碳刷磨损或碳刷弹簧不良，用手转动发电机转子，测量这两个接柱的阻值，如发电机转子转动时测量的阻值发生变化，说明滑环损坏。

2) 交流发电机的拆解

(1) 拆卸后轴承盖的固定螺钉，取下后轴承防尘盖。

(2) 拆卸碳刷及电压调节器组件与后端盖的两颗紧固螺栓，取下碳刷及电压调节器组件；用电烙铁将整流器与定子绕组的接头脱开，拆卸抗干扰电容与后端盖之间的紧固螺钉，取下整流器及抗干扰电容。

(3) 将发电机置于台虎钳上，拆下皮带轮固定螺母，从转子轴上用拉力器取下皮带轮及垫片和散热风扇。

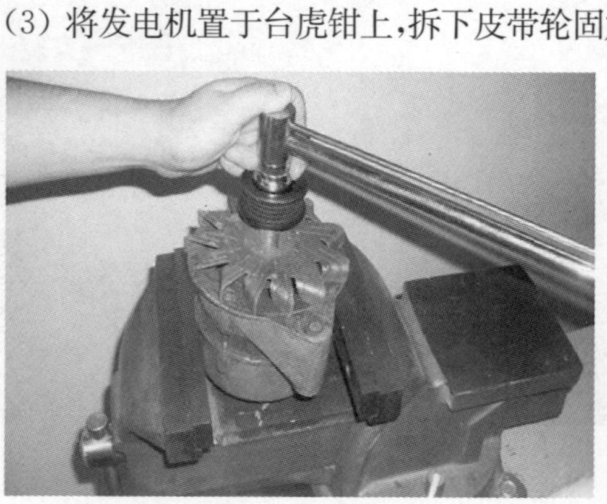

(4) 拧下前后端盖的连接螺栓;用拉力器拉开前端盖,然后取出转子,用布或棉纱蘸适量清洗剂擦洗转子绕组、定子绕组、电刷及其他部件。

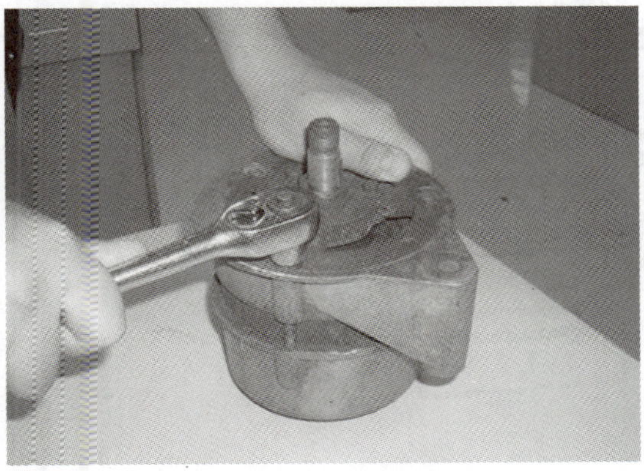

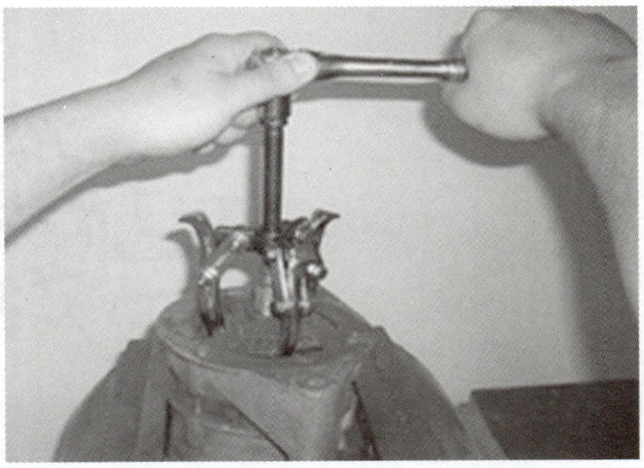

3) 交流发电机的部件检测

(1) 转子的检查

① 转子绕组的检查

用万用表检测两滑环之间电阻,应与标准值相符(一般 12 V 发电机转子绕组电阻为 3.5～6 Ω,24 V 的为 15～21 Ω)。若阻值为“∞”,说明断路;若阻值过小,说明短路。

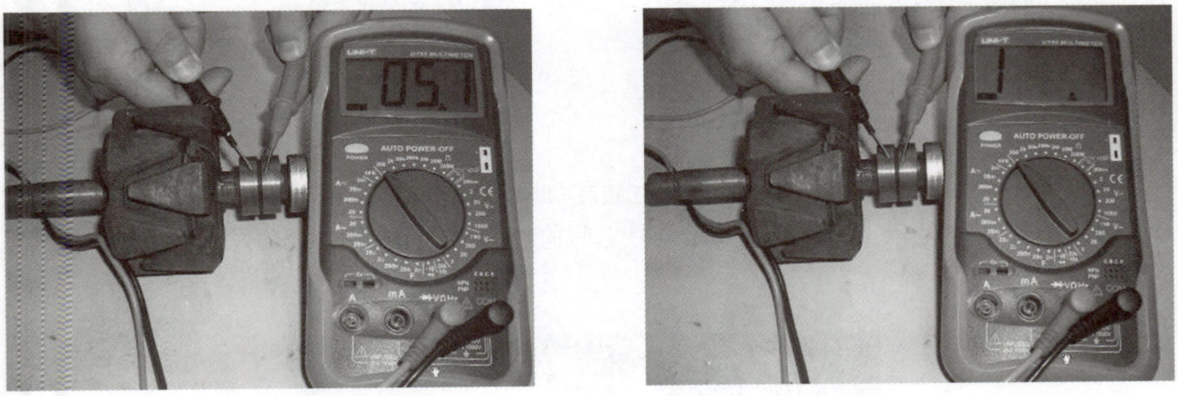

转子绕组检查

② 滑环的检查

a. 滑环表面应平整光滑,若有轻微烧蚀,用砂纸打磨;烧蚀严重,应在车床上精车加工。

b. 用尺测量集电环厚度,应与规定相符(厚度不小于 1.5 mm),否则应更换。

c. 用千分尺测量集电环圆柱度,应与规定相符(滑环圆柱度不超过 0.025 mm),否则应更换。

③ 转子轴的检查

用百分表测量转子轴摆差,应与规定相符(转子轴径向摆差不超过 0.10 mm),否则应予校正。

(2) 定子的检查

用数字万用表的低电阻挡位检测定子绕组三个接线端,两两相测。正常值时阻值相等。阻值为“∞”,说明断路;阻值为 0 Ω,说明短路。

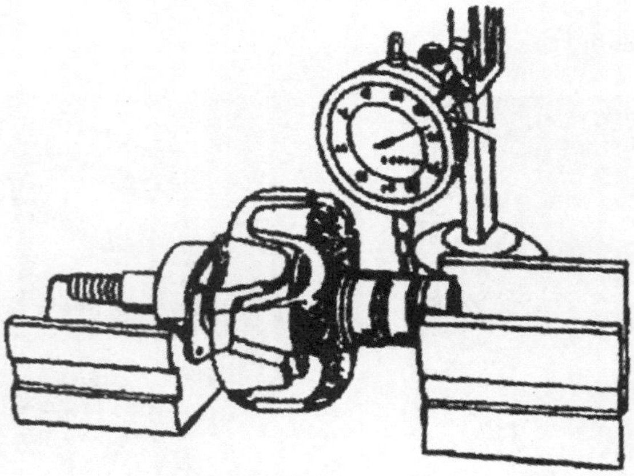

转子轴检查

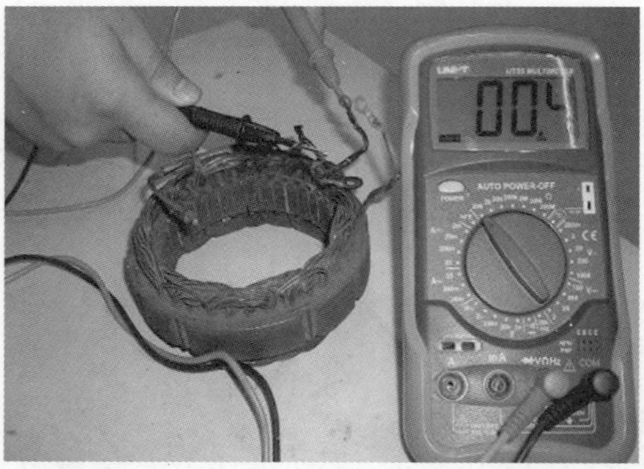

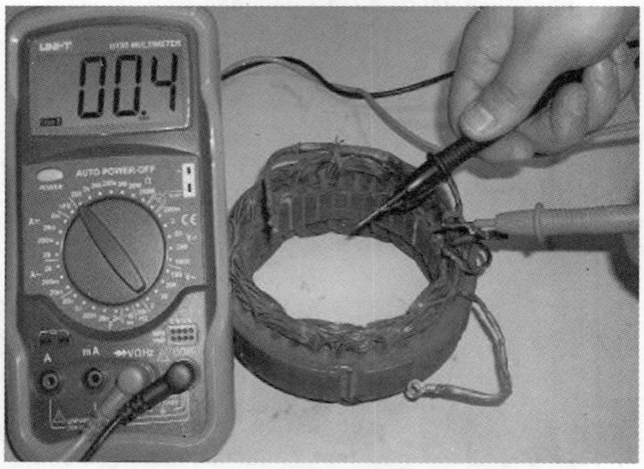

定子绕组短路与断路检查

用数字万用表导通挡测定子绕组接线端与铁芯间的电阻,若电阻过小(表内发出响声),说明有绝缘不良故障;若正常,应指示“∞”。

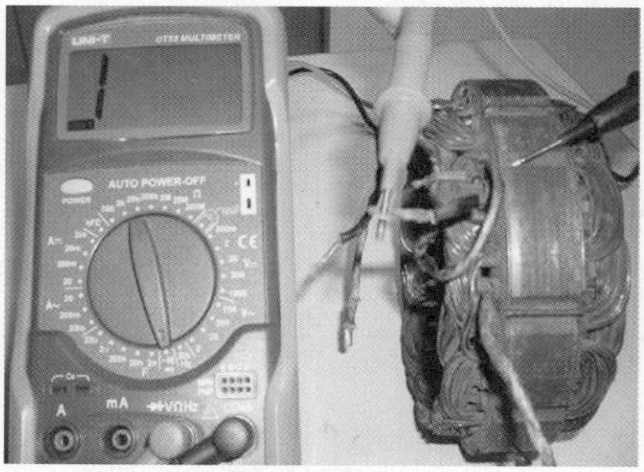

定子绕组搭铁检查

(3) 整流器的检查

将万用表的两测试棒接于二极管的两极测其电阻,再反接测一次,若电阻值一大一小,差异很大,说明二极管良好。若两次测量阻值均为∞,则为断路;若两次测得阻值均为0 Ω,则为短路。

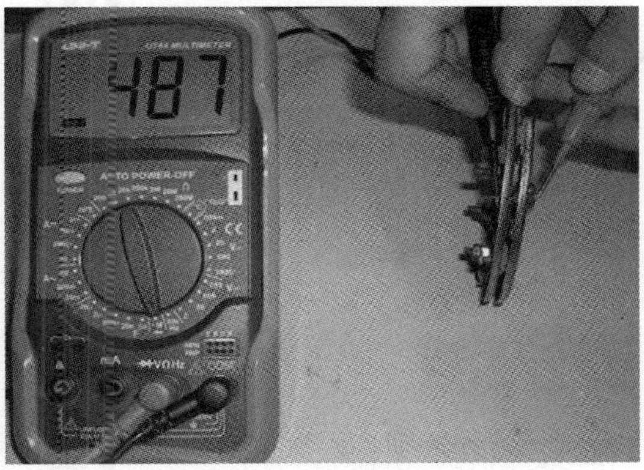

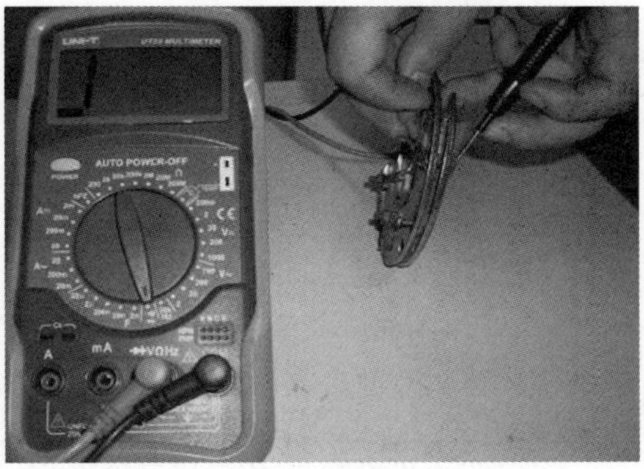

整流器检查

(4) 电刷组件的检查

① 外观检查

电刷表面应无油污，无破损、变形，且应在电刷架中活动自如。

② 电刷长度的检查

用游标卡尺或钢板尺测量电刷露出电刷架的长度，应与规定相符(电刷磨损后不得超过原高度的1/2)。

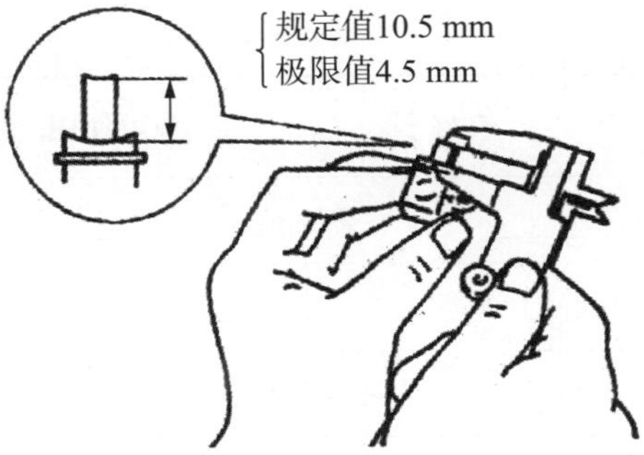

电刷组件检查

③ 弹簧压力的测量

用弹簧秤检测电刷弹簧压力应与规定相符(当电刷从电刷架中露出长度 2 mm 时，电刷弹簧力一般为 2～3 N)。

4) 大众桑塔纳交流发电机的装复

首先向轴承中填充 2/3 的润滑脂，再按拆解的反顺序装复。装复后，转动发动机皮带轮，转子应转动平顺、无摩擦及碰击声。

(五) 技术要点

1. 一般 12 V 发电机转子绕组电阻为 3.5～6 Ω，24 V 的为 15～21 Ω；

2. 集电环圆柱度不超过 0.025 mm，厚度不小于 1.5 mm；

3. 电枢轴径向摆差不超过 0.10 mm；

4. 电刷磨损后不得超过原高度的 1/2，当电刷从电刷架中露出长度 2 mm 时，电刷弹簧力一般为2～3 N。

二、工作页

1. 写出在实车上拆卸发电机的步骤。

(1) ____

(2) ____

(3) ____

(4) ____

2. 交流发电机拆卸前，用万用表检测发电机外壳上的“F”和“－”接柱阻值，并填入下表。

序号	“F”和“－”接柱阻值类别	阻值/Ω
1	标准值	
2	测量值	

结果分析：____

3. 交流发电机各部件的检测。

(1) 转子检测，并填入下表。

线圈阻值：____Ω	良好□	尚可使用□	不能使用□
径向圆跳动	允许误差：____	测试值：____	结论：____
滑环的光洁度检测	良好□	尚可使用□	不能使用□
滑环的绝缘性	良好□	尚可使用□	不能使用□

(2) 定子检测，并填入下表。

性能检测								
A相	测试值/Ω		B相	测试值/Ω		C相	测试值/Ω	
	结论：			结论：			结论：	
绝缘性检测								
A相	测试值/Ω		B相	测试值/Ω		C相	测试值/Ω	
	结论：			结论：			结论：	

(3) 二极管检测,并填入下表。

正极管		负极管	
正向电阻/Ω		正向电阻/Ω	
反向电阻/Ω		反向电阻/Ω	
结论:		结论:	

三、复习思考题

1. 如何将交流发电机装上发动机?

2. 拆解交流发电机后如何检测各部件?

实训一(四)　交流发电机性能测试

一、实训指导

(一) 实训目标

1. 熟悉汽车万能电气实验台的使用方法;
2. 学会在汽车万能电气实验台上检测交流发电机的性能。

(二) 安全要求及注意事项

1. 汽车万能电气实验台在工作时,严禁拨动"功能开关"和"转速换向控制开关";
2. 每个项目试验结束后,应将试验用连线收好,将"功能开关"拨到"0"位,防止造成短路损坏实验台。

(三) 设备/工具/耗材要求

设备:TQD-2型万能电气实验台、交流发电机。
工具:组合工具。
仪器:数字式万用表。
耗材:无。

(四) 实训操作指导

1. TQD-2型汽车万能电气实验台功能介绍

TQD-2型汽车万能电气实验台

TQD-2型汽车万能电气实验台是用于检验汽车发电机的空载特性和负载特性、起动机的空载试验和制动扭矩、分电器的点火均匀性及点火提前、调节器的节流和节压功能、点火线圈的点火性能、电动刮水器的动作状况、电喇叭的声响状况等。

2. 交流发电机工作特性检验

将“功能开关”拨到发电机挡位，该挡指示灯亮起。

1）空载特性检验

(1) 将被测发电机倒置，通过六角套筒与调速电动机的轴相连接，使其同心，待测发电机必须要夹紧。

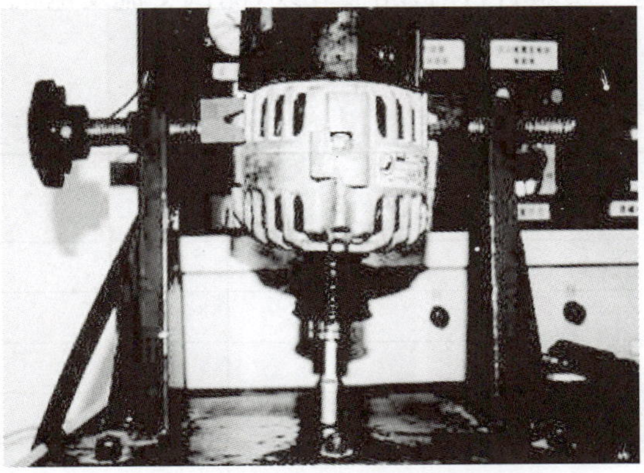

发电机与实验台连接固定图

(2) 线路连接如下图所示，根据被测发电机的方向拨动“电动机开关”，调节“转速调节旋钮”，由“转速表”指出被测发电机原出厂规定之转速时，读“发电机电压表”电压数值，即为被测值。

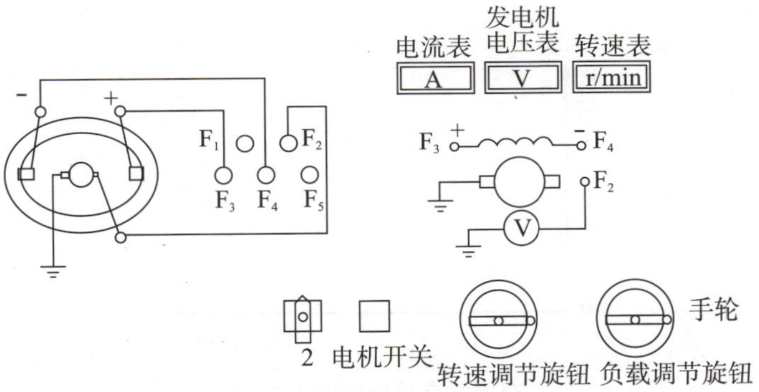

发电机与实验台线路连接图

(3) 根据测量数据绘制发电机空载特性图。

2）负载特性试验

(1) 接线，在空载检验接线的基础上用附件线将发电机输出和 F_5 相连。调节“转速调节旋钮”可从“转速表”读出转速值，调节“负载调节旋钮”可从“电流表”读出发电机的负载电流值。“发电机电压表”可以读出发电机输出电压值，从而实现负载特性试验，在该试验过程中可以观察发电机在转速与负载之间的变化。

(2) 根据测量数据绘制发电机负载特性图。

(五) 技术要点

1. 如果实验台“12 V 熔断丝”或“24 V 熔断丝”熔断，则控制电源 12 V 或 24 V 没有电；
2. 在发动机不同转速下绘制的发电机负载特性曲线也不同。

二、工作页

1. 测试交流发电机空载特性曲线。

将交流发电机装上万能电气实验台，连接相关导线，测试交流发电机空载特性，根据测试数据绘制空载特性图。

(1) 测试数据，并填入下表。

序号	转速/(r/min)	电压/V
1		
2		
3		
4		
5		
6		
7		
8		

(2) 绘制空载特性图。

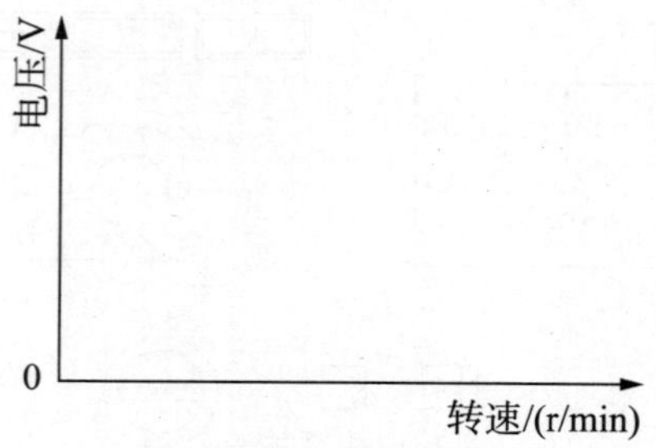

交流发电机空载特性曲线

2. 测试交流发电机负载特性曲线。

将交流发电机装上万能电气实验台，连接相关导线，测试交流发电机负载特性，根据测试数据绘制负载特性图。

(1) 测试数据，并填入下表。

800 r/min		1 500 r/min		2 000 r/min	
电压/V	电流/A	电压/V	电流/A	电压/V	电流/A

(2) 绘制负载特性图。

交流发电机负载特性曲线

三、复习思考题

1. 月汽车万能电气实验台检测交流发电机能检测哪些项目?

2. 检测交流发电机空载试验时,如何连接发电机与实验台的相关导线?

3. 检测交流发电机负载试验时,如何连接发电机与实验台的相关导线?

实训一（五） 电源系统故障诊断与排除

一、实训指导

（一）实训目标

1. 熟悉电源系统各组成部件的失效形式；
2. 初步掌握对电源系统常见故障的检测与诊断方法。

（二）安全要求及注意事项

1. 检查发电机皮带张紧度前发动机必须熄火，检查时驾驶室禁止坐人；
2. 车辆经指导老师批准后方可起动，发动机运转时注意安全；
3. 正确使用万用表，注意万用表挡位选择。

（三）设备/工具/耗材要求

设备：发动机实训台或相关实训车辆。
工具：十字起子、一字起子、发光二极管试灯、连接导线。
仪器：数字式万用表。
耗材：无。

（四）实训操作指导

1. 不充电故障诊断步骤

发动机在怠速以上运转时，充电指示灯不熄灭。该故障可按下列流程所示步骤进行诊断。

2. 充电电流小故障诊断步骤

蓄电池存电不足，照明灯光暗淡，电喇叭声音小，起动机运转缓慢无力。该故障可按下列流程所示步骤进行诊断。

3. 充电电流不稳定故障诊断步骤

发动机在怠速以上运转时，时而充电，时而不充电，充电指示灯频繁点亮。该故障可按下列流程所示步骤进行诊断。

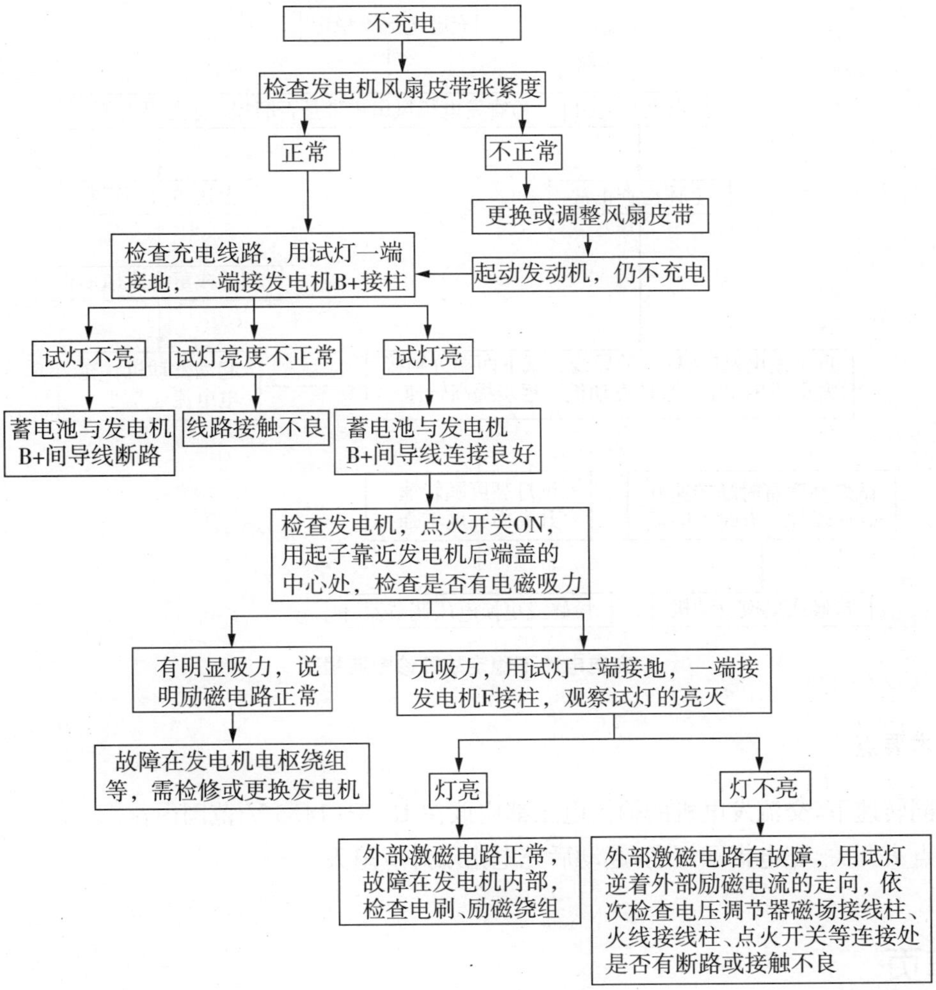

不充电故障诊断流程图

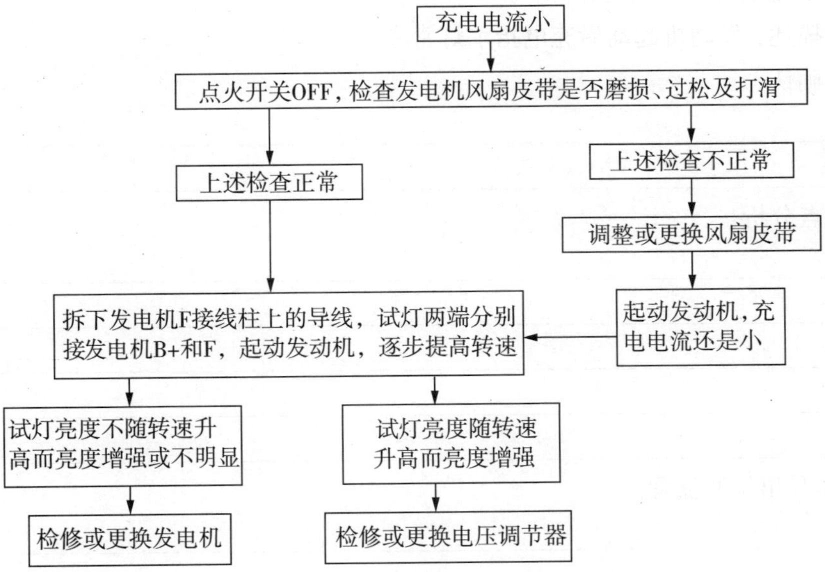

充电电流小故障诊断流程图

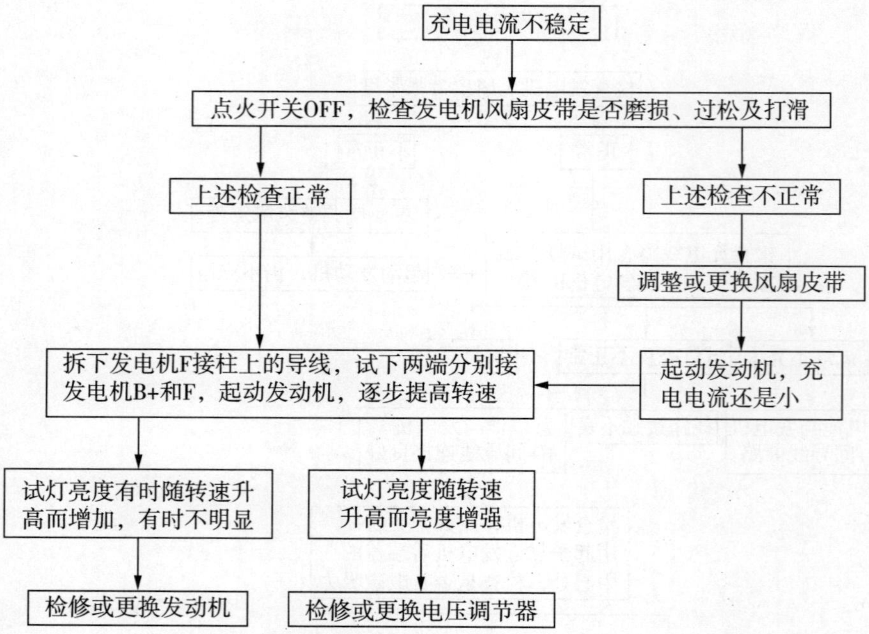

充电电流不稳定故障诊断流程图

（五）技术要点

1. 在不同转速下，交流发电机的输出电压都应该在 13.8～14.5 V 范围内；
2. 接通点火开关，充电指示灯亮，起动后充电指示灯应熄灭。

二、工作页

1. 电源系统不充电故障诊断与排除。
1）故障现象描述：发动机起动后充电指示灯常亮。
2）故障现象确认：

____

____

3）可能故障点分析：
(1) ____________________
(2) ____________________
(3) ____________________
(4) ____________________
(5) ____________________
4）实车检测，写出检测流程。
(1) ____________________
(2) ____________________
(3) ____________________

(4)
(5)
(6)
(7)
(8)
(9)
(10)
5) 确定故障点,排除故障。

2. 电源系统充电电流小故障诊断与排除。
1) 故障现象描述：蓄电池存电不足,照明灯光暗淡,电喇叭声音小,起动机运转缓慢无力。
2) 故障现象确认：

3) 可能故障点分析：
(1)
(2)
(3)
(4)
(5)
4) 实车检测,写出检测流程。
(1)
(2)
(3)
(4)
(5)
(6)
(7)
(8)
(9)
(10)
5) 确定故障点,排除故障。

3. 电源系统充电电流不稳定故障诊断与排除。
1) 故障现象描述：发动机在怠速以上运转时,时而充电,时而不充电,充电指示灯频繁点亮。
2) 故障现象确认：

____

3）可能故障点分析：

（1）______________________________________

（2）______________________________________

（3）______________________________________

（4）______________________________________

（5）______________________________________

4）实车检测，写出检测流程。

（1）______________________________________

（2）______________________________________

（3）______________________________________

（4）______________________________________

（5）______________________________________

（6）______________________________________

（7）______________________________________

（8）______________________________________

（9）______________________________________

（10）_____________________________________

5）确定故障点，排除故障。

____

____

____

三、复习思考题

1. 起动后组合仪表上的充电指示灯常亮，如何检测、排除故障？

2. 发动机运行时组合仪表上的充电指示灯时亮时不亮，如何检测、排除故障？

3. 接通点火开关，组合仪表上的充电指示灯不亮，如何检测、排除故障？

实训二　起动系统

姓名：____________　　班级：____________　　日期：____________

实训二(一)　起动机拆装与检测

一、实训指导

(一) 实训目标

1. 熟悉维修手册的编排框架，掌握维修手册的使用方法；
2. 熟悉汽车起动系统的各组成部件的安装位置；
3. 熟悉在汽车上拆装起动机的方法、步骤；
4. 掌握起动机总成拆装顺序和检测方法。

(二) 安全要求及注意事项

1. 遵守实训场地的安全制度；
2. 在实车上拆装起动机时，要先断开蓄电池负极连接线；
3. 在进行起动机拆装和检测时，规范操作并注意安全；
4. 爱护实训场地的实训设备；
5. 保持实训场地的清洁。

(三) 设备/工具/耗材要求

设备：大众桑塔纳 3000 轿车，起动机总成。
工具：探针、10 mm 开口扳手、棘轮扳手、12 mm 套筒、14 mm 套筒、连接导线。
仪器：数字万用表、游标卡尺、百分表。
耗材：抹布、润滑脂、清洗液、汽油。

(四) 实训操作指导

1. 在大众桑塔纳 3000 上拆装起动机

1) 拆卸顺序

(1) 断开蓄电池接地线。

(2) 拆卸车辆底部挡板。

(3) 举起车辆。

(4) 松开起动机前部固定支架的三个固定螺栓,拆卸起动机前部支架。

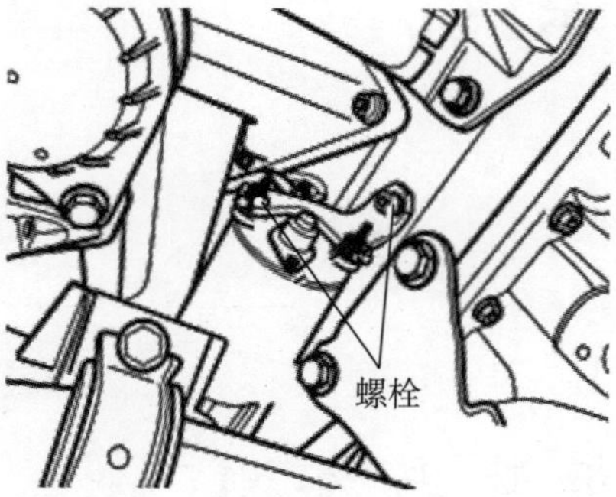

(5) 拆卸导线接头,松开导线固定螺母,取下导线。

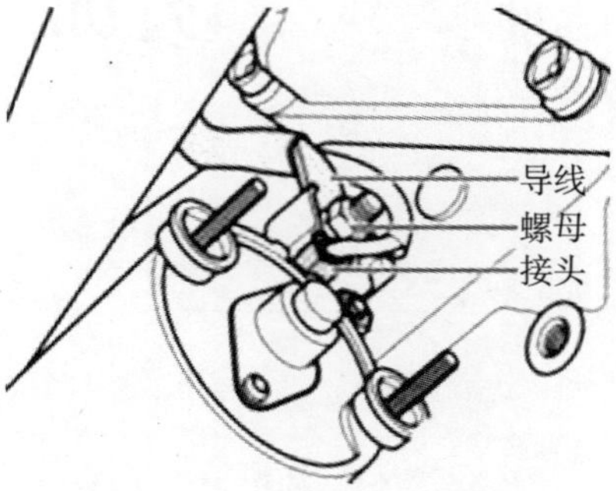

(6) 拆卸起动机固定在变速器上的两个固定螺栓。

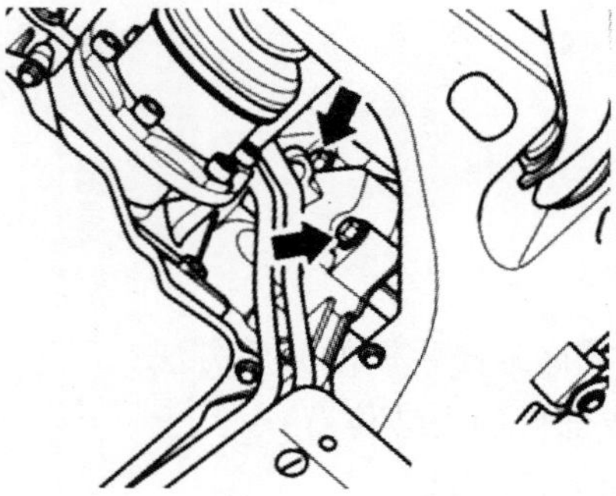

(7) 拆卸起动机。

2) 安装顺序

安装顺序为拆卸的相反顺序。

说明:起动机后部的固定螺栓的拧紧力矩为 60 N·m。

2. 起动机检测

起动机的检测分为不解体检测和解体检测两种。不解体检测可以在拆卸之前或装复以后进行;解体检测随解体过程一同进行。

1) 起动机的不解体检测

在起动机解体之前,先进行不解体检测,通过不解体性能检测可以先大致检测判断起动机的性能,并判断故障部位。起动机组装完毕之后也应进行性能检测,以保证起动机正常运行。

(1) 吸引线圈的性能测试。

将电磁开关上与起动机连接的端子 C 断开,与蓄电池负极连接。电磁开关壳体与蓄电池负极连接。将电磁开关上与点火开关连接的端子 50 与蓄电池正极连接,此时,起动机驱动齿轮应向外移出,否则说明电磁开关有故障,应予以修理或更换。

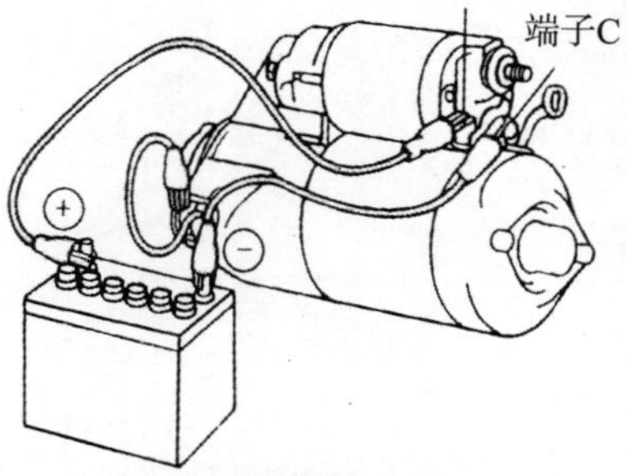

(2) 保持线圈的性能测试。

在吸引线圈性能测试的基础上，拆下电磁开关端子C上的线，此时，驱动齿轮应保持在伸出位置不动。否则，说明保持线圈损坏或搭铁不正常，应修理或更换电磁开关。

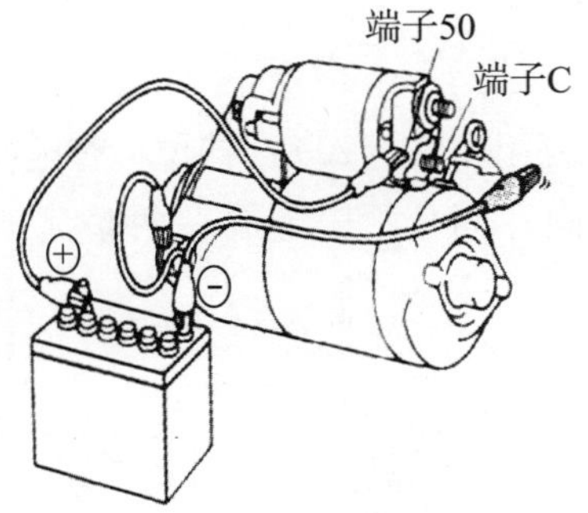

(3) 驱动齿轮复位测试。

在保持线圈性能测试的基础上，再拆下壳体上的连接线，此时驱动齿轮应迅速复位。如不能复位，说明复位弹簧失效，应予以更换。

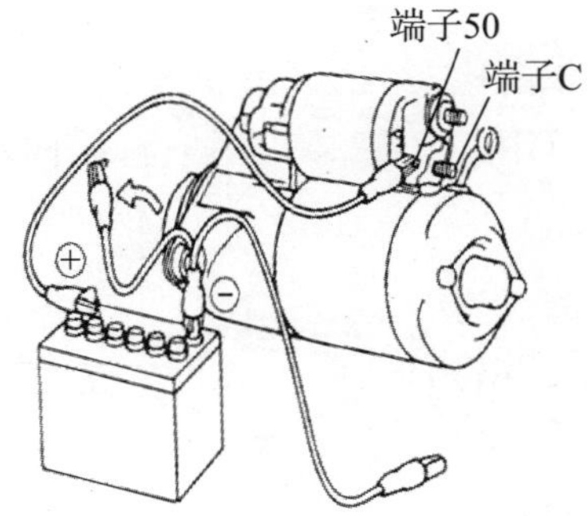

(4) 驱动齿轮间隙的检查。

按照上图连接蓄电池和电磁开关，并进行驱动齿轮间隙的测量。测量时，先把驱动齿轮推向电枢方向，消除间隙后侧驱动齿轮端和止动套圈间的间隙，并和标准值进行比较。

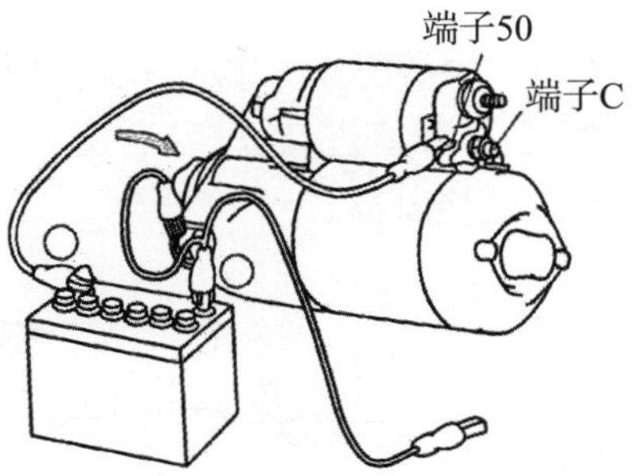

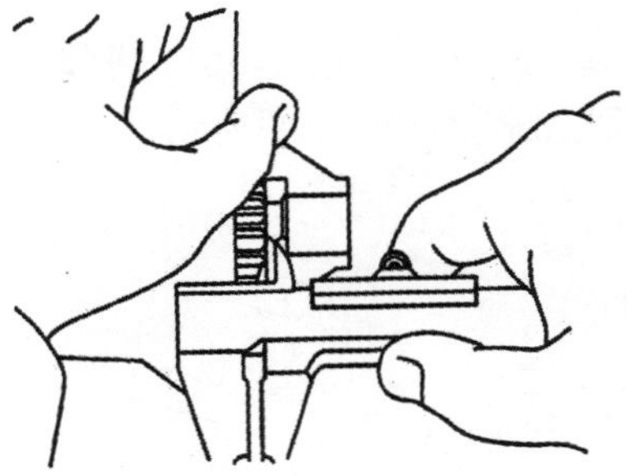

(5) 空载测试。

① 固定起动机，按照上图方法连接导线；

② 起动机应平稳运转，同时驱动齿轮应移出；

③ 读取安培表的数值，应符合标准值；

④ 断开端子后，起动机应立即停止转动，同时驱动齿轮缩回。

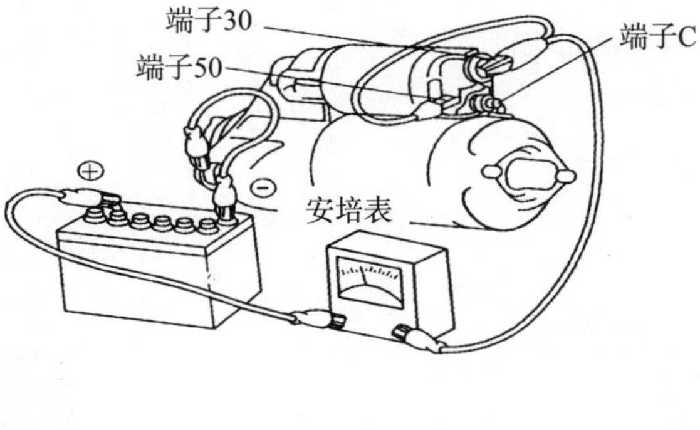

2) 起动机的解体检测

(1) 直流电动机的检测。

① 磁场绕组的检测。

万用表放在♫ ⯈|挡，检查励磁绕组两电刷之间时，应导通；检查励磁绕组和定子外壳时，不应导通。

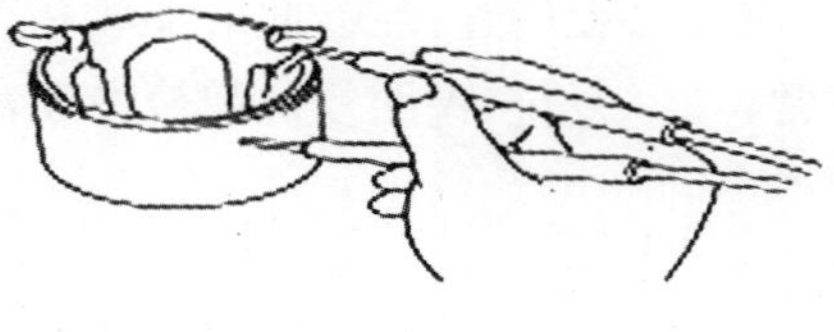

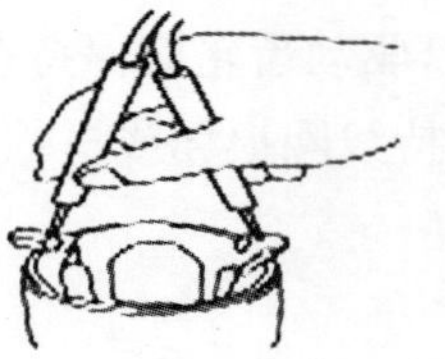

② 电枢的检查。

a. 将万用表放在 200 Ω 挡位，换向器和电枢线圈铁芯之间不应导通。

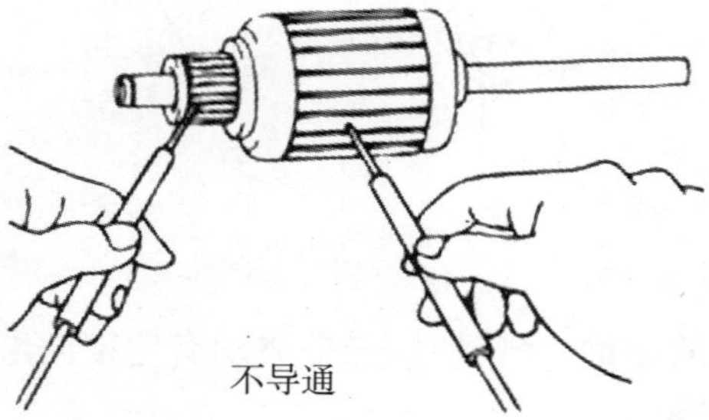

b. 将万用表放在 200 Ω 挡位检查电枢绕组(换向片与换向片间)，两表笔放在两整流片上，应该导通。

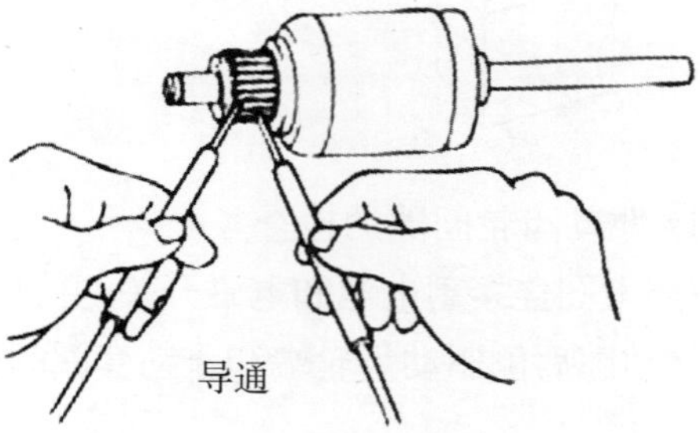

c. 用百分表检查换向器失圆，其失圆(跳动量)不应超过 0.03 mm，最新的标准为 0.02 mm。

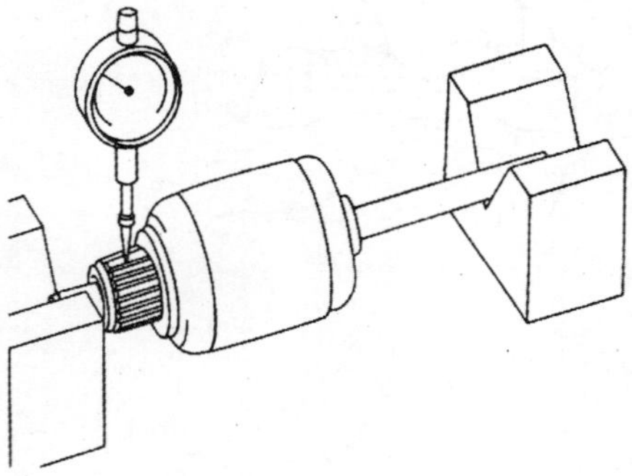

d. 用游标卡尺检查换向器最小直径。检查时应和标准值进行比较，若测得的直径小于最小值，应更换电枢。

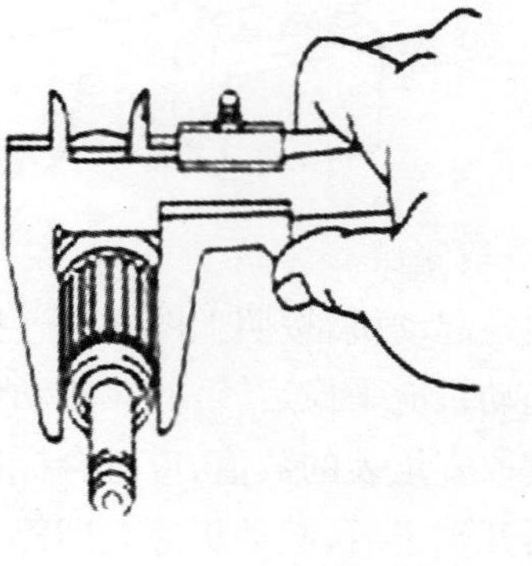

③ 电刷、电刷架及电刷弹簧的检查。

a. 用游标卡尺测量电刷长度。测量电刷的长度时要结合具体的标准，不应小于最小长度标准。

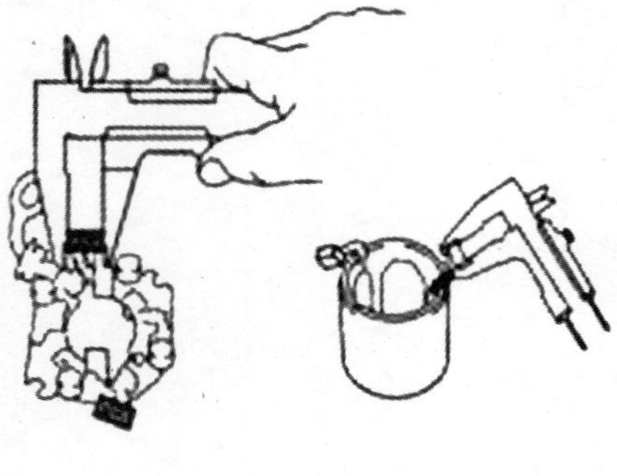

b. 检查“＋”电刷架和“－”电刷架之间不应导通。若导通，应进行电刷架总成的更换。

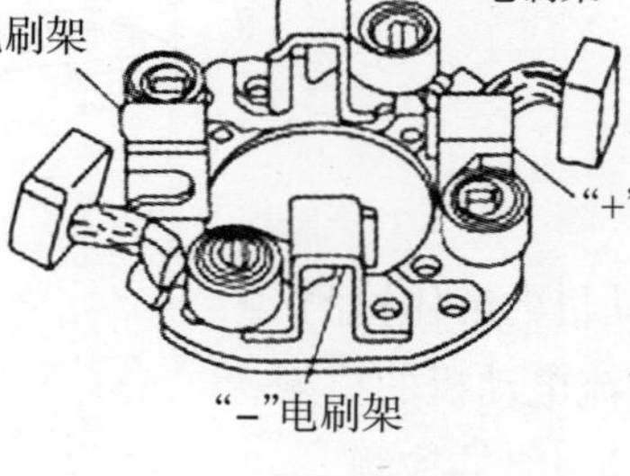

(2) 传动机构的检测。

握住电枢，当转动单向离合器外座圈时，驱动齿轮总成应能沿电枢轴自如滑动，检查小齿轮和花键及飞轮齿圈有无磨损和损坏，在确保驱动齿轮无损坏的情况下，握住外座圈，转动驱动齿轮，应能自由转动；反转时应锁住，否则应更换单向离合器。

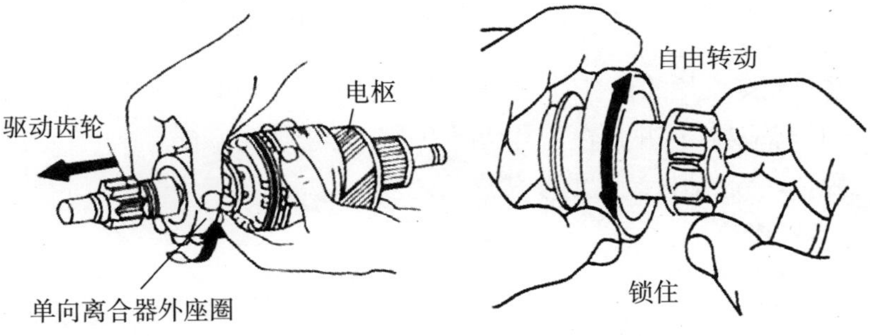

(3) 电磁开关的检修。

① 起动继电器的检查。

起动机构若带有起动继电器，则需要对其进行检查，其检查项目和方法如下：

当给继电器线圈通电时，其触点吸合，此时用万用表检查时应导通；当给继电器线圈断电时，其触点打开，此时用万用表检查时应不通。

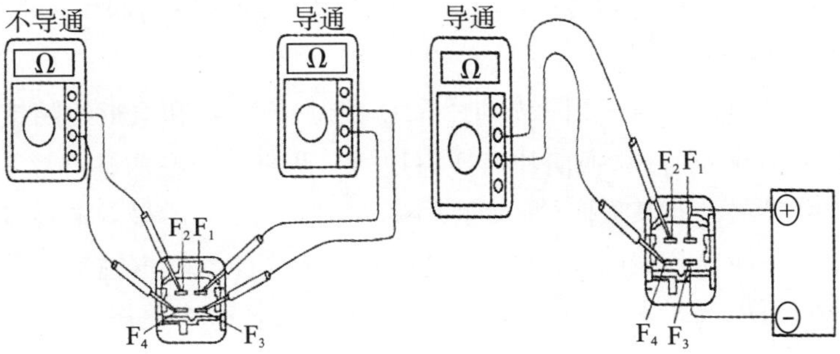

② 电磁开关的检查。

电磁开关在解体情况下检查的项目和方法如下：

a. 进行活动铁芯的检查时，推入活动铁芯，然后松开，活动铁芯应能迅速复位。

b. 进行吸引线圈的开路检查时，用 Ω 表连接端子 50 和端子 C 应导通，并且电阻的阻值应在标准范围内，可以进行不解体检查。

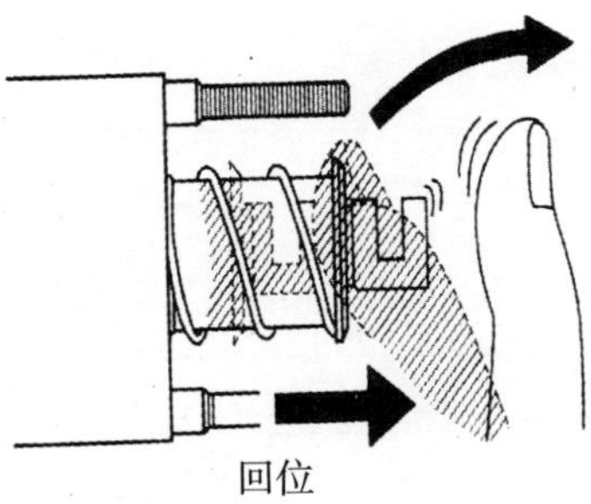

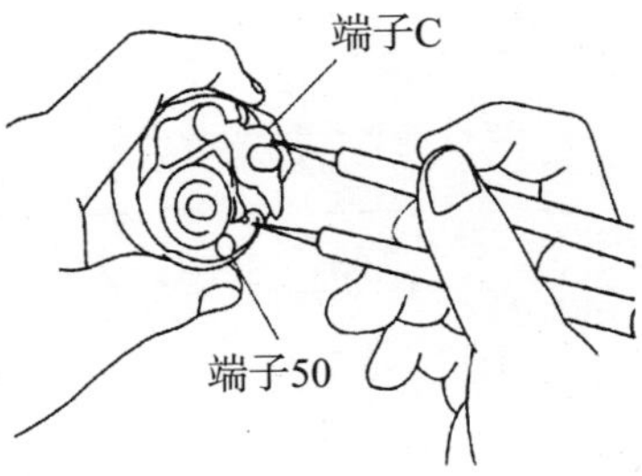

c. 进行保持线圈的开路检查时，用 Ω 表连接端子 50 和搭铁，应导通，并且电阻的阻值在标准范围内，可以进行不解体检查。

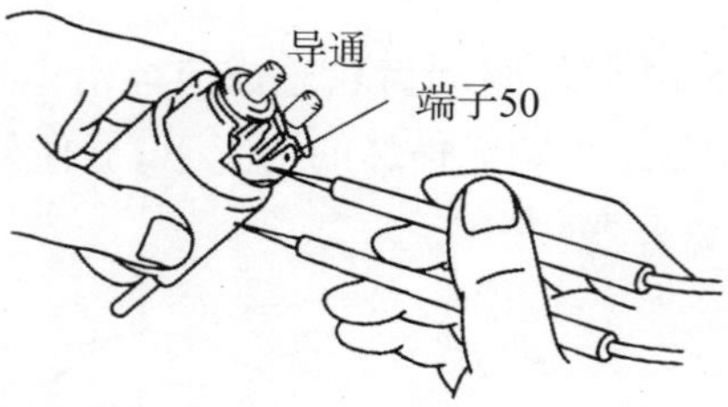

d. 最后，进行电磁开关接触片的检查时，可用手推动活动铁芯，使其触盘与两接线柱接触，然后用 Ω 表连接端子 30 和端子 C 时应导通，并且在正常情况下电阻的阻值为 0 Ω。

解体检查结束之后，按照起动机装复的步骤进行装复。

在装复之后，应进行性能测试。

（五）技术要点

1. 将电磁开关上与起动机连接的端子 C 断开，与蓄电池负极连接，电磁开关壳体与蓄电池负极连接；将电磁开关上与点火开关连接的端子 50 与蓄电池正极连接，此时，起动机驱动齿轮应向外移出。

2. 在吸引线圈性能测试的基础上，拆下电磁开关端子 C 上的线，此时，驱动齿轮应保持在伸出位置不动。

3. 在上述试验的基础上，拆下壳体上的连接线，此时驱动齿轮应迅速复位。

4. 直流电动机磁场绕组检测，万用表放在♫ ▶| 挡，检查励磁绕组两电刷之间时，应导通；检查励磁绕组和定子外壳时，不应导通。

5. 直流电动机电枢绕组检测，将万用表放在 200 Ω 挡位，换向器和电枢线圈铁芯之间不应导通。将万用表放在 200 Ω 挡位检查电枢绕组（换向片与换向片间），两表笔放在两整流片上，应该导通。

6. 用百分表检查换向器失圆，其失圆（跳动量）不应超过 0.03 mm，最新的标准为 0.02 mm。

7. 握住电枢，当转动单向离合器外座圈时，驱动齿轮总成应能沿电枢轴自如滑动。在确保驱动齿轮无损坏的情况下，握住外座圈，转动驱动齿轮，应能自由转动；反转时应锁住，否则应更换单向离合器。

二、工作页

车型：__________

1. 写出在整车上拆卸起动机的顺序。

（1）______________________________

（2）______________________________

（3）______________________________

（4）______________________________

（5）______________________________

（6）______________________________

（7）______________________________

（8）______________________________

（9）______________________________

（10）______________________________

2. 写出起动机总成不解体的检测方法,并填入下表。

序号	检测部件名称	检测方法	检测结果	性能判断
1				
2				
3				
4				
5				
6				
7				
8				
9				
10				

3. 写出起动机总成解体后的检测步骤与检测结果,并填入下表。

序号	拆卸部件名称	拆卸方法	拆卸后检测情况	性能判断
1				
2				
3				
4				
5				
6				
7				
8				
9				
10				

三、复习思考题

1. 从实车上拆装起动机时应注意哪些事项?

2. 如何检测起动机吸引线圈和保持线圈？

3. 安装起动机后部的固定螺栓时，拧紧力矩有多大？

4. 用手转动单向离合器，反转时锁住，该单向离合器是否一定良好？

实训二(二)　起动机性能检测

一、实训指导

(一) 实训目标

1. 熟悉维修手册编排框架,掌握维修手册的使用方法;
2. 熟悉 TQD-2 型汽车万能电气实验台使用方法;
3. 掌握在汽车万能电气实验台上检测汽车起动机性能的方法。

(二) 安全要求及注意事项

同实训二(一)。

(三) 设备/工具/耗材要求

设备:大众桑塔纳 QD1225 型起动机总成、TQD-2 型汽车万能电气实验台。
工具:探针、10 mm 开口扳手、棘轮扳手、12 mm 套筒、14 mm 套筒、连接导线。
仪器:数字万用表。
耗材:抹布、润滑脂。

(四) 实训操作指导

1. TQD-2 型汽车万能电气实验台操作安全及注意事项

(1) 每个项目试验结束后,应将试验用连线收好,将功能选择开关拨到"0"位,防止造成短路损坏本机;

(2) 起动机空载试验的时间每次不得超过 30 s,全制动试验的时间每次不得超过 5 s,以免起动机因过热而损坏;

(3) 读数时,应待仪表指针停稳时方可读数,以免引起附加误差。

2. 起动机性能检测

1) 空载试验

(1) 将起动机固定在汽车万能电气实验台上。

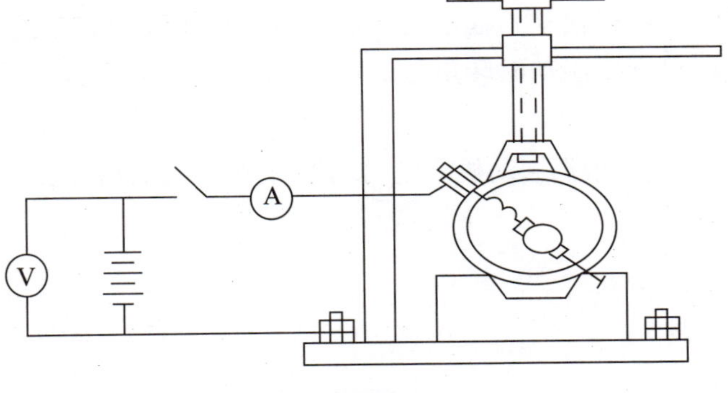

(2) 用附件线将起动机电磁开关和起动机“磁力开关插座”相联，用附件线将起动机和“起动机插座”相联，根据待测起动机的额定电压，变换“起动机电源线” 在蓄电池 12 V、24 V 的位置。

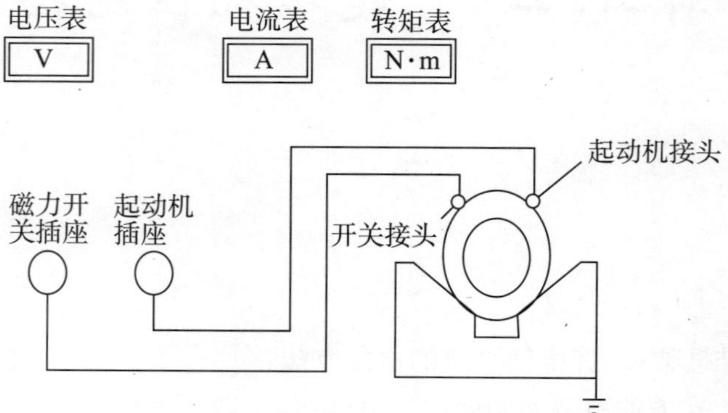

(3) 按下“起动机控制开关”按钮 ，起动机开始空转，在 30 s 内，迅速读出“转速表”、“电压表”和“电流表”的读数。

(4) 将测试值与标准值比较；根据起动机空载现象与测试数据分析起动机的空载性能。

在空转试验中应运转均匀，无碰擦声，且电刷无强烈火花产生。此时电压表、电流表和转速表读数应符合规定。

2) 制动试验

(1) 在空载试验后，将被试起动机安装在起动机夹具 V 形槽装置上，用左龙门固定起动机体，用右龙门固定起动机头，旋紧压紧螺栓，使其固定在 V 形体上，如下图所示。

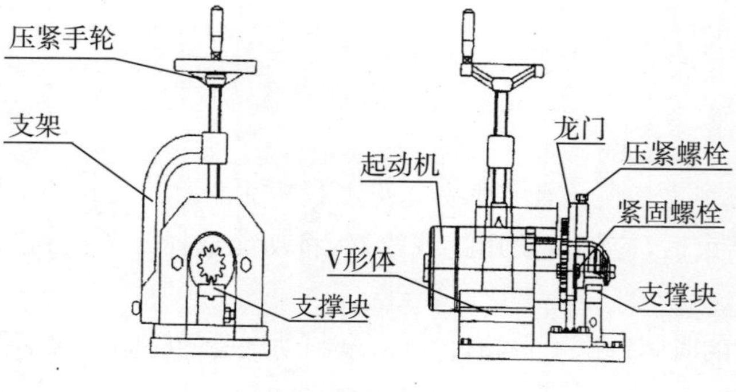

起动机与实验台连接固定图

(2) 将“功能开关Ⅱ”拨到“制动转矩”位置，“制动转矩”指示灯亮。将“起动机电压开关”拨到和起动机相对应的电压位置。

(3) 接线：不需改变，与上述起动机空转性能测试相同。

(4) 根据被试起动机制动时的电压电流规定正确配以适当电压、适当容量的蓄电池，按下“起动机控制开关”按钮(必须按紧，不得松动)，起动机被制动，从“电压表”和“电流表”上分别显示出起动电压和电流，从“转矩表”上即可读出制动时转矩数值，起动机制动时间不得超过 5 s，每次时间间隔不少于 10 min。

(5) 将测试值与标准值比较；根据起动机全制动现象与测试数据分析起动机的全制动性能。

(五)技术要点

1. 如果实验台"12 V 熔断丝"或"24 V 熔断丝"熔断，则控制电源 12 V 或 24 V 没有电；
2. 读数时，应待仪表指针停稳时方可读数，以免引起附加误差；
3. 起动机空载试验的时间每次不得超过 30 s，全制动试验的时间每次不得超过 5 s。

二、工作页

利用 TQD－2 型汽车万能电气实验台，检测大众桑塔纳 QD1225 型起动机整体性能。

1. 空载试验。

将读数填入下表，并与标准值比较；根据起动机空载特性与测试数据分析起动机的空转性能。

特性	空载特性		
参数	电压/V	电流不大于/A	转速/(r/min)
标准值	12	45	6 000
测试值			

注：起动机的转速可由自备转速表测得。

空载性能检测后分析：

(1) 若测得的电流高而转速低，说明________

(2) 若测得的电流和转速都小(蓄电池电压正常)，说明________

(3) 若测得的电流和转速都小，电压表的读数也低于标准值，说明________

2. 制动试验。

将读数填入下表，并与标准值比较；根据起动机全制动特性与测试数据分析起动机的全制动性能。

特性	制动特性		
参数	电压/V	电流不大于/A	转矩不小于/(N·m)
标准值	7	480	13
测试值			

注：起动机的转速可由自备转速表测得。

制动试验检测后分析：

(1) 测试时若测得的扭矩小、电压低而电流大，说明________

(2) 若测得的扭矩和电流都小而电压高，说明________

(3) 若测得的扭矩和电流都小且电压也低，说明________

(4) 若测试过程中驱动齿轮不转而电枢轴有缓慢转动，说明________

三、复习思考题

1. 在汽车万能电气实验台上如何检测起动机的性能？

2. 如何分析起动机的检测数据？

实训二(三) 起动系统故障诊断与排除

一、实训指导

(一) 实训目标

1. 熟悉维修手册的编排框架,掌握维修手册的使用方法;
2. 熟悉汽车起动系统的各组成部件的安装位置;
3. 掌握起动系统的线路连接及电流走向;
4. 掌握起动系统常见故障的检测方法和诊断思路。

(二) 安全要求及注意事项

同实训二(一)。

(三) 设备/工具/耗材要求

设备:大众桑塔纳 3000 轿车或其他同类车型。
工具:探针、10 mm 开口扳手、棘轮扳手、12 mm 套筒、14 mm 套筒、连接导线、试灯。
仪器:数字万用表。
耗材:抹布、润滑脂。

(四) 实训操作指导

1. 分析大众桑塔纳 3000 起动系统电路
见附录。
2. 起动时“起动机不转”故障诊断与排除
1) 故障现象:起动机不运转
2) 故障原因
(1) 蓄电池亏电。
(2) 起动系统线路问题:导线断路或短路、点火开关接触不良、导线连接器连接不良等。
(3) 起动机本身问题:机械方面,内部线路方面。
3) 实车上检测步骤
(1) 起动时听起动机电磁开关的动作声音。

若起动时能听到起动机电磁开关的动作声音,说明起动机电磁开关工作良好,故障原因可能是电源、起动机主电路或起动机本身,先执行(2)、(3)再转至(5)。

若起动时听不到起动机电磁开关的动作声音,说明起动机电磁开关不工作,故障原因可能是电源、起动机电磁开关、起动机电磁开关电路,先执行(2)、(3)再转至(4)。

(2) 检查蓄电池电量和蓄电池极柱线连接是否牢靠。

检查蓄电池的极柱线连接情况,检查极桩是否氧化,检查蓄电池接地线是否牢靠。用万用表测量蓄电池两端的电压,将点火开关置于“ST 挡”时,其两端电压不应低于 9.6 V。若低于 9.6 V,说明蓄电池电量过低或损坏。

(3) 检查起动机端子 30 的电压(起动机工作电源)。

用试灯接起动机端子 30,试灯应亮。

也可用万用表(电压挡)检测,红表笔接起动机端子 30,黑表笔搭铁,若测得起动机端子 30 电压为蓄电池电压,说明起动机的直流电动机工作电源(黑色 16 导线提供)正常,否则说明黑色 16 导线接触不良或断路。

(4) 检查电磁开关不工作的故障原因。

用起子瞬间跨接起动机端子 30 和端子 50,若起动机立即正常运转,说明电磁开关和起动机都正常无故障,故障在电磁开关控制电路,依次检查红 10 导线、红 6.0 导线、点火开关、红/黑 6.0、红/黑 4.0、红 4.0 导线。若电磁开关不动作,说明电磁开关损坏。

(5) 检查起动机直流电动机不转的故障原因。

用起子直接跨接起动机电磁开关后面的主电路开关的两个粗接柱(端子 30 和端子 C),若起动机立即快速运转,说明主电路开关烧蚀,应拆解修理;若起动机不转,说明起动机损坏,或发动机曲轴或活塞与气缸咬死,用套筒套在曲轴皮带盘的锁紧螺母上,转动曲轴,如转不动说明发动机咬死。

3. "起动机运转无力"故障诊断与排除

1) 故障现象:起动时起动机运转无力

2) 故障原因

(1) 蓄电池亏电或电源导线连接问题;

(2) 直流电动机故障;

(3) 发动机装配过紧。

3) 实车上检测的步骤

(1) 检查蓄电池电量和蓄电池极柱线连接是否牢靠。

检查蓄电池的极柱线连接情况,检查极柱是否氧化,检查蓄电池接地线是否牢靠。用万用表测量蓄电池两端的电压,将点火开关置于"ST 挡"时,其两端电压不应低于 9.6 V。若低于 9.6 V,说明蓄电池电量过低或已损坏。

(2) 检查起动机端子 30 的电压(起动机工作电源)。

用试灯接起动机端子 30,试灯应亮。

也可用万用表(电压挡)检测,红表笔接起动机端子 30,黑表笔搭铁,若测得起动机端子 30 电压为蓄电池电压,说明起动机的直流电动机工作电源(黑色 16 导线提供)正常,否则说明黑色 16 导线接触不良或断路。

(3) 区分故障在起动机或发动机本身还是在端子 30 之前的电路。

用起子短接起动机电磁开关的端子 30 和端子 C 两个接线柱。若短接后起动机运转有力且运转正常,说明起动机电磁开关的主电路开关烧蚀,使电阻过大,电动机的电枢电流过小,造成电机转矩过小;若短接后起动仍然无力,则直流电动机有故障,或发动机装配过紧,直流电动机故障可能是由电磁开关、电刷和换向器之间电阻过大或接触不良,电枢线圈故障或单向离合器打滑等引起的。

4. "起动机空转"故障诊断与排除

1) 故障现象:起动时起动机空转

2) 故障原因

(1) 主回路的接触盘行程过短;

(2) 驱动齿轮或飞轮磨损严重;

(3) 单向离合器打滑。

3) 实车上检测的步骤

(1) 起动机空转时,有较轻的摩擦声音,起动机驱动齿轮不能与飞轮齿啮合而产生空转,即驱动齿轮还没有啮合到飞轮齿中，电磁开关就提前接通，说明主回路的接触盘行程过短，应拆下起动机，进行起动机接通时刻的调整。

(2) 起动机空转时，有严重的碰擦轮齿声音，说明飞轮齿或起动机驱动齿轮严重磨损，应拆下起动机进一步检查，根据实际情况更换起动机或飞轮轮齿。

(3) 起动机空转时，速度较快但无碰齿声音，说明起动机单向离合器打滑，即驱动齿轮已经啮入飞轮轮齿中，但不能带动飞轮旋转，只是起动机电枢轴在空转，应更换起动机。

(五) 技术要点

1. 每次起动不能超过 5 s；
2. 两次起动时间应大于 15 s。

二、工作页

1. 故障 1。

车型：____________

1) 故障现象描述：______________________

2) 故障现象确认：

____

____

3) 读电路图，分析故障产生的可能原因。

(1) ____

(2) ____

(3) ____

(4) ____

(5) ____

(6) ____

4) 实车检测，写出检测流程。

(1) ____

(2) ____

(3) ____

(4) ____

(5) ____

(6) ____

(7) ____

(8) ____

(9) ____

(10) ____

5) 确定故障点，排除故障。

____

2. 故障2。

车型：

1）故障现象描述：

2）故障现象确认：

3）读电路图，分析故障产生的可能原因。

(1)

(2)

(3)

(4)

(5)

(6)

4）实车检测，写出检测流程。

(1)

(2)

(3)

(4)

(5)

(6)

(7)

(8)

(9)

(10)

5）确定故障点，排除故障。

三、复习思考题

1. 发动机起动时起动机发生“嗒、嗒、嗒”的声音，其故障原因是什么？

2. 跨接起动机端子 30 和端子 C 会在接触处产生强烈的火花，为什么？应该如何正确跨接？

3. 上海通用别克君威起动时起动机电磁开关不动作，试分析电路，叙述检测步骤。

4. 丰田卡罗拉起动时起动机电磁开关不动作，试分析电路，叙述检测步骤。

附录

1. 大众桑塔纳 3000 起动系统电路

电路图

交流发电机、蓄电池、起动机、点火开关

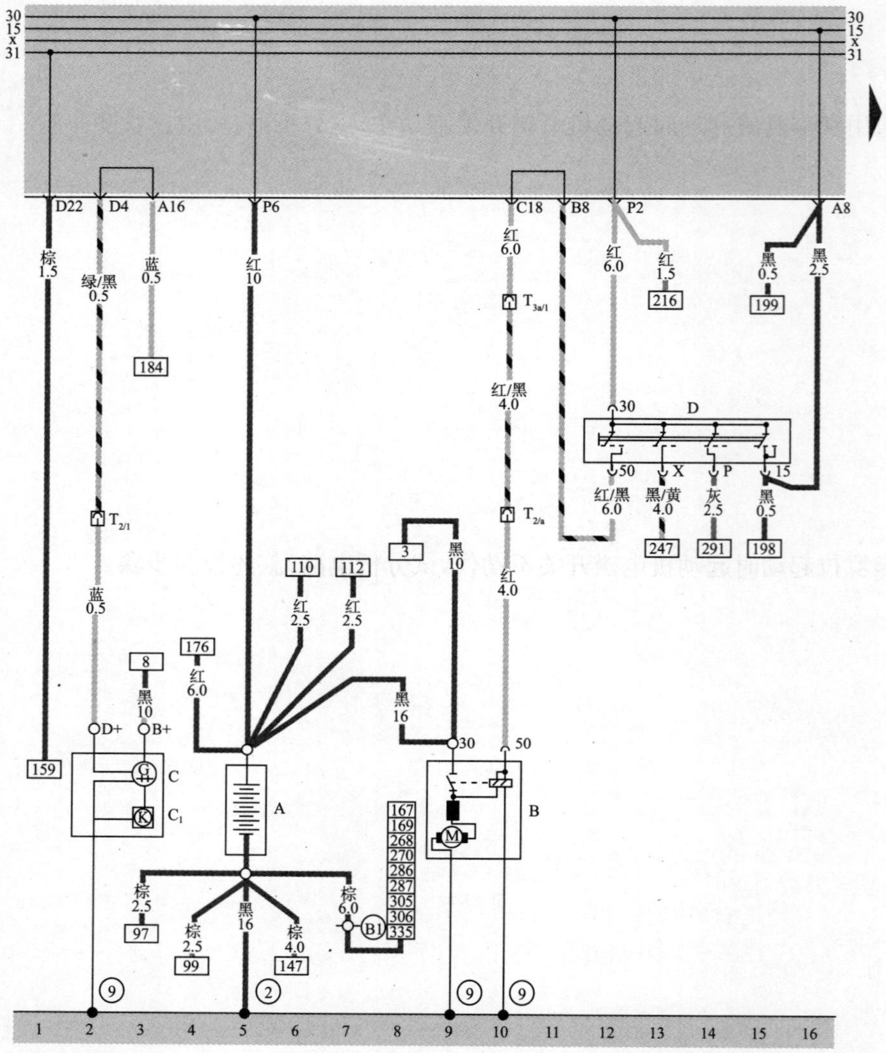

A—蓄电池

B—起动机

C—交流发电机

C1—调压器

D—点火开关

T2—发动机线束与发电机线束插头连接，2 针，在发动机舱中间支架上

T3a—发动机线束与前照灯线束插头连接，3 针，在中央电器后面

②—接地点，在蓄电池支架上

⑨—自身接地

(B1)—接地连接线，在前照灯线束内

2. 上海通用别克君威起动电路

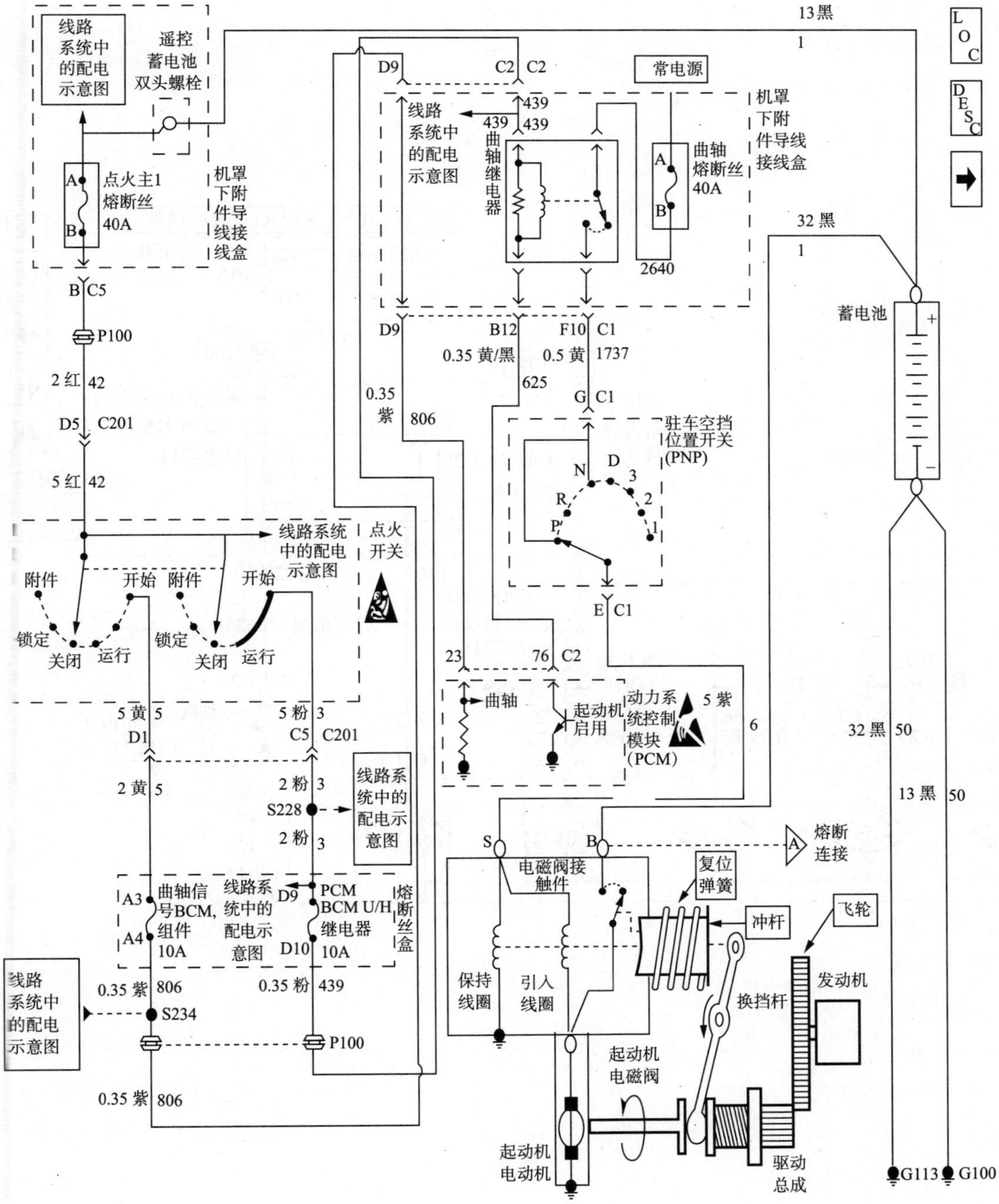

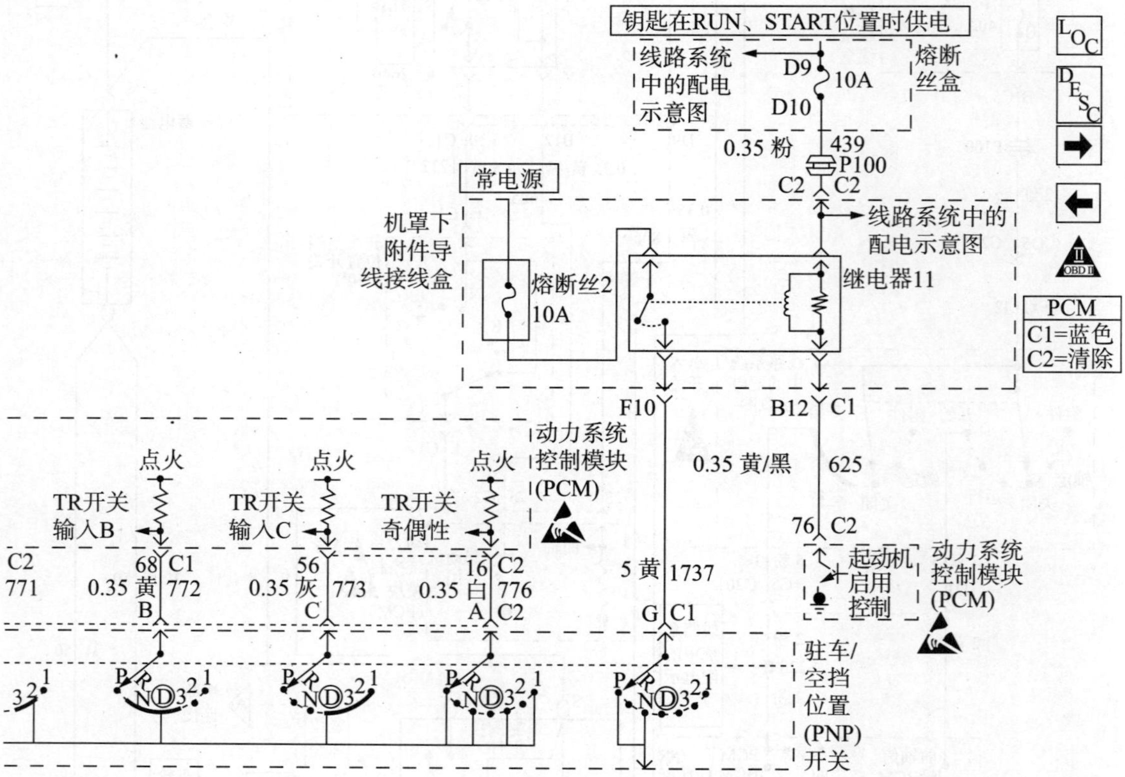
钥匙在RUN、START位置时供电
线路系统中的配电示意图
D9
10A
D10
熔断丝盒
0.35 粉
439
P100
C2
C2
常电源
机罩下附件导线接线盒
熔断丝2
10A
线路系统中的配电示意图
继电器11
PCM
C1=蓝色
C2=清除
F10
B12
C1
动力系统控制模块(PCM)
0.35 黄/黑
625
76
C2
点火
点火
点火
TR开关输入B
TR开关输入C
TR开关奇偶性
C2
771
68
C1
0.35 黄
772
B
56
0.35 灰
773
C
16
C2
0.35 白
776
A
C2
5 黄
1737
G
C1
起动机启用控制
动力系统控制模块(PCM)
驻车/空挡位置(PNP)开关

3. 丰田卡罗拉起动电路

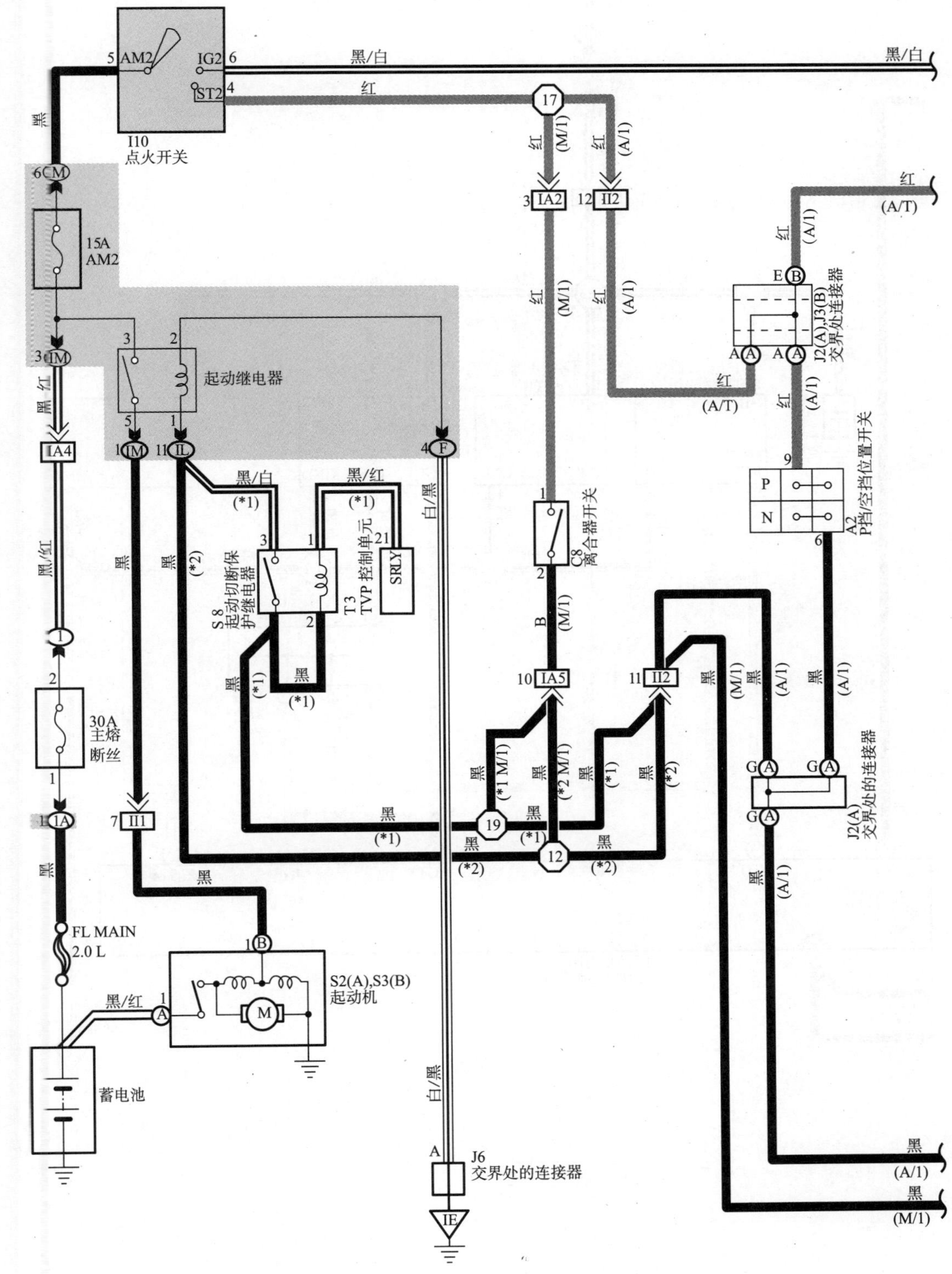

I10
点火开关
AM2
IG2
ST2
黑/白
红
17
15A
AM2
起动继电器
IA2
II2
E B
J2(A),J3(B)
交界处连接器
(A/T)
(A/1)
(M/1)
A2
P挡/空挡位置开关
P
N
IA4
黑/红
S8
起动切断保护继电器
T3
TVP 控制单元
SRLY
C8
离合器开关
30A
主熔断丝
IA5
II2
J2(A)
交界处的连接器
II1
19
12
FL MAIN
2.0 L
S2(A),S3(B)
起动机
蓄电池
白/黑
J6
交界处的连接器
IE
黑

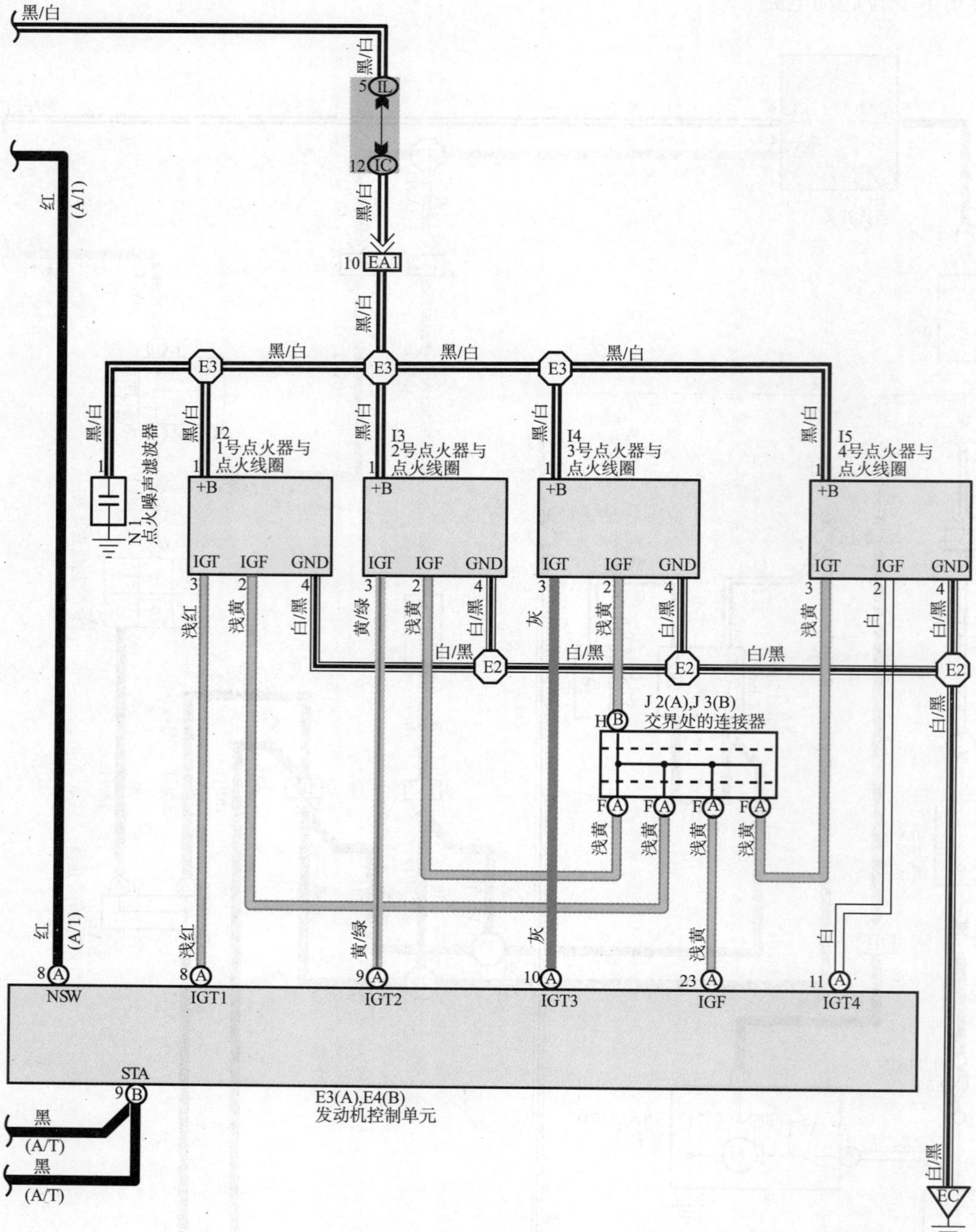
黑/白
红
(A/1)
5 IL
12 IC
10 EA1
E3
E2
N1
点火噪声滤波器
I2
1号点火器与
点火线圈
I3
2号点火器与
点火线圈
I4
3号点火器与
点火线圈
I5
4号点火器与
点火线圈
+B
IGT
IGF
GND
浅红
浅黄
白/黑
黄/绿
灰
白
J 2(A),J 3(B)
交界处的连接器
8 NSW
8 IGT1
9 IGT2
10 IGT3
23 IGF
11 IGT4
STA
9
黑
(A/T)
E3(A),E4(B)
发动机控制单元
EC

实训三　点火系统

姓名：____________　班级：____________　日期：____________

实训三(一)　点火波形检测

一、实训指导

(一) 实训目标

1. 掌握示波器的使用方法；
2. 能熟练检测点火波形；
3. 能够根据点火波形分析故障原因，诊断点火系统故障部位。

(二) 安全要求及注意事项

1. 使用示波器时线路连接要正确，谨防连接线绕进发动机内；
2. 使用示波器时要轻拿轻放；
3. 点火高压危险，注意安全。

(三) 设备/工具/耗材要求

设备：车辆或点火实训台。

工具：一字起子、十字起子。

仪器：金德 k81 示波器。

耗材：无。

(四) 实训操作指导

1. 设备连接

由于被测试发动机的点火方式和点火系统的连接方式不尽相同，所以连接的方法也不一样，在测试次级点火波形前，先确认被测试发动机点火方式。下面就常见的几种点火方式说明测试连接方法。

连接示波器和电源延长线，根据被测试车型的蓄电池位置选择蓄电池供电或者点烟器供电，本实训连接以蓄电池供电为例，如果选择点烟器接头，先确认点烟器是否有 12 V 蓄电池电压。

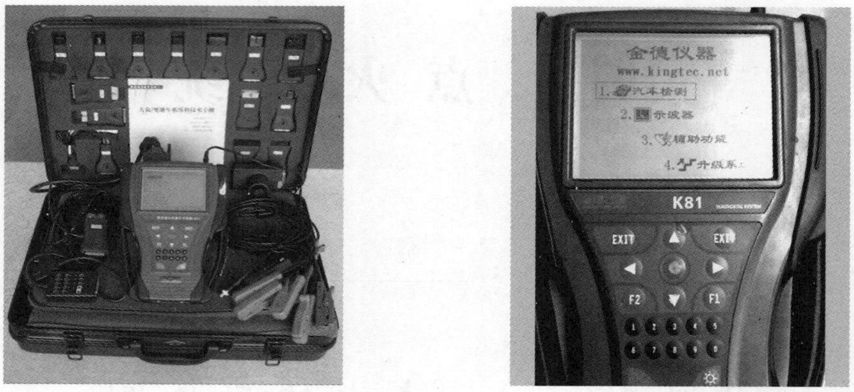

示波器

(1) 传统点火：在包装箱中找出一缸信号夹和一个容性感应夹，一缸信号夹一端接示波器的 CH3 端口，信号夹夹住发动机一缸的高压线，查看信号夹上标有“此面朝向火花塞”，注意不要夹反；容性感应夹一端接 CH1 端口，然后用其中的一个夹子夹住高压总线。

(2) 双缸点火：在包装箱中找出一缸信号夹和两个容性感应夹，一缸信号夹一端接示波器的 CH3 端口，信号夹夹住发动机一缸的高压线，查看信号夹上有“此面朝向火花塞”，注意不要夹反；查看点火线圈的极性，若一侧为正，则另一侧为负，相同侧的极性相同，共用同一个容性夹。

2. 测试条件

起动发动机，在不同负荷及速度下测试检验元件的性能，火花塞、点火连线头及其他次级电路的元件可能在高负荷时会功能不正常，在负荷状态下进行这些测试(在功率试验机上或路试)以精确地确定系统上的故障位置。

3. 测试步骤

(1) 按照要求连接好设备，打开示波器电源开关；

(2) 在示波器主菜单下按上下方向键选择『2』示波器，按 ENTER 键确认；

(3) 在汽车专用示波器菜单下选择点火系统，按 ENTER 键进入点火系统选择菜单；

(4) 选择次级点火，按 ENTER 键确认；

(5) 选择发动机参数设定，按 ENTER 键；

(6) 根据被测试发动机可以更改参数，按上、下方向键选择需要更改项目，按左、右方向键可以更改参数，更改完毕，按 EXIT 键返回上级菜单；

(7) 按向下方向键选择次级点火测试，按 ENTER 键确认，按照测试条件，屏幕显示波形图；

(8) 必要时可以通过左右方向键选择模式、周期参数、幅值等参数，然后按上下方向键改变波形，也可以选择启停，按 ENTER 键冻结波形后，选择存储，保存波形供以后修车参考；

(9) 选择模式，按左、右方向键可以更改次级点火波图的显示模式，如三维波形、并列波形、纵列波形和单缸显示；

(10) 按向右方向键选择参数，按 ENTER 键确认，可以返回发动机参数设定界面，重新更改。

4. 标准波形识别

(1) 初级点火标准波形

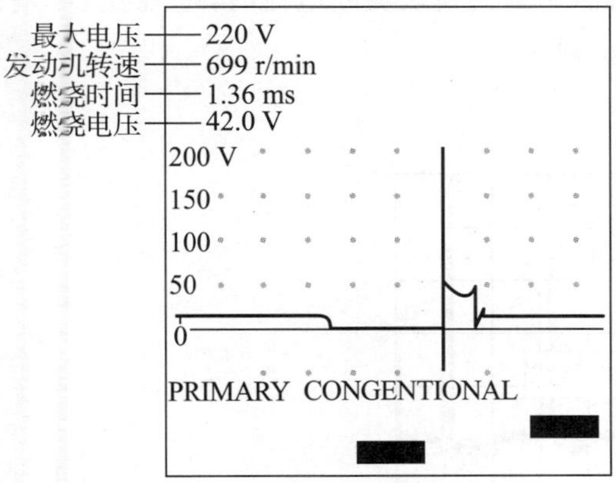

(2) 次级点火标准波形

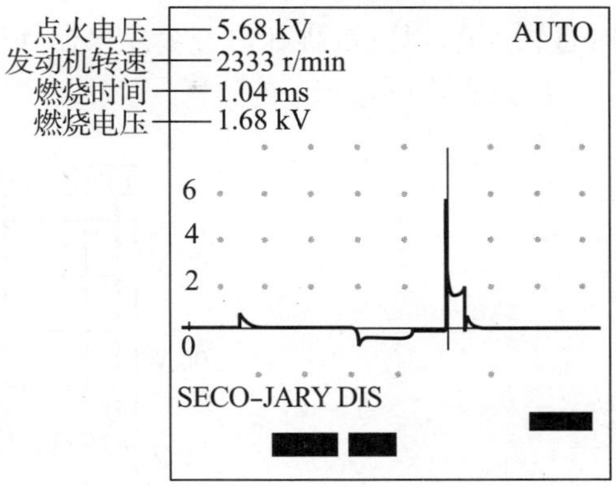

5. 初级点火波形分析

1）初级点火闭合角波形

(1) 通过图示波形可以确认各缸幅值、频率、形状和脉冲宽度是否一致。

(2) 观察相应特定部件的波形部分的问题，核实初级点火闭合角是否在厂家资料规定的范围以内。

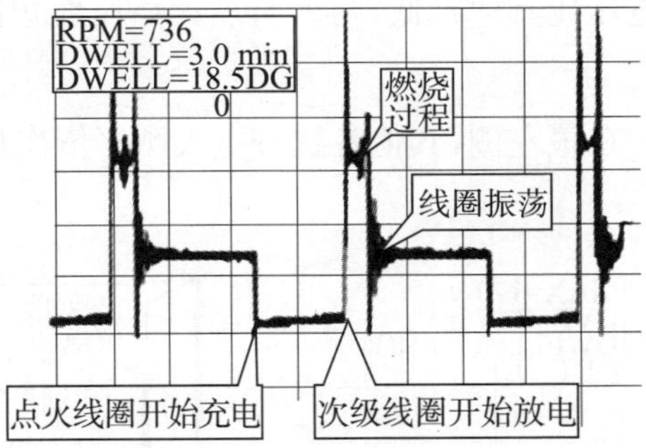

初级点火闭合角波形

2）点火初级线圈电流波形

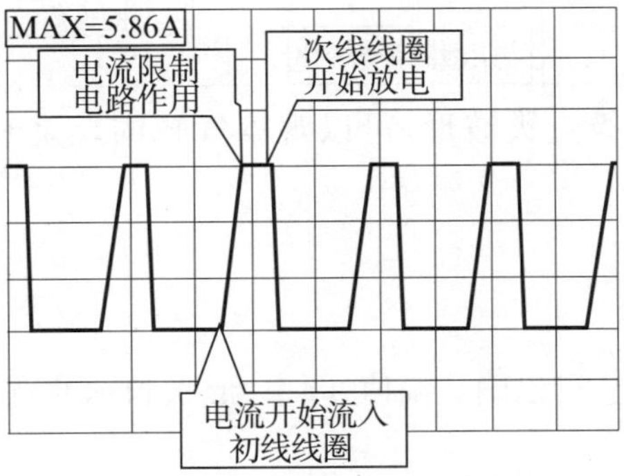

点火初级线圈通过电流波形(怠速)

(1) 当电流开始流入点火初级线圈时，由于线圈特定的电阻和电感特性，引起波形以一定的斜率上升，波形上升的斜率是关键所在。通常点火初级线圈电流波形会以60°角上升（在10 ms/div时基下）。

(2) 大多数新式点火初级电路会先提供 5～6 A 电流给点火线圈，当到达允许最大电流(5～6 A)时，点火模块中的限流电路(恒流控制)就开始起作用，从而使得波形顶部变平，并且在点火初级线圈的“导通时间”(或闭合角)内电流波形的顶部一直应保持平直；而当点火模块关断电流时，电流波形几乎是垂直下降，直到 0 A；以上过程在每一个点火循环中应重复出现。

3) 初级点火直列波形

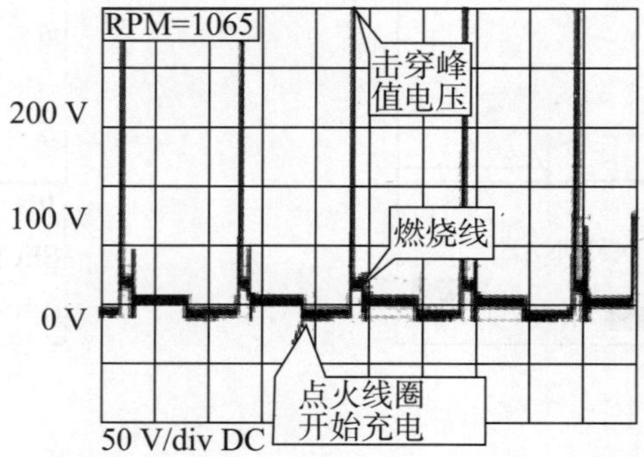

(1) 观察各缸点火击穿峰值电压高度是否相对一致；

(2) 任何一缸与其他各缸击穿电压峰值高度的偏差都意味着可能有故障存在；

(3) 如果一个缸的点火峰值电压明显比其他缸高出很多，则说明这个气缸的点火次级线路中电阻过高，这可能是点火高压线开路或阻值太高；

(4) 如果一个缸的点火峰值电压比其他缸低，则表明点火高压线短路或火花塞间隙过小、火花塞破裂或污浊；

(5) 一般第一缸点火峰值显示在最左侧，其他各缸按点火顺序依次从左至右排列。

4) 初级单缸点火波形

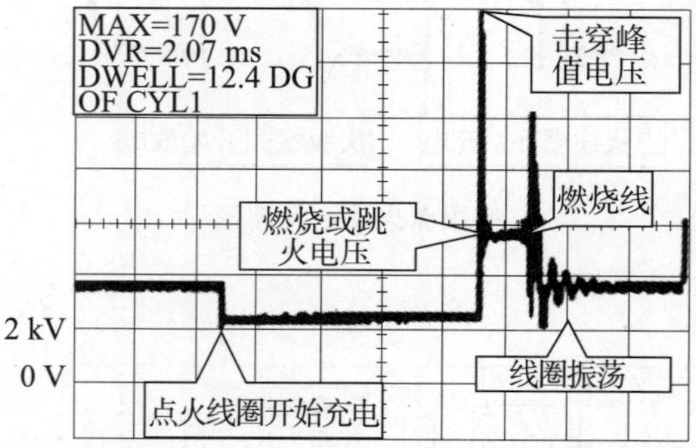

该波形提供了一个完整的初级点火波形，可以观察气缸的燃烧时间、点火线圈的状况及点火闭合角。

6. 次级点火波形分析

1) 次级点火直列波形

(1) 从初级点火直列波形图上，可以确认幅值、频率、形状和脉冲宽度等判定性尺度，在各缸的点火波形上是否一致。

(2) 各缸的点火峰值电压高度应该相对一致，基本相等，相互之间任何的差别都表明可能存在故障。如果有一个气缸的点火波形峰值电压明显比其他缸高出许多，则表明该缸的点火次级系统中存在着较高的电阻。这意味着点火高压线可能开路或电阻太大。反之，如果有一个缸的点火波形峰值电压比较

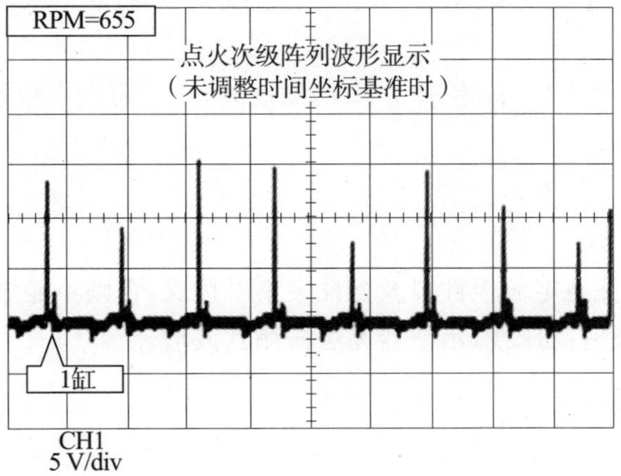

次级点火直列波形

低，则可能是点火高压线短路或火花塞间隙过小、受污损或破裂。

2）次级点火单缸波形

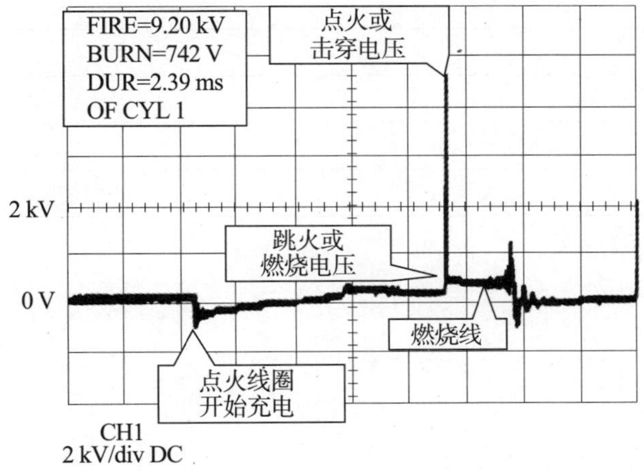

FIRE—击穿电压；BURN—燃烧电压

次级点火单缸波形

（1）点火线圈充电。

观察点火线圈在开始充电时，保持相对一致的波形下降沿，这表明各缸闭合角相同以及点火正时精确。

（2）点火线。

观察击穿电压高度的一致性，如果击穿电压太高（甚至超过了示波器的显示屏），表明在点火次级电路中电阻值过高（如开路或损坏的火花塞、高压线或是火花塞间隙过大）；如果击穿电压太低，表明点火次级电路电阻低于正常值（污浊和破裂的火花塞或漏电的高压线等）。

（3）跳火或燃烧电压。

观察跳火或燃烧电压的相对一致性，它说明的是火花塞工作和各缸空燃比正常与否，如果混合气太稀，燃烧电压就比正常值低一些。

（4）燃烧线。

观察跳火或燃烧线应十分“干净”，即燃烧线上应没有过多的杂波。过多的杂波表明气缸点火不良，或由于点火过早、喷油器损坏、污浊的火花塞以及其他等原因。燃烧线的持续时间长度与气缸内混合气浓或稀有关。燃烧线太长(通常超过 2 ms)表示混合气浓,燃烧线太短(通常少于 0.75 ms)表示混合气稀。

(5) 点火线圈振荡。

观察在燃烧线后面最少 2 个(一般多于 3 个)的振荡波,这表明点火线圈和电容器正常(在白金点火系统中)。

(五) 技术要点

1. 安装接线必须正确,注意电源极性以及容性夹不可接反,否则不能显示正确波形;
2. 单缸独立点火系统没有高压线,示波器无法检测其波形。

二、工作页

1. 写出用示波器测试点火波形的步骤。

(1) ______________________________

(2) ______________________________

(3) ______________________________

(4) ______________________________

(5) ______________________________

(6) ______________________________

2. 绘制初级单缸点火波形图。

与标准波形比较,结论分析:

____

____

3. 绘制次级单缸点火波形图。

与标准波形比较，结论分析：

三、复习思考题

1. 初级点火波形和次级点火波形的区别在哪里？

2. 如何分析点火波形？

实训三(二)　点火系统检测与故障诊断

一、实训指导

(一) 实训目标

1. 熟悉点火系统组成件的安装位置；
2. 学会检测点火系统的方法；
3. 学会诊断、排除点火系统故障的方法。

(二) 安全要求及注意事项

1. 点火开关接通时，不能连接或拔下检测仪的诊断连接器，以防损坏检测仪器；
2. 万用表功能挡位开关必须放在正确的位置，以防损坏万用表；
3. 发动机运转或由起动机拖动时，不要触摸或拔下点火线；
4. 连接或拔下点火系统接线前应关闭点火开关；
5. 安装接线时，必须正确，注意电源极性不可接反，否则极易损坏点火控制器。

(三) 设备/工具/耗材要求

设备：磁感应式、霍尔式普通电子点火实验台，大众桑塔纳时代超人点火系统，大众帕萨特 1.8 L 点火系统。

工具：一字起子、十字起子。

仪器：万用表、汽车测电笔。

耗材：抹布。

(四) 实训操作指导

1. 磁感应式普通电子点火系统检测

磁感应式电子点火系统由电源、磁感应式分电器总成(内装磁感应式点火信号发生器)、点火控制器、高能点火线圈、火花塞等组成。

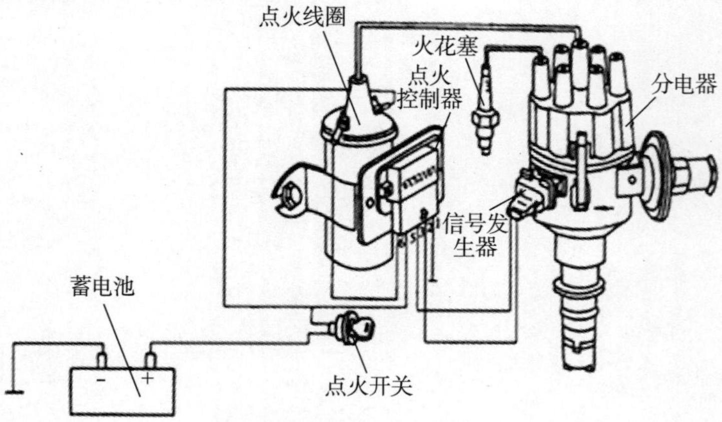

磁感应式电子点火系统

1）磁感应式信号传感器的检测

（1）用万用表测量分电器的信号传感器线圈引出线头间的阻值，正常为600～800 Ω。

（2）检测传感器线圈的绝缘情况。

（3）定子与转子爪极间隙为0.4 mm。

2）高能点火线圈的检测

用万用表检测点火线圈的初、次级绕组是否有断路或绝缘损坏，其阻值应符合标准。初级绕组阻值为0.7～0.8 Ω；次级绕组阻值为3～4 kΩ。

2. 霍尔式普通电子点火系统检测

霍尔式电子点火系统由电源、点火开关、点火模块、高能点火线圈、霍尔分电器总成、火花塞等组成。

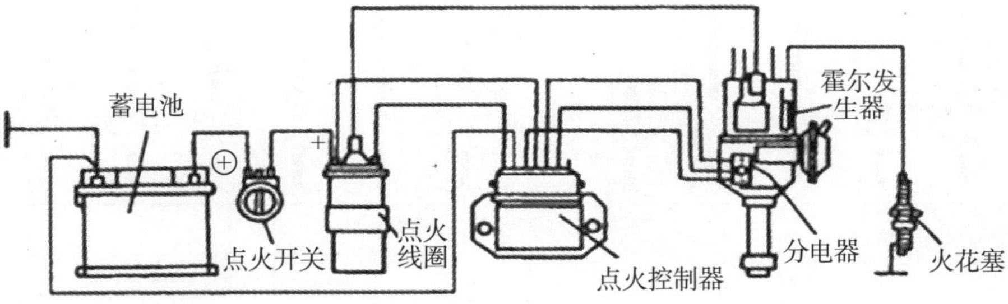

霍尔式电子点火系统

1）点火控制器的检测

（1）点火控制器电源电压检测。

拔下点火控制器，测量端子4、2接脚之间电压；点火开关ON，测得为电源电压。

（2）点火控制器通断检测。

点火开关OFF，拔下霍尔信号发生器连接器，测量点火线圈接线柱“＋”和“－”上电压；点火开关ON，电压不低于2 V，并在1～2 s后回落到0 V，否则应更换点火控制器。

2）霍尔信号发生器的检测

将点火开关OFF，打开分电器盖，拔下分电器盖上的中央高压线并搭铁；将电压表两表针接在霍尔信号发生器连接器信号线（绿白线）和搭铁线（棕白线）间（或控制器端子3、6之间）；点火开关ON，转动发动机，观察电压表读数，当触发叶轮的叶片在空气隙时，其电压值为2～9 V；当触发叶轮的叶片不在空气隙时，其电压值为0.3～0.4 V；若与标准不符，应更换霍尔传感器。

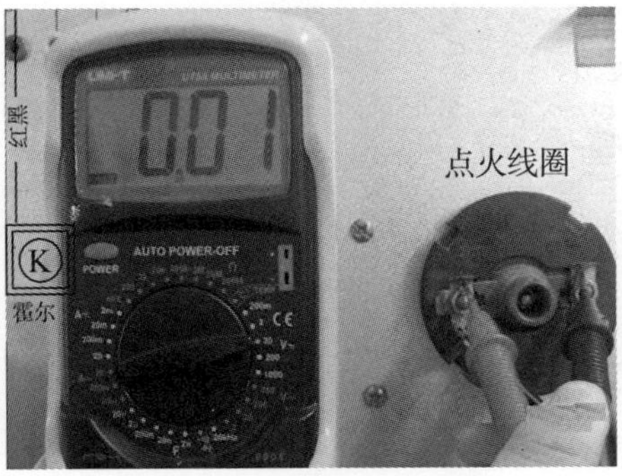

点火控制器通断检测

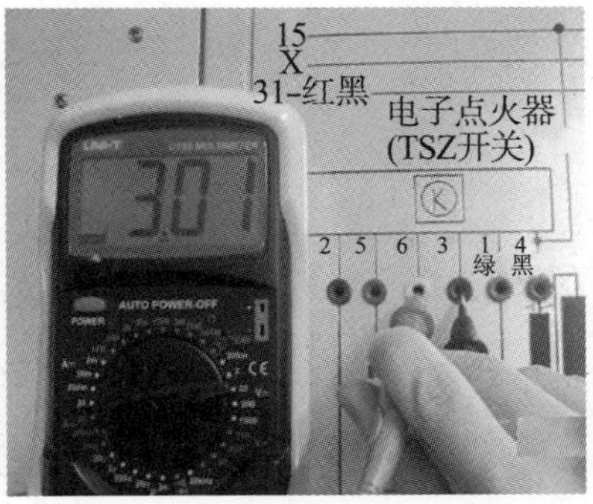

霍尔信号发生器的检测

3. 单缸独立点火系统检测

单缸独立点火系统由传感器、电子控制单元（ECU）、点火器、点火线圈、火花塞等组成，点火线圈与输出放大器集成在一个部件上。

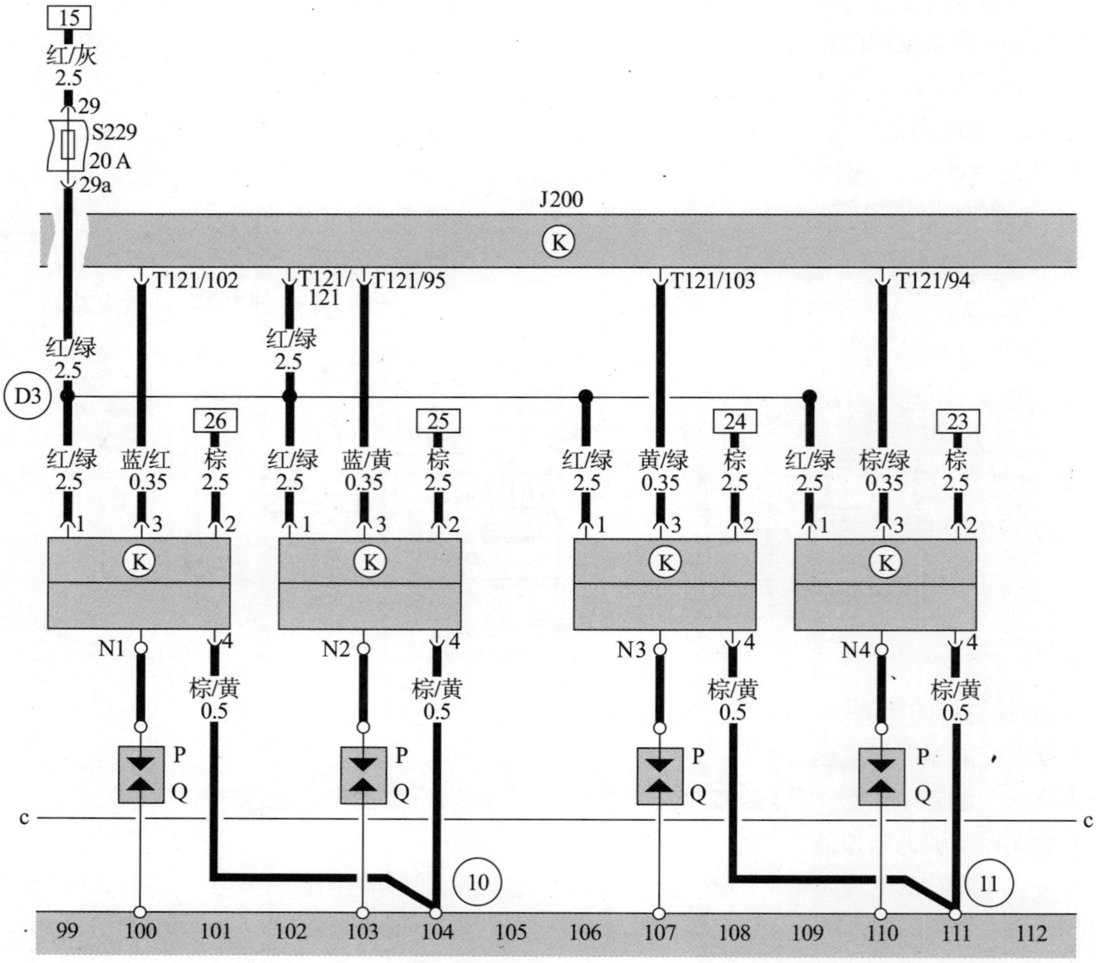

大众帕萨特 1.8L 发动机单缸独立点火系统

（1）检测各缸点火工作性能。

拆下发动机盖罩，拔下点火线圈上的四孔连接器，操作如下图所示。

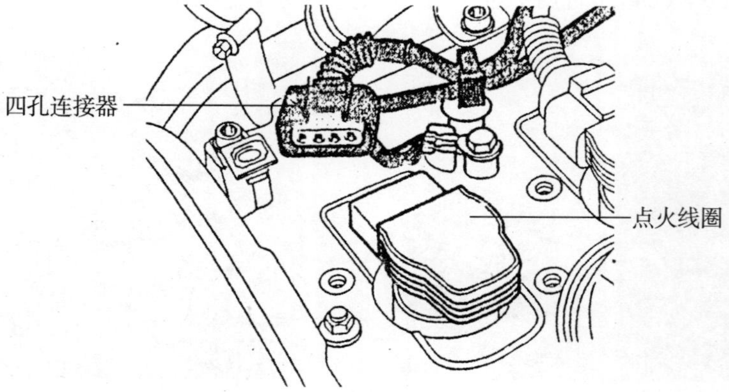

拧下各缸点火器的固定螺栓，拔出各缸点火器总成，检查各缸火花塞工作情况，如火花塞电极发黑或有油渍，说明该缸点火系统不工作或工作不良。将备用的良好的火花塞装在各缸点火器总成上，检测各缸跳火情况：

若各缸都无高压火，故障原因可能是曲轴位置与转速传感器无信号，凸轮轴位置传感器无信号，点火系无总电源，点火系接地不良等。

若某缸无高压火，故障原因可能是该缸点火器总成损坏，该缸点火器的无供电电源或接地不良。

(2) 判断点火器总成是否良好。

当确定某缸点火器(A)无高压火后，将该缸的点火器总成与工作良好的另一缸点火器总成(B)对换，如果A缸点火器装在B缸上，B缸不工作了或工作不良，说明A缸点火器损坏。如A、B缸点火器互换后，A缸仍不工作或工作不良，B缸依旧工作良好，说明A缸点火器无故障，故障原因可能是A缸点火器的电源、信号或接地损坏。

(3) 检测点火控制器的电源。

拔下点火控制器的四孔连接器，接通点火开关，检测点火控制器的1脚，应显示蓄电池电压，如无电源电压，应检查S229熔断丝和熔断丝至点火控制器的导线。

(4) 检测点火线圈接地。

拔下点火控制器的四孔连接器，接通点火开关，检测点火控制器的2脚和4脚的接地。

(5) 检测点火控制器的功能。

检测时，喷油器不可喷油，否则会损坏催化净化器，所以应先拔下所有喷油器连接器。

拔下点火控制器的四孔连接器，将二极管试灯接到连接器2脚和3脚之间，起动起动机时发光二极管应闪烁。如果二极管不闪烁，分别检测连接器触点3(1缸、2缸、3缸和4缸)导线连接是否断路和对地/正极短路，如需要，排除导线断路和短路故障。如果导线无故障，则更换点火控制器总成。

4. 双缸同时点火系统检测

双缸同时点火系统由传感器、电子控制单元(ECU)、点火器、点火线圈、火花塞等组成。

大众桑塔纳时代超人AJR发动机管理系统采用的无分电器点火系统有两个点火线圈。1、4缸共用一个点火线圈，2、3缸共用一个点火线圈。

(1) 测量点火线圈输出极接地。

拔下点火线圈连接器，用数字式万用表测量蓄电池正极和连接器上4脚之间的电压，应为蓄电池电压(约12 V)，否则应检测连接器4脚和接地点的线路的开路。

(2) 测量点火线圈的供电电压。

拔下点火线圈连接器，用数字式万用表测量连接器上2脚和发动机接地点间的电压，应为蓄电池电压(约12 V)，否则应检测点火开关与连接器上2脚之间线路的开路。

(3) 测量点火线圈工作情况。

拔下点火线圈的连接器和四个喷油器的连接器，打开点火开关，用数字式万用表分别测量点火控制器连接器上1脚和3脚与发动机接地点间的电压，接通点火开关，应有0.4 V左右电压出现。

如点火控制器连接器上1脚和3脚与发动机接地点间的电压没有0.4 V左右电压，再分别测量发动机ECU的71脚和78脚有无0.4 V左右电压，如ECU端有0.4 V电压，而对应的点火线圈线端无0.4 V电压，则相应导线断路。

(4) 用数字式万用表测量点火线圈连接器和ECU线束连接器之间的电阻，电阻应小于0.5 Ω。

(5) 测量两个线圈的初级线圈和次级线圈阻值，应基本相等。

(五) 技术要点

1. 高能点火线圈初级绕组阻值为0.7～0.8 Ω；次级绕组阻值为3～4 kΩ；

2. 霍尔信号发生器中，当触发叶轮的叶片在空气隙时，其信号电压值为2～9 V；当触发叶轮的叶片

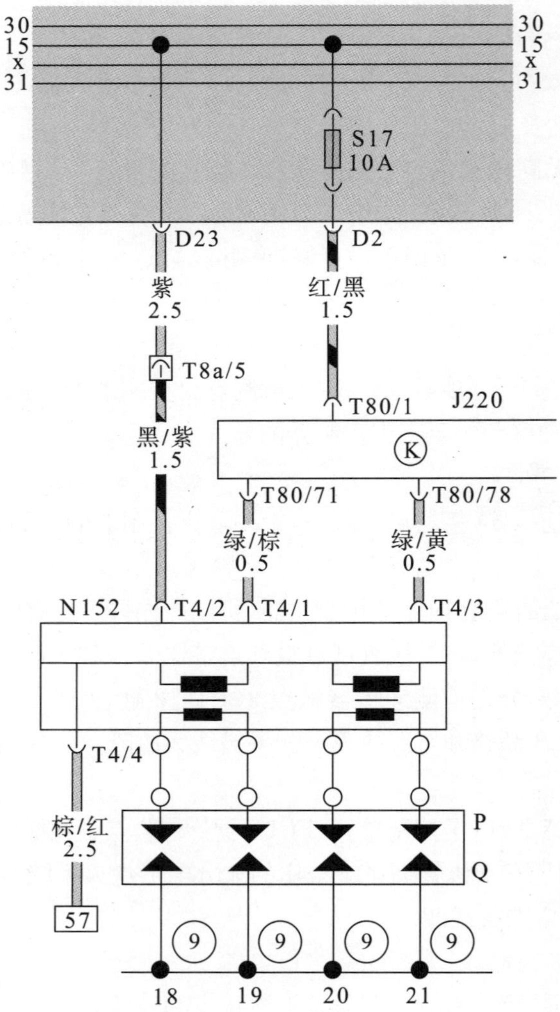

大众桑塔纳时代超人 AJR 发动机双缸同时点火系统

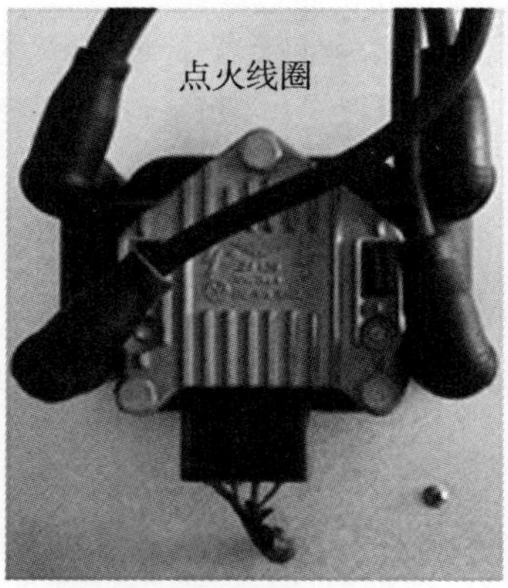

AJR 发动机点火线圈

不在空气隙时，其信号电压值为 0.3～0.4 V；

3. 电控点火系统不能直接断开高压回路进行试火。

二、工作页

1. 检测单缸独立点火系统。

发动机型号：____________

(1) 检测单缸独立点火控制器端子，分析作用并填入下表。

缸号：____________

端子编号	导线颜色	作用	KEY ON 时电压/V	检测分析
1				
2				
3				
4				

(2) 检测点火控制器的工作，并填入下表。

检测	KEY ON 时电压/V	起动时二极管试灯状态
1 缸		
2 缸		
3 缸		
4 缸		

2. 检测双缸同时点火系统。

发动机型号：____________

(1) 检测双缸同时点火系统控制器端子，分析作用并填入下表。

端子编号	导线颜色	作用	KEY ON 时电压/V	检测分析
1				
2				
3				
4				

(2) 检测点火线圈与高压线，并填入下表。

检测项目	检测电阻/kΩ	检测分析
1、4 缸高压线端		
2、3 缸高压线端		
1 缸高压线		
2 缸高压线		
3 缸高压线		
4 缸高压线		

(3) 检测点火控制器的工作,并填入下表。

检测端子	KEY ON 时电压/V	起动时二极管试灯状态	检测分析
1-4			
3-4			

3. 点火系统故障诊断与排除。

发动机型号：________

故障 1：

1) 故障现象描述：点火系统各缸都无火。

2) 故障现象确认：

3) 读电路图,分析确定故障可能原因。

(1)

(2)

(3)

(4)

(5)

4) 实车检测,写出检测流程。

(1)

(2)

(3)

(4)

(5)

(6)

(7)

(8)

(9)

(10)

5) 确定故障点,排除故障。

故障 2：

1) 故障现象描述：点火系统某缸无火。

2) 故障现象确认：

3）读电路图，分析确定故障可能原因。

（1）

（2）

（3）

（4）

（5）

4）实车检测，写出检测流程。

（1）

（2）

（3）

（4）

（5）

（6）

（7）

（8）

（9）

（10）

5）确定故障点，排除故障。

三、复习思考题

1. 双缸同时点火系统中的第 1 缸高压线断路，第 4 缸是否有火？为什么？

2. 能否检测单缸独立点火系统点火线圈的初级线圈阻值？

3. 写出用万用表检测接地是否良好的步骤。

实训四　照明与信号系统

姓名：__________　　班级：__________　　日期：__________

实训四(一)　照明系统的使用与检测

一、实训指导

(一) 实训目标

1. 熟悉汽车照明系统的组成；
2. 学会操纵灯光开关；
3. 学会前照灯的检测方法，能对检测数据进行分析；
4. 学会使用维修资料对灯光电路进行分析与排故。

(二) 安全要求及注意事项

1. 使用灯光时，发动机处于起动状态；
2. 起动发动机，车辆挡位置于空挡，拉起驻车制动器，车轮用挡块固定。

(三) 设备/工具/耗材要求

设备：上海通用别克凯越或其他实训车辆。
工具：内六角扳手组件、十字起子、一字起子。
仪器：前照灯检测仪。
耗材：无。

(四) 实训操作指导

1. 汽车照明系统的使用

汽车上的照明系统都是由汽车灯光开关进行控制。现代汽车的灯光开关一般都设置在转向柱上或者仪表台上，通过旋转方式进行选择。下面介绍照明系统的使用方法。

(1) 大众车系汽车照明系统的使用。

如图所示，大众汽车灯光开关大部分控制操作都被集成在一个旋钮上，驾驶人可根据不同需要通过旋转来控制开启或关闭某种灯组。其前、后雾灯需要先将旋钮转至示宽灯或近光前照灯位置，然后再提起旋钮柄，第一挡为开启前雾灯，继续拉起便可同时打开后雾灯。另外，需要切换近、远光前照灯时则需要通过转向灯控制杆来实现，只需向转向盘一侧提起便可实现。

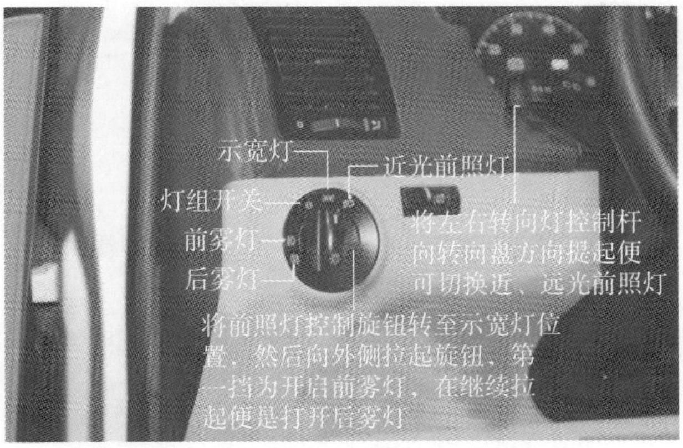

大众汽车灯光开关

(2) 丰田车系汽车照明灯的使用。

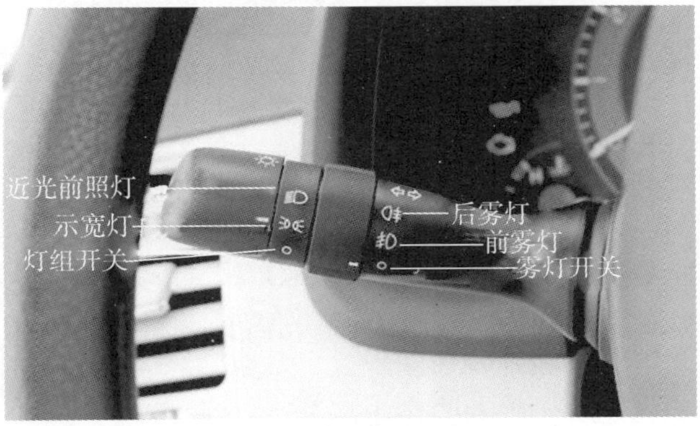

丰田汽车灯光开关

丰田汽车灯光开关只需通过旋转外侧旋钮便可在示宽灯与近光前照灯之间进行切换，而前后雾灯则是通过内侧旋钮来实现。另外，远光灯的开启和关闭也是由该控制杆的推拉来完成。

(3) 通用车系汽车照明灯的使用。

通用汽车灯光开关

上海通用别克君威的灯光控制组合旋钮要比前两种多了一个功能——“自动车灯”，驾驶人可以不必自己手动控制开启示宽灯或者近光前照灯，只需将挡位旋转至“AUTO”(自动)上便可由车辆自行检测、控制灯组开启。

2. 前照灯检测与调整

前照灯光束的检测与调整应在较暗的环境中进行，检测与调整之前应做到场地平整，车辆空载，轮胎气压符合规定，乘坐一名驾驶人。

将被测车辆停置于检测仪前方并与屏幕垂直，使前照灯基准中心距离屏幕 3 m，分别测量左、右前照灯，远、近光束的水平和垂直照射方位的偏移量，以及发光强度。标准如下：

(1) 水平方向。

左灯：向左偏不大于 10 cm/dam(0.6°)；向右偏不大于 17 cm/dam(1°)。

右灯：向左或向右偏均不大于 17 cm/dam(1°)。

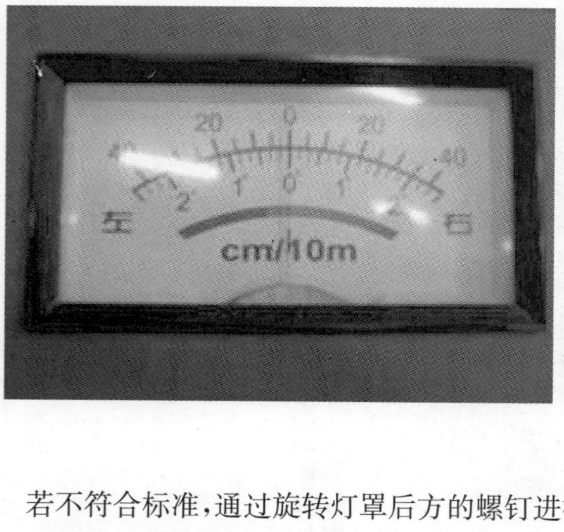

若不符合标准，通过旋转灯罩后方的螺钉进行调整。

(2) 垂直方向(左灯、右灯标准一致)。

上偏不得大于 0 cm/dam(0°) 。

下偏不得大于 17 cm/dam(1°)。

若不符合标准，通过旋转灯罩后方的螺钉进行调整，如下图所示。

左右调整

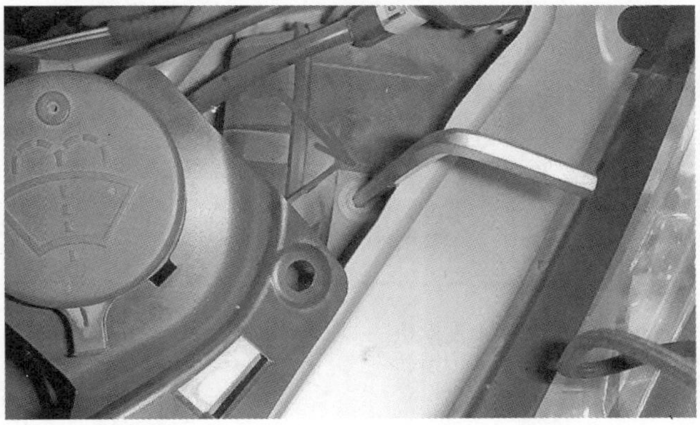

上下调整

(3) 发光强度。

发光强度参数表　　单位：cd

每个灯发光强度不得低于	两灯制	四灯制
新车	15 000	12 000
在用车	12 000	10 000

3. 上海通用别克凯越前照灯故障诊断与排除

(1) 故障现象描述：前照灯近光不工作、远光工作。

(2) 分析上海通用别克凯越前照灯电路图。

(3) 实车上检测的步骤。

该故障可按下列流程所示步骤进行诊断和排除。

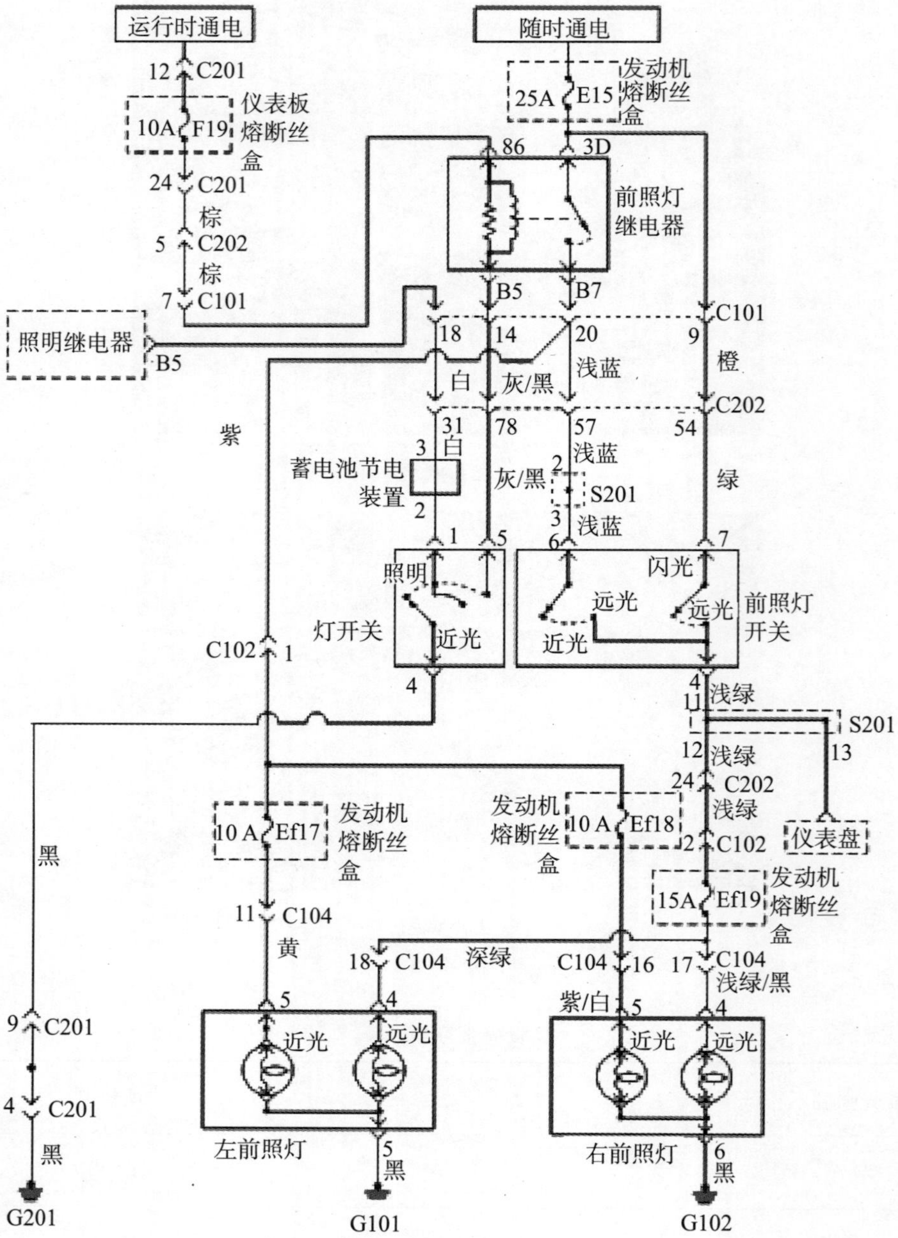

上海通用别克凯越前照灯电路

（五）技术要点

1. 前照灯光束的检测与调整应在较暗的环境中进行，检测与调整之前应做到场地平整，车辆空载，轮胎气压符合规定，乘坐一名驾驶人。

2. 前照灯水平方向检测标准：左灯向左偏不大于 10 cm/dam(0.6°)、向右偏不大于 17 cm/dam(1°)；右灯向左或向右偏均不大于 17 cm/dam(1°)。

3. 前照灯垂直方向检测标准：上偏不得大于 0 cm/dam(0°)；下偏不得大于 17 cm/dam(1°)。

4. 两灯制前照灯发光强度在用车每个灯不得低于 12 000 cd。

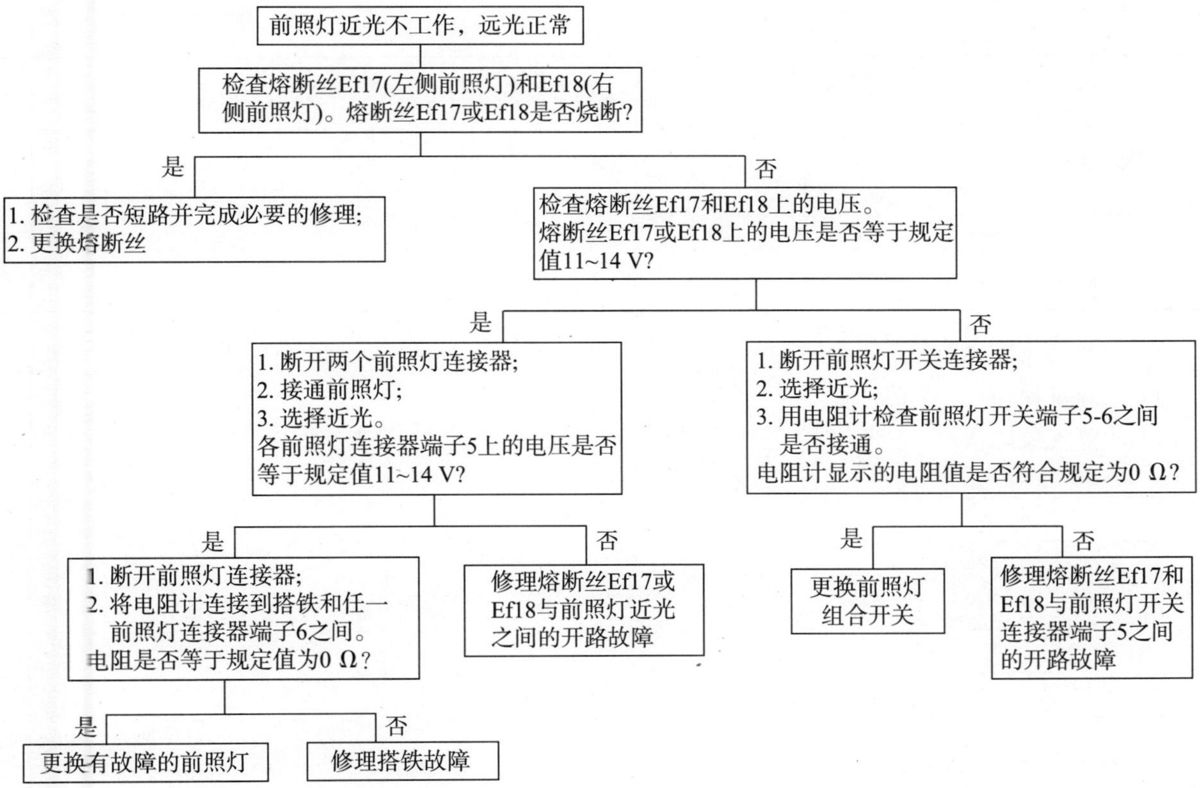

上海通用别克凯越前照灯故障诊断流程图

二、工作页

1. 照明系统的使用

(1) 插入车钥匙，接通点火开关。

(2) 旋转灯光开关，至 1 挡，检查示宽灯、牌照灯、尾灯、组合仪表灯是否点亮。

点亮 □　　　　　暗亮 □　　　　　不亮 □

(3) 旋转灯光开关，至 2 挡，检查前照灯(近光)是否点亮。

点亮 □　　　　　暗亮 □　　　　　不亮 □

(4) 拨动变光开关，检查远、近光的切换是否正常，组合仪表上的远光指示灯是否点亮。

点亮 □　　　　　暗亮 □　　　　　不亮 □

(5) 旋转灯光开关，接通前、后雾灯开关，检查前、后雾灯是否点亮。

点亮 □　　　　　暗亮 □　　　　　不亮 □

(6) 打开发动机舱盖，找到与上述灯光系统有关的熔断丝和继电器，并画出位置图。

2. 前照灯检测、调整。

检测前照灯，并填入下表。

车型：____________

检测项目	检测数据	是否合格	措施
垂直偏差			
水平偏差			
发光强度			

3. 上海通用别克凯越前照灯故障诊断与排除。

1）故障现象描述：前照灯近光不工作、远光工作。

2）故障现象确认：

____

____

3）可能故障点分析：

(1) ____

(2) ____

(3) ____

(4) ____

(5) ____

4）实车检测，写出检测流程。

(1) ____

(2) ____

(3) ____

(4) ____

(5) ____

(6) ____

(7) ____

(8) ____

(9) ____

(10) ____

5）确定故障点，排除故障。

____

____

____

三、复习思考题

1. 观察前照灯远光、近光的光形，有什么区别？

2. 若上下拨动灯光开关，远、近光无法正常切换，故障原因可能是什么？

3. 为什么水平方向上左灯、右灯的偏移量标准不一样？

4. 上海通用别克凯越前照灯如果远光不工作，但近光工作，故障原因可能是什么？

5. 左灯、右灯发光强度若不一致，故障原因可能是什么？

实训四(二)　信号系统的使用与检测

一、实训指导

(一) 实训目标

1. 了解信号灯的作用与组成；
2. 学会操纵信号灯开关；
3. 能使用维修资料对信号灯电路进行分析与排故；
4. 了解用仪器对上海通用别克凯越汽车雾灯进行反馈测试。(选做)

(二) 安全要求及注意事项

同实训四(一)。

(三) 设备/工具/耗材要求

设备：上海通用别克凯越与同类维修手册，或其他同类车辆。
工具：万用表、试灯。
仪器：TECH－2 诊断仪或其他故障诊断仪。
耗材：无。

(四) 实训操作指导

1. 汽车转向灯的使用

汽车上的转向信号灯是由设置在转向柱上的开关进行控制的。另外，转向信号灯也可兼作危险警告灯(报警灯)。下面介绍转向信号灯的使用方法。

上海通用别克凯越转向控制开关

(1) 插入点火钥匙，接通点火开关。

(2) 转动转向盘，使车轮转动，依照转向盘的转动方向，顺时针(或逆时针)拨动灯光开关控制杆，检查右侧(或左侧)转向信号灯是否闪烁,组合仪表上的绿色箭头指示灯是否闪烁。

(3) 转动转向盘,使车轮回位,检查转向信号灯及指示灯是否能自动熄灭。

(4) 关闭点火开关,按下警告灯开关,检查左右两侧的转向信号灯是否同时闪烁,组合仪表上的绿色箭头指示灯是否闪烁。

2. 上海通用别克凯越转向灯、危险警告灯故障诊断与排除

(1) 故障现象描述:转向灯工作正常、危险警告灯不工作。

(2) 分析上海通用别克凯越转向灯、危险警告灯电路图。

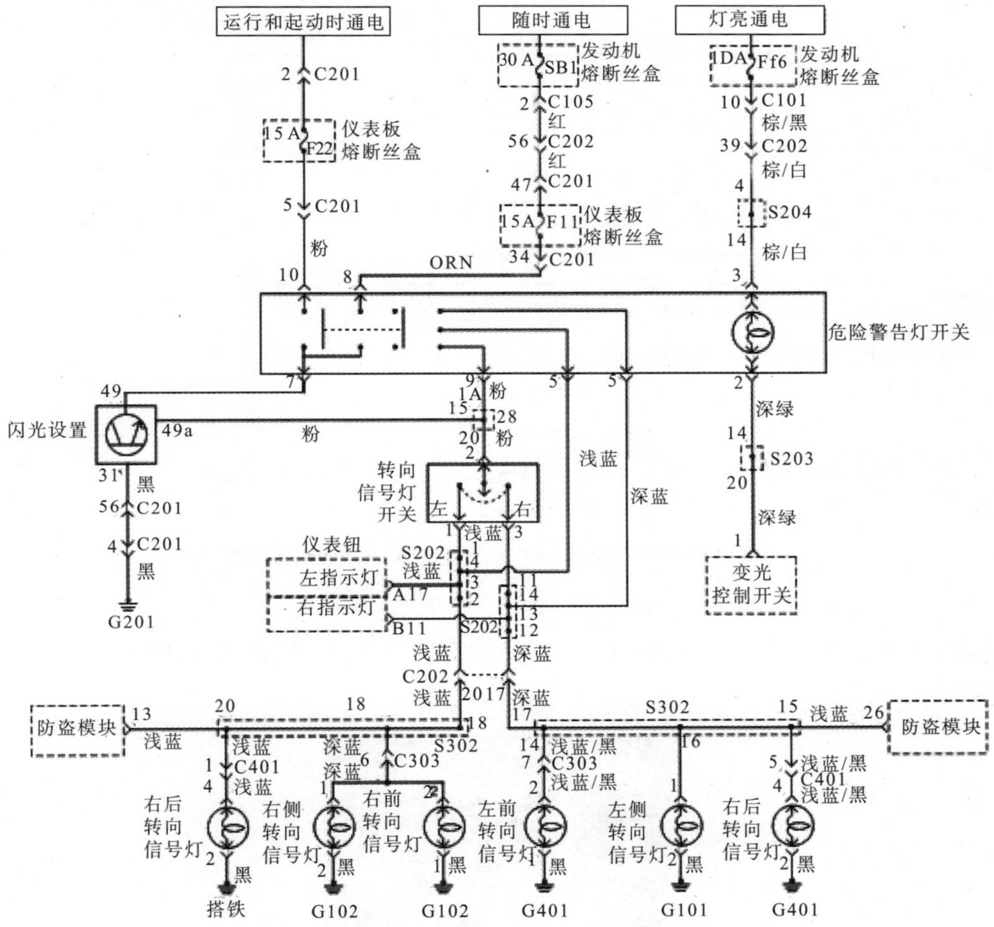

上海通用别克凯越转向灯、危险警告灯电路

(3) 实车上检测的步骤。

该故障可按下列流程所示步骤进行诊断和排除。

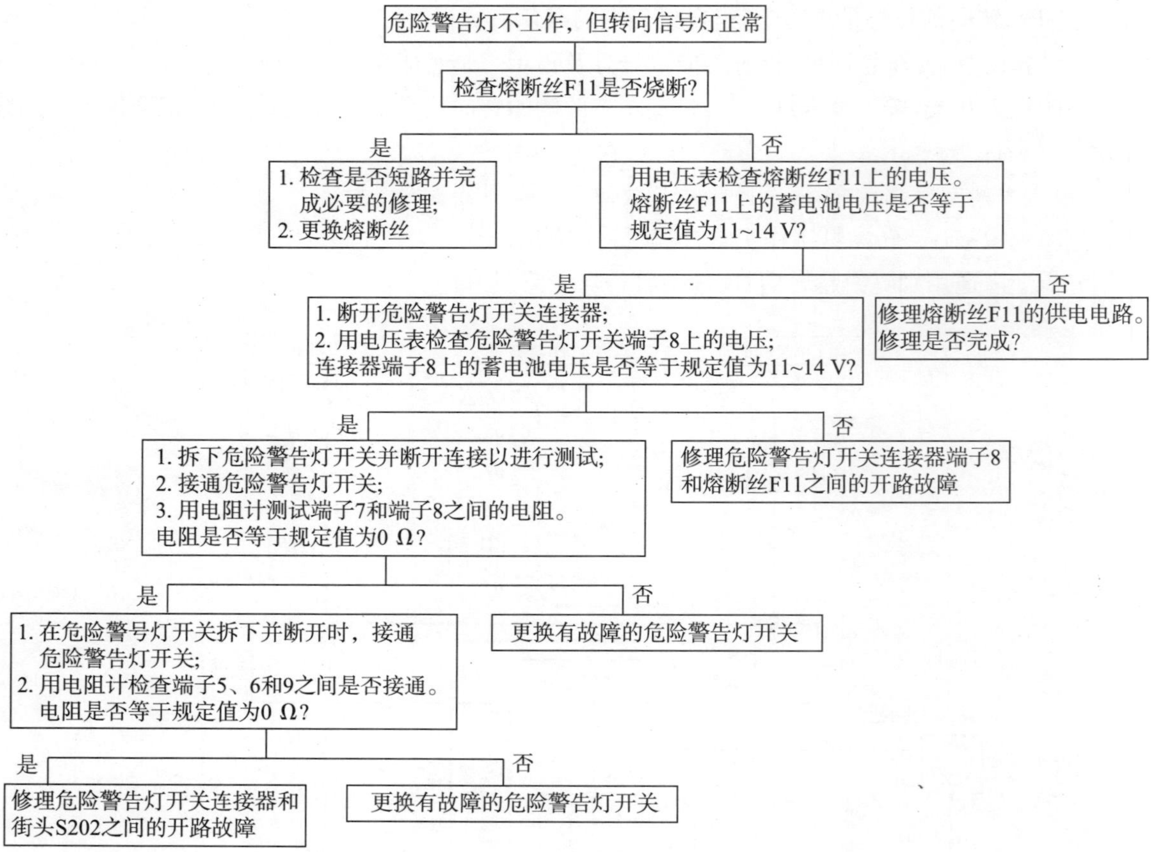

上海通用别克凯越转向灯、危险警告灯故障诊断与排除

3. TECH－2 对雾灯的反馈信号测试(选做)

上海通用别克君威配有车载诊断系统(OBD Ⅱ)，TECH－2 可以通过使用 DLC 电缆与车辆连接获得电源，如图所示。

TECH－2 与车辆的连接

(1) 将点火开关置于 ACC 位置，同时打开 TECH－2 电源。

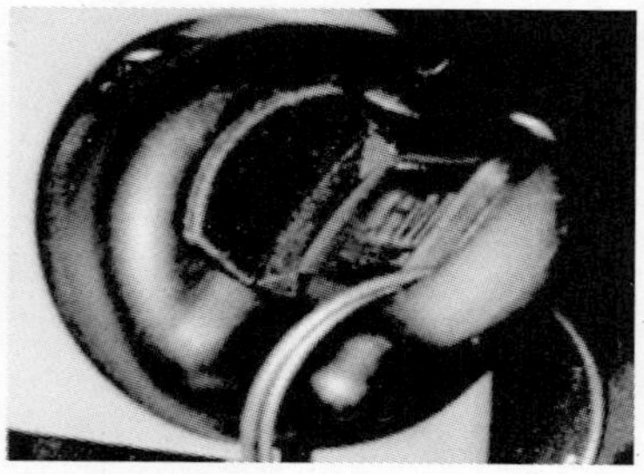

(2) 进入 TECH－2 初始界面。

（3）按 ENTER 键进入主菜单界面。

F0 诊断
F1：维修编程系统（SPS）
F3：工具选项
F4：启用

（4）按 ENTER 键进入车辆识别界面，选择年款 2007。

车辆识别
由以下选择年款
8）2008
7）2007
6）2006
5）2005
4）2004
3）2003
2）2002
1）2001
Y）2000
________________ 2/10
7）2007

（5）按 ENTER 键进入车辆识别界面，选择车辆类型。

车辆识别
由以下选择车辆类型
小客车
轻型卡车，多功用车未齐备
________________ 1/2
小客车

（6）按 ENTER 键进入车辆识别界面，选择产品制造商。

车辆识别
由以下选择产品制造商
（1）雪佛兰
（2）别克
（3）凯迪拉克
________________ 2/3
（4）别克

（7）按 ENTER 键进入车辆识别界面，选择产品品系。

车辆识别
由以下选择产品品系

________________ 4/4

（8）按 ENTER 键进入车辆识别界面，选择产品系列。

车辆识别
由以下选择产品系列
IG Regal
IL Regal
IS LaCrosse
IT LaCrosse
IU LaCrosse
IV LaCrosse
________________ 2/6
IL Regal

(9) 按 ENTER 键进入诊断界面，选择车身。

诊断
7) 2007 小客车　(4) 别克
F0：动力总成
F1：车身
F2：底盘
F3：诊断电气检查
F4：车辆控制系统

(10) 按 ENTER 键进入车身界面，选择车身控制模块。

车身
F0：车身控制模块
F1：仪表板组合仪表
F2：个性化设置
F3：辅助充气保护装置
F4：车辆防盗

(11) 按 ENTER 键进入车身控制模块界面，选择数据清单。

车身控制模块
F0：诊断故障码
F1：数据清单
F2：特殊功能
F3：数据捕捉
F4：模块 ID 信息
F5：模块设置

(12) 按 ENTER 键进入数据清单界面，选择数据。

数据清单
F0：数据
F1：输入
F2：输出
F3：安全数据

(13) 按 ENTER 键进入数据界面，接通和关闭雾灯，观察雾灯反馈的电压变化。

数据		
防盗数据	5.0 V	
蓄电池功率 1	10.1 V	
雾灯反馈	0.0 V	
________	3/3	
雾灯反馈		
选择项目	快速信息捕捉	更多

(14) 按 ENTER 键进入数据界面，接通雾灯，观察雾灯反馈的电压变化。

数据		
防盗数据	5.0 V	
蓄电池功率 1	10.1 V	
雾灯反馈	5.0 V	
________	3/3	
雾灯反馈		
选择项目	快速信息捕捉	更多

通过检测雾灯开关在接通和关闭状态下的电压变化，可以判断雾灯系统反馈电路工作是否正常。

(五) 技术要点

1. 用万用表电阻挡检测导线是否导通时，当测得电阻小于 0.5 Ω 时，可认为线路导通；
2. 连接或断开诊断仪时，应先关闭点火开关。

二、工作页

1. 转向灯的操作。

(1) 插入车钥匙，接通点火开关。

(2) 转动转向盘，使车轮转动，依照转向盘的转动方向，顺时针(或逆时针)拨动灯光开关控制杆，检查右侧(或左侧)转向信号灯是否闪烁，组合仪表上的绿色箭头指示灯是否闪烁。

常亮 □　　　　不亮 □　　　　闪烁 □

(3) 转动转向盘，使车轮复位，检查转向信号灯及指示灯是否能自动熄灭。

常亮 □　　　　不亮 □　　　　熄灭 □

(4) 关闭点火开关，按下警告灯开关，检查左右两侧的转向信号灯是否同时闪烁，组合仪表上的绿色箭头指示灯是否闪烁。

常亮 □　　　　不亮 □　　　　闪烁 □

2. 转向信号灯故障诊断与排除。

车型：____________

1) 故障现象描述：左右转向信号灯都不亮。

2) 故障现象确认：

____

____

____

3) 可能故障点分析：

(1) ______________________________

(2) ______________________________

(3) ______________________________

(4) ______________________________

(5) ______________________________

4) 实车检测，写出检测流程。

(1) ______________________________

(2) ______________________________

(3) ______________________________

(4) ______________________________

(5) ______________________________

(6) ______________________________

(7) ______________________________

(8) ______________________________

(9) ______________________________

(10) ______________________________

5) 确定故障点，排除故障。

____

3. 转向信号灯故障诊断与排除。

车型：__________

1）故障现象描述：转向信号灯的闪烁一边快、一边慢。

2）故障现象确认：

3）可能故障点分析：

(1)

(2)

(3)

(4)

(5)

4）实车检测，写出检测流程。

(1)

(2)

(3)

(4)

(5)

(6)

(7)

(8)

(9)

(10)

5）确定故障点，排除故障。

4. 危险警告灯故障诊断与排除。

车型：__________

1）故障现象描述：危险警告灯不工作、转向灯工作。

2）故障现象确认：

3）可能故障点分析：

(1)

(2)

(3)

(4)

(5)______

4) 实车检测,写出检测流程。

(1)______

(2)______

(3)______

(4)______

(5)______

(6)______

(7)______

(8)______

(9)______

(10)______

5) 确定故障点,排除故障。

______

______

______

三、复习思考题

1. 转向灯和警报灯分别是如何操纵控制的?

2. 某一个转向信号灯烧毁,会产生什么故障现象?

3. 危险警告灯开关损坏,会产生什么故障现象?

实训五　仪表系统

姓名：__________　　班级：__________　　日期：__________

实训五(一)　仪表系统的认识与拆装

一、实训指导

(一) 实训目标

1. 熟悉汽车各仪表系统的组成与部件安装位置；
2. 能看懂各仪表所反映的信息；
3. 能根据信息判断汽车的状态；
4. 了解组合仪表的拆装方法。(选做)

(二) 安全要求及注意事项

1. 实训汽车停在实训工位上，没有经过老师批准不能起动，经老师批准起动，首先应检查车轮的安全顶块是否放好，汽车驻车制动器是否拉好，变速换挡杆是否放在P挡(AT)或空挡(MT)，车前有没有人；

2. 拆装组合仪表前需断开蓄电池负极。

(三) 设备/工具/耗材要求

设备：实训车辆、整车电气示教台、汽车组合仪表、汽车转速表、车速表、冷却液温度表及传感器、燃油表及传感器、机油压力表及传感器等。

工具：一字起子、十字起子、测针。

仪器：万用表。

耗材：无。

(四) 实训操作指导

1. 仪表系统的认识

汽车上装有各种仪表和指示灯，向驾驶人提供车辆的各种信息。

1) 仪表的认识

(1) 车速表/里程表。

(2) 转速表。

2) 指示灯的认识

(1) 油量指示灯用来显示油箱内储油量的多少,当点火开关打开,车辆进行自检时,油量指示灯会短时间点亮,随后熄灭。如起动后该指示灯持续点亮,则说明车内油量已不足。

(2) 冷却液温度指示灯用来显示发动机内冷却液的温度,点火开关打开,车辆自检时,会点亮数秒,后熄灭。冷却液温度指示灯常亮,说明冷却液温度超过规定值,需立刻暂停行驶。冷却液正常后熄灭。

(3) 蓄电池指示灯用来显示蓄电池使用状态。打开点火开关,车辆开始自检时,该指示灯点亮。起动后自动熄灭。如果起动后蓄电池指示灯常亮,说明该蓄电池出现了使用问题,需要更换。

(4) 发动机机油指示灯用来显示发动机内机油的压力状况。打开点火开关,车辆开始自检时,指示灯点亮,起动后熄灭。该指示灯常亮,说明该车发动机机油压力低于规定标准,需要维修。

（5）驻车制动器指示灯用来显示车辆驻车制动的状态，平时为熄灭状态。当驻车制动器被拉起后，该指示灯自动点亮。驻车制动器被放下时，该指示灯自动熄灭。

（6）ABS 指示灯是用来显示车辆的 ABS 工作状况。当打开点火开关后，车辆自检开始时，ABS 指示灯会点亮数秒，随后自动熄灭。如果 ABS 指示灯未闪亮或者车辆起动后仍不熄灭，表明该车 ABS 出现故障。

（7）发动机指示灯用来显示车辆发动机的工作状况，当打开点火开关时，车辆自检时，该指示灯点亮后自动熄灭，如常亮则说明车辆的发动机出现了故障，需要维修。

（8）安全带指示灯用来显示安全带是否处于锁止状态，当该灯点亮时，说明安全带没有扣紧。有些车型会有相应的提示音。当安全带扣紧后，该指示灯自动熄灭。

（9）安全气囊指示灯用来显示安全气囊的工作状态，当打开点火开关时，车辆开始自检时，该指示灯自动点亮数秒后熄灭，如果常亮，则说明安全气囊出现故障。

（10）车门指示灯用来显示车辆各车门状况，任意车门未关上，或者未关好，该指示灯都有点亮相应的车门指示灯，提示驾驶人车门未关好，当车门关闭或关好时，相应车门指示灯熄灭。

(11) 玻璃清洁液指示灯是用来显示车辆所装玻璃清洁液的多少,平时为熄灭状态,该指示灯点亮时,说明车辆所装载玻璃清洁液已不足,需添加玻璃清洁液。添加玻璃清洁液后,指示灯熄灭。

(12) 制动片指示灯是用来显示车辆制动片磨损的状况。一般,该指示灯为熄灭状态,当制动片出现故障或磨损过度时,该灯点亮,修复后熄灭。

(13) 转向灯指示灯是用来显示车辆转向灯所在的位置。通常为熄灭状态。当驾驶人点亮转向灯时,该指示灯会同时点亮相应方向的转向指示灯,转向灯熄灭后,该指示灯自动熄灭。

(14) 远光灯指示灯是用来显示车辆远光灯的状态。通常的情况下该指示灯为熄灭状态。当驾驶人点亮远光灯时,该指示灯会同时点亮,以提示驾驶人,车辆的远光灯处于开启状态。

(15) 雾灯指示灯是用来显示前后雾灯的工作状况,当前后雾灯点亮时,该指示灯相应的标志就会点亮。关闭前后雾灯时,相应的指示灯熄灭。

(16) 示宽灯指示灯是用来显示车辆示宽灯的工作状态,平时为熄灭状态,当示宽灯打开时,该指示灯随即点亮。当示宽灯关闭或者关闭示宽灯打开大灯时,该指示灯自动熄灭。

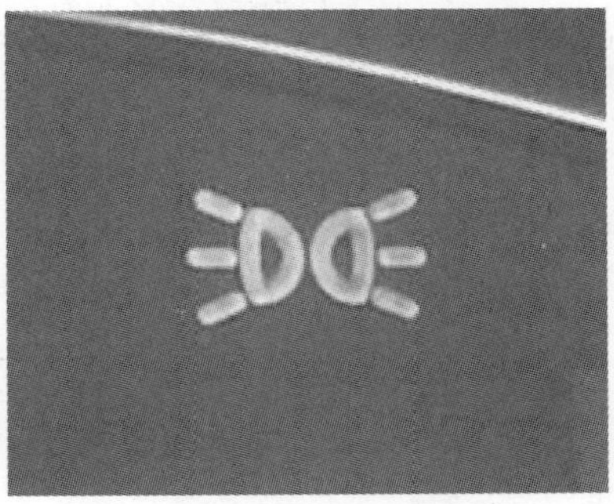

2. 大众帕萨特组合仪表拆装(选做)

1) 拆卸组合仪表

(1) 拆卸转向盘,拆卸如图箭头所示的两颗十字螺钉;取下转向柱上半内饰板。

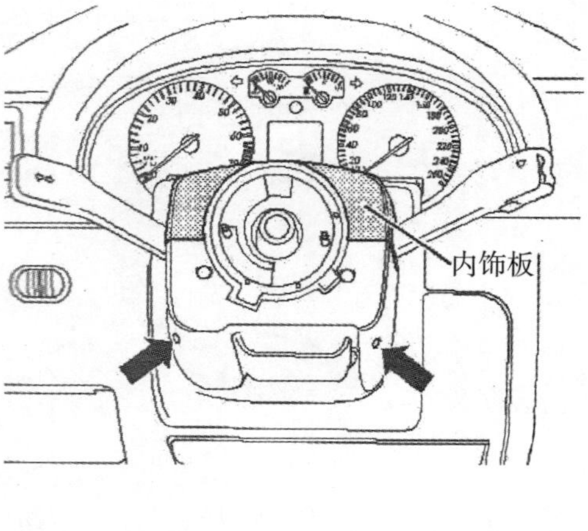

(2) 拆卸如图箭头所示的四颗十字螺钉;拆卸内六角螺栓;松开转向盘高度调节开关;取下转向柱下半内饰板。

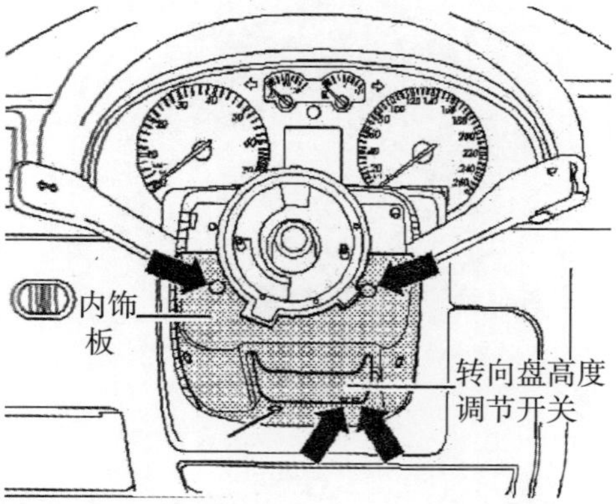

(3) 拆卸内六角螺栓,如箭头所示从转向柱开关上拔下连接器,拆卸转向柱开关。

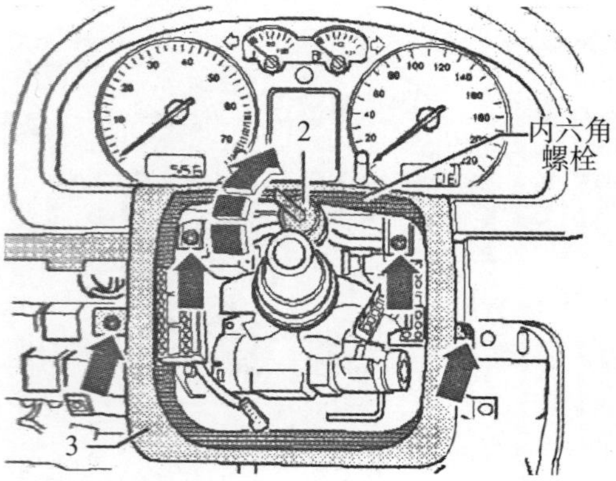

(4) 拆卸盖板;拆卸如箭头所示螺钉;拆卸驾驶人一侧盖板;从灯光开关和前照灯照射范围开关上断开连接器。

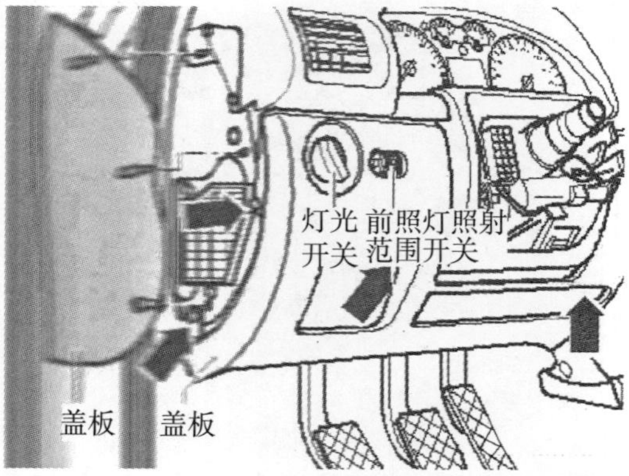

(5) 向上移动盖板并固定住;拆卸如箭头所示螺钉;取下盖板。

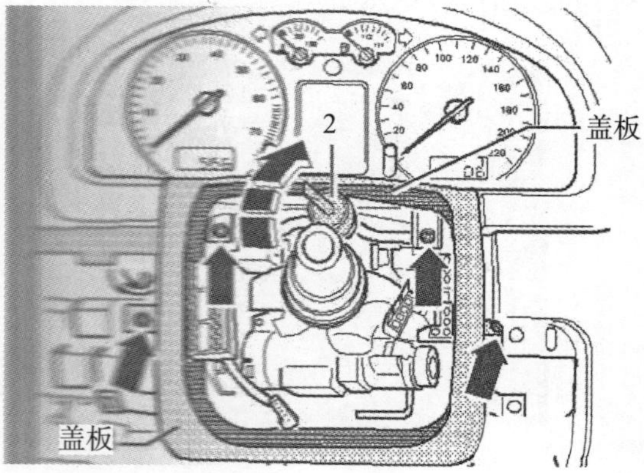

(6) 拆卸如箭头所示螺钉;取出组合仪表,断开连接器。

2) 安装组合仪表

安装组合仪表以拆卸相反的顺序进行，安装完成后需测试组合仪表的功能。

（五）技术要点

1. 车辆在行驶过程中，故障指示灯亮起，说明该系统出现故障，应立即停车进行检查、维修；
2. 组合仪表拆卸前应先断开蓄电池负极柱线，安装完成后需测试组合仪表的功能。

二、工作页

1. 汽车仪表的认识。

(1) 接通点火开关 。

(2) 观察组合仪表上哪些指示灯点亮 。

____

(3) 观察组合仪表，哪些指示灯接通点火开关点亮，几秒后熄灭。

____

(4) 观察组合仪表，起动发动机后哪些指示灯熄灭。

____

(5) 换挡杆处在“P”或“N”位置，起动车辆，观察转速表；轻踩加速踏板，观察转速表是否有变化。

____

(6) 运转发动机 2～3 min，观察冷却液温度表的变化。

____

(7) 观察其他仪表的情况。

____

2. 汽车指示灯的认识。

指示灯	作用	工作情况

3. 写出大众帕萨特组合仪表拆装的步骤及注意事项。

(1) 拆装步骤。

(2) 注意事项。

三、复习思考题

1. 观察起动车辆前后,组合仪表指示灯上有什么变化?说明什么问题?

2. 大众车系的仪表系统有何特点?(仪表布局、显示特点等)

3. 丰田车系的仪表系统有何特点?(仪表布局、显示特点等)

4. 通用车系的仪表系统有何特点?(仪表布局、显示特点等)

实训五(二) 仪表系统故障诊断与排除

一、实训指导

(一) 实训目标

1. 熟悉仪表系统各组成部件的失效形式;
2. 初步掌握仪表系统常见故障的诊断方法。

(二) 安全要求及注意事项

1. 检查仪表时应做好防静电措施;
2. 车辆经指导老师批准后方可起动,发动机运转时注意安全;
3. 正确使用万用表,注意万用表的挡位选择与表棒的极性。

(三) 设备/工具/耗材要求

设备:上海通用别克凯越或其他同类车辆。
工具:一字起子、十字起子。
仪器:数字式万用表、发光二极管试灯。
耗材:无。

(四) 实训操作指导

1. 车速表故障诊断与排除
(1) 故障现象:车速表不工作、其他仪表和警告灯工作正常;
(2) 分析上海通用别克凯越车速表电路图;
(3) 实车上检测的步骤。
该故障可按下列流程所示步骤进行诊断和排除。
2. 燃油表故障诊断与排除
(1) 故障现象:燃油表不工作、其他仪表和警告灯工作正常;
(2) 分析上海通用别克凯越燃油表电路图;
(3) 实车上检测的步骤。
该故障可按下列流程所示步骤进行诊断和排除。
3. 冷却液温度表故障诊断与排除
(1) 故障现象:冷却液温度表不工作、其他仪表和警告灯工作正常;
(2) 分析上海通用别克凯越冷却液温度表电路图;
(3) 实车上检测的步骤。
该故障可按下列流程所示步骤进行诊断和排除。

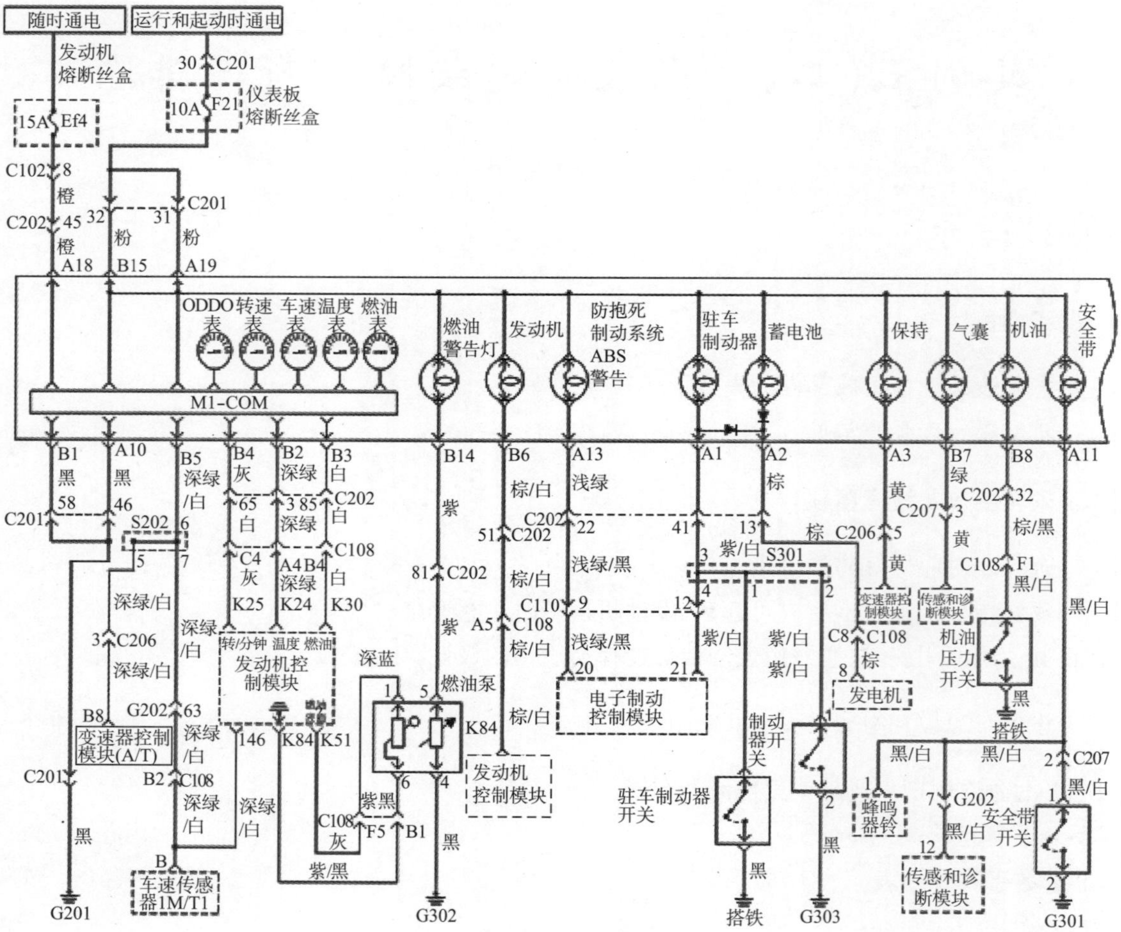

上海通用别克凯越仪表电路

车速表不工作，但其他仪表和警告灯正常

1. 安装故障诊断仪;
2. 检查发动机控制系统故障诊断码(DTC)。
   是否设置车速传感器故障诊断码?

- 是：至“发动机控制系统”检测车速传感器
- 否：
  1. 关闭点火开关;
  2. 断开发动机控制模块(ECM)连接器;
  3. 拆卸仪表组;
  4. 检查发动机控制模块(ECM)端子K6和仪表组端子B5是否接通。电阻值是否为0Ω?
  - 是：更换车速表
  - 否：修理仪表板连接器端子B5和发动机控制模块(ECM)之间的开路故障

车速表故障诊断流程图

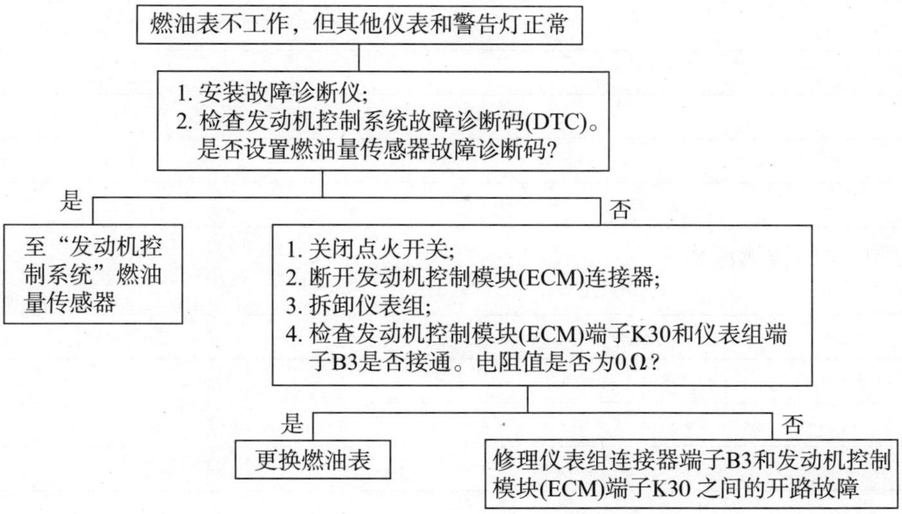

燃油表故障诊断流程图

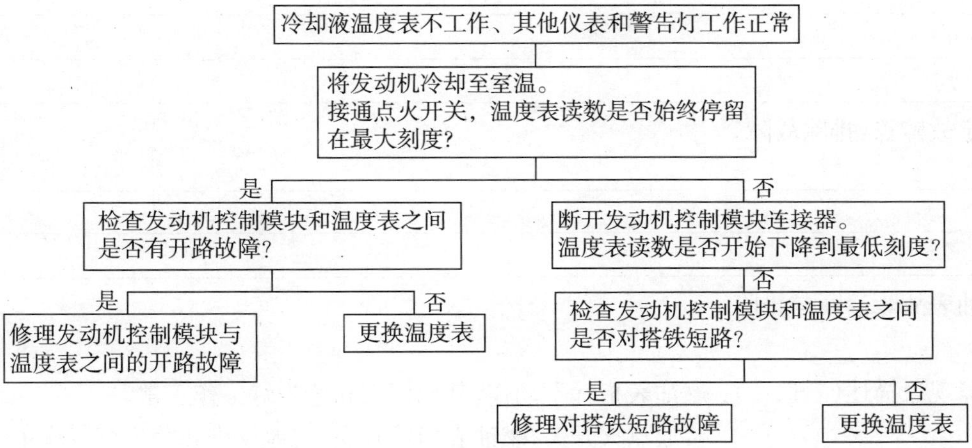

冷却液温度表故障诊断流程图

(五) 技术要点

1. 用万用表电阻挡检测导线是否导通时，当测得电阻小于 0.5 Ω 时，可认为线路导通；
2. 检测电控单元时应做好防静电措施。

二、工作页

1. 车速表故障诊断与排除。

车型：____________

1）故障现象描述：车速表不工作、其他仪表和警告灯工作正常。

2）故障现象确认：

____

____

3）可能故障点分析：

(1) ______

(2) ______

(3) ______

(4) ______

(5) ______

4）实车检测，写出检测流程。

(1) ______

(2) ______

(3) ______

(4) ______

(5) ______

(6) ______

(7) ______

(8) ______

(9) ______

(10) ______

5）确定故障点，排除故障。

______

______

______

2. 燃油表故障诊断与排除。

车型：______

1）故障现象描述（三选一）：燃油表指针不动作、其他仪表和警告灯工作正常。
接通点火开关，燃油表指针到底、其他仪表和警告灯工作正常。
燃油表指针指示不正确。

2）故障现象确认：

______

______

3）可能故障点分析：

(1) ______

(2) ______

(3) ______

(4) ______

(5) ______

4）实车检测，写出检测流程。

(1) ______

(2) ______

(3) ______

(4) ______

(5) ____________________
(6) ____________________
(7) ____________________
(8) ____________________
(9) ____________________
(10) ____________________

5) 确定故障点，排除故障。

____

____

____

3. 冷却液温度表故障诊断与排除。

车型：__________

1) 故障现象描述(三选一)：冷却液温度表指针不动、其他仪表和警告灯工作正常。
接通点火开关，冷却液表指针到底、其他仪表和警告灯工作正常。
冷却液表指针指示不正确。

2) 故障现象确认：

____

____

3) 可能故障点分析：

(1) ____________________
(2) ____________________
(3) ____________________
(4) ____________________
(5) ____________________

4) 实车检测，写出检测流程。

(1) ____________________
(2) ____________________
(3) ____________________
(4) ____________________
(5) ____________________
(6) ____________________
(7) ____________________
(8) ____________________
(9) ____________________
(10) ____________________

5) 确定故障点，排除故障。

____

____

____

____

三、复习思考题

1. 车速表不工作、其他仪表和警告灯工作正常，如何进行诊断？

2. 燃油表指针随车速提高而上升的故障原因是什么？

3. 冷却液温度表指针不动，如何判断故障原因？

实训六　电动风窗刮水洗涤系统

姓名：____________　　班级：____________　　日期：____________

实训六(一)　电动风窗刮水洗涤系统部件测量

一、实训指导

(一) 实训目标

1. 掌握维修手册的使用方法；
2. 熟悉电动风窗刮水洗涤系统各组成部件的安装位置；
3. 熟悉电动风窗刮水洗涤系统电路的组成、检修方法；
4. 掌握使用万用表对系统部件的检测方法。

(二) 安全要求及注意事项

1. 在没有喷清洗液的情况下打开刮水器开关，会造成电动风窗玻璃被刮花；
2. 在更换刮水器时，防止拉杆在弹簧力的作用下把电动风窗玻璃打坏；
3. 爱护实训场地的实训设备；
4. 保持实训场地的清洁。

(三) 设备/工具/耗材要求

设备：大众桑塔纳3000型轿车或其他同类车型。

工具：探针、一字起子、十字起子、尖嘴钳。

仪器：数字万用表。

耗材：洗涤液。

(四) 实训操作指导

1. 认识电动风窗刮水洗涤系统的基本组成

2. 刮水器系统中主要部件性能检测

1) 熔断丝(S17)的检测

用万用表(电阻挡)测熔断丝两端，若导通，电阻为0.5Ω左右，则其完好；若其电阻为∞，则熔断丝熔断。

(1) 刮水器电动机。

(2) 刮水器开关。

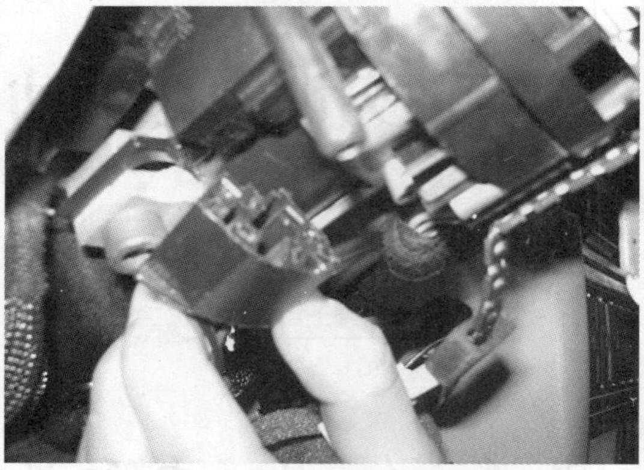

(3) 传动机构、刮水片。

2) 继电器(J31)的检测

利用电源给继电器中线圈通电,用万用表(电阻挡)测继电器触点是否闭合,若触点闭合,则触点两端电阻为零;若继电器触点接触不良,则触点两端电阻为∞。

3) 刮水器开关(E22)检测

刮水器开关性能的检测包括“快挡、慢挡、空挡、间歇挡”,以刮水器开关 E22 位于“快挡”为例。

4）刮水器电动机的性能检测

当刮水器开关 E22 位于任意挡时，若刮水器动作且电动机有响声，则电动机完好；若刮水器不动作且电动机无响声，则电动机故障；若刮水器不动作且电动机有响声，则刮水器传动机构有故障。

(1) 点火开关位于 OFF 挡，拔下连接器。

(2) 接通点火开关，选择万用表的电压挡，将红表笔接刮水器开关 E22 连接器的端子 53b，黑表笔搭铁，若测量 E22 连接器的端子 53b 有电源信号(12.5 V 左右)，则快挡开关完好，若无电源信号，则开关接触不良。

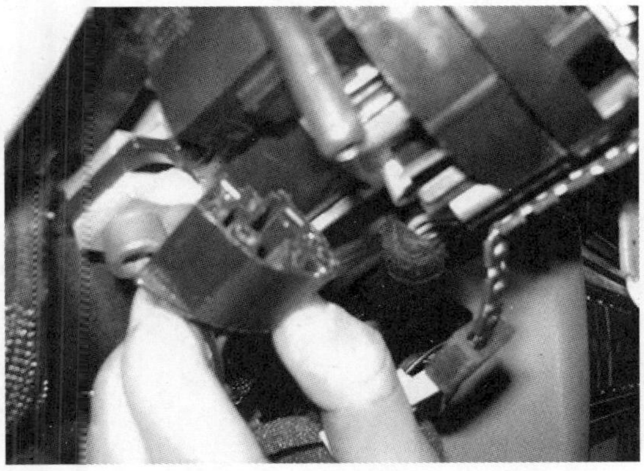

(五) 技术要点

1. 利用万用表(电阻挡)测熔断丝两端，若导通，电阻为 0.5Ω 左右，则其完好；

2. 利用电源给继电器中线圈通电，用万用表(电阻挡)测继电器触点是否闭合，若触点闭合良好，则触点两端电阻为零；若继电器触点接触不良，则触点两端电阻较大，继电器触点若不能闭合，则阻值为无穷大；

3. 在进行刮水器开关性能检测时，一定要将开关闭合后，再测试开关输出端子的电信号。

二、工作页

1. 大众桑塔纳 3000 刮水器洗涤系统检测。

1) 分析大众桑塔纳 3000 刮水器洗涤系统电路(见附录)，标注主要部件的位置和名称，并填入下表。

序号	项目	S17	J31	E22	V
1	名称				
2	位置				
3	连接器的端子数				

2）分析大众桑塔纳3000型轿车刮水器洗涤系统电路（见附录），写出相关电路（以流程图的形式）。

（1）E22位于“快挡”时电路：

（2）E22位于“慢挡”时电路：

（3）E22位于“空挡”时电路：

（4）E22位于“间歇挡”时电路：

3）检测电路中主要部件，并填入下表。

序号	项目	熔断丝S17	刮水继电器J31	刮水器电动机V
1	方法			
2	结果			

4）刮水器开关E22：

（1）当E22位于“快挡”时，测其________号端子有 □ 无 □ 电源信号，性能良好 □ 不良 □；

（2）当E22位于“慢挡”时，测其________号端子有 □ 无 □ 电源信号，性能良好 □ 不良 □；

（3）当E22位于“空挡”时，测其________号端子有 □ 无 □ 电源信号，性能良好 □ 不良 □；

（4）当E22位于“间歇挡”时，测其________号端子有 □ 无 □ 电源信号，性能良好 □ 不良 □。

2. 上海通用别克君威刮水洗涤系统。

1）根据上海通用别克君威刮水洗涤系统电路图（见附录），写出相关电路（以流程图的形式）。

（1）刮水器开关位于“高挡”时电路：

（2）刮水器开关位于“低挡”时电路：

2）检测电路中主要部件，并填入下表。

序号	项目	熔断丝 J1 - J2	刮水器开关	刮水器电动机
1	方法			
2	结果			

3. 丰田卡罗拉轿车刮水洗涤系统。

（1）分析丰田卡罗拉轿车刮水洗涤系统主要部件位置（实车上）和作用，并填入下表。

序号	项目	刮水器开关	刮水器电动机	清洗泵
1	位置			
2	作用			

（2）在进行刮水器开关性能检测时，应注意哪些事项？

三、复习思考题

1. 如何操作大众桑塔纳 3000 电动刮水器开关？

2. 分析大众桑塔纳 3000 刮水器系统如何实现“停机复位”？

3. 简述刮水器开关的检测方法。

实训六(二)　电动风窗刮水系统部件的更换

一、实训指导

(一) 实训目标

1. 掌握维修手册的使用方法；
2. 熟悉电动风窗刮水系统中主要部件的拆装步骤；
3. 熟练使用工具进行拆装。

(二) 安全要求及注意事项

1. 熟悉实训场地的安全制度；
2. 在更换刮水器时，防止拉杆在弹簧力的作用下把电动风窗玻璃打坏；
3. 爱护实训场地的实训设备；
4. 保持实训场地的清洁。

(三) 设备/工具/耗材要求

设备：大众桑塔纳 3000 型轿车或其他同类车辆。
工具：探针、一字起子、10 mm 开口扳手、棘轮扳手、14 mm 套筒、扁口钳。
仪器：无。
耗材：清洗液。

(四) 实训操作指导

1. 刮水器摇臂的拆装
1) 拆卸
(1) 用起子撬开图示刮水器摇臂轴上的罩盖。

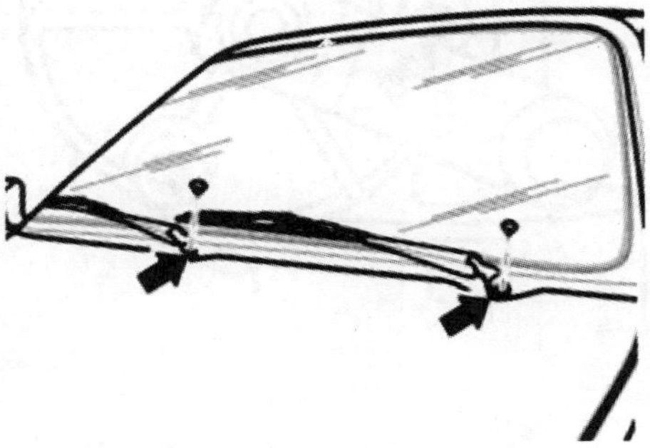

(2) 旋松上图中箭头所指的六角螺母(不完全旋松)。
(3) 摇动刮水器摇臂，直到松动位置。
(4) 旋出六角螺母，取下刮水器摇臂。

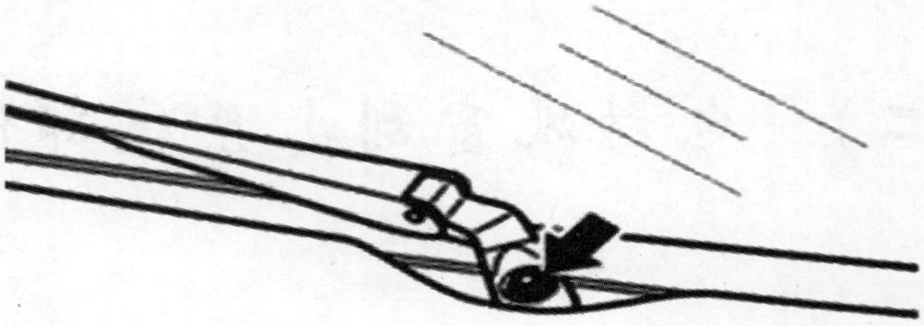

2）安装

安装时按反顺序进行。

2. 刮水器电动机、刮水器框架拆卸及安装

1）拆卸

(1) 拔出刮水器电机线束连接(箭头 A)；

(2) 旋出螺栓(箭头 B)；

(3) 取出刮水器电动机及框架。

2）安装

(1) 调整曲轴定位位置；

(2) 将刮水器电动机转到起始位置；

(3) 装上电机连杆，并将其调整到图中箭头所示的位置，以仍能看见管内螺纹为限。

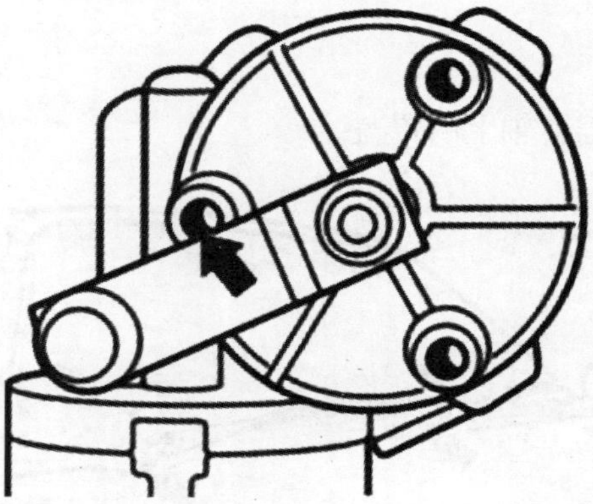

3. 刮水器橡胶片拆卸及安装

1）拆卸

在刮水器橡胶片被定位到刮水器板的一侧，使用扁口钳压紧刮水器橡胶片中的金属导轨片，使橡胶片从上面的夹板边脱出，然后将刮水器橡胶片从刮水器板的夹板中拔出。

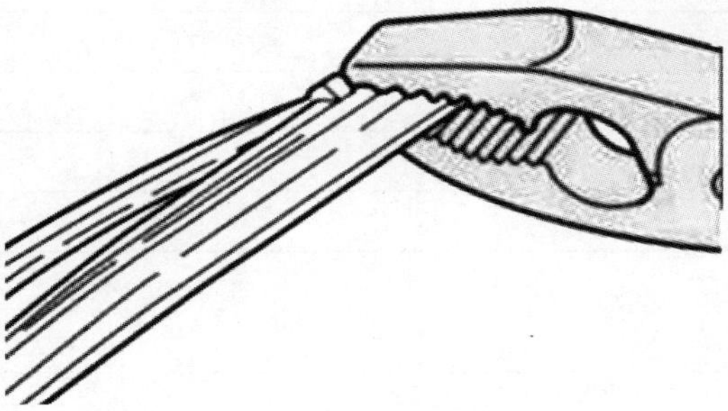

2）安装

（1）把新的刮水器橡胶片沿其金属导轨片插入到刮水器板上。

（2）在橡胶片被定位到刮水器板上的位置，使用扁口钳重新压紧两个导轨片，将橡胶片插入到上面的夹板中，使两侧夹板凹缘锁定到图中箭头所示刮水器橡胶片的固定槽中。

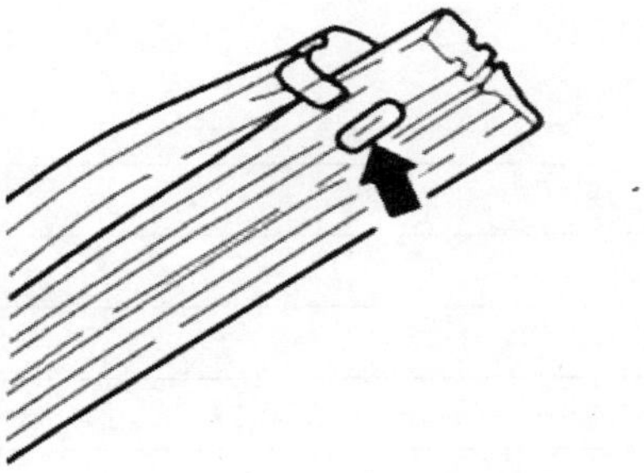

（五）技术要点

1. 在实车上拆装刮水器系统部件前，要先断开蓄电池负极连接线；
2. 在拆装和检测刮水器系统时，要按原厂技术要求操作；
3. 拆卸刮水器摇臂之前，要确保刮水器电机处于起始位置，只有这样，在安装时才能调整刮水器摇臂的极限位置；
4. 刮水器板必须与连杆对准，即刮水器橡胶片离风窗底边 20 mm 距离。

二、工作页

车型：____________

1. 刮水器摇臂的拆卸步骤。

（1）____________

（2）____________

（3）____________

（4）____________

（5）____________

（6）____________

2. 刮水器电动机及框架拆装。

1）拆卸步骤。

（1）____________

(2) ______________________________

(3) ______________________________

(4) ______________________________

(5) ______________________________

(6) ______________________________

2) 安装步骤。

(1) ______________________________

(2) ______________________________

(3) ______________________________

(4) ______________________________

(5) ______________________________

(6) ______________________________

3. 刮水器橡胶片的拆装。

1) 拆卸步骤。

(1) ______________________________

(2) ______________________________

(3) ______________________________

(4) ______________________________

(5) ______________________________

(6) ______________________________

2) 安装步骤。

(1) ______________________________

(2) ______________________________

(3) ______________________________

(4) ______________________________

(5) ______________________________

(6) ______________________________

三、复习思考题

1. 在拆装刮水器电动机时,应注意哪些事项?

2. 在安装刮水器橡胶片时,应注意哪些事项?

实训六(三)　电动风窗刮水洗涤系统故障诊断与排除

一、实训指导

(一) 实训目标

1. 掌握维修手册的使用方法;
2. 熟悉电动风窗刮水洗涤系统电路的组成和检修方法;
3. 掌握使用万用表对系统部件的检测方法;
4. 熟悉刮水器系统常见故障产生的原因及排除方法。

(二) 安全要求及注意事项

同实训六(一)。

(三) 设备/工具/耗材要求

设备:大众桑塔纳 3000 型轿车或其他同类车辆。
工具:探针、一字起子、10 mm 开口扳手、棘轮扳手、14 mm 套筒。
仪器:数字万用表。
耗材:清洗液。

(四) 实训操作指导

1. 分析大众桑塔纳 3000 刮水洗涤系统电路
见附录。
2. 电动刮水洗涤系统故障诊断与排除
1) 故障现象描述:刮水器在"快挡"时不工作
2) 分析线路图的可能故障点
(1) 蓄电池亏电;
(2) 点火开关接触不良(位于"ON"挡);
(3) 熔断丝 S17 熔断;
(4) 黑灰 1.0 或 1.5 导线断路;
(5) 刮水器开关 E22 接触不良(位于"快挡");
(6) 绿黄 1.0 导线断路;
(7) 刮水器电动机故障(内部线路断路);
(8) 棕色 1.0 断路或搭铁不良。
3) 实车上检测的步骤

(1) 检查蓄电池的电压：点火开关位于“ON”挡，检测若为 12.5 V 左右，说明蓄电池电量正常，否则，蓄电池亏电，转第(2)步。

(2) 检查线路中连接器是否连接牢固，若牢固，说明线路正常，否则，线路断路，转第(3)步。

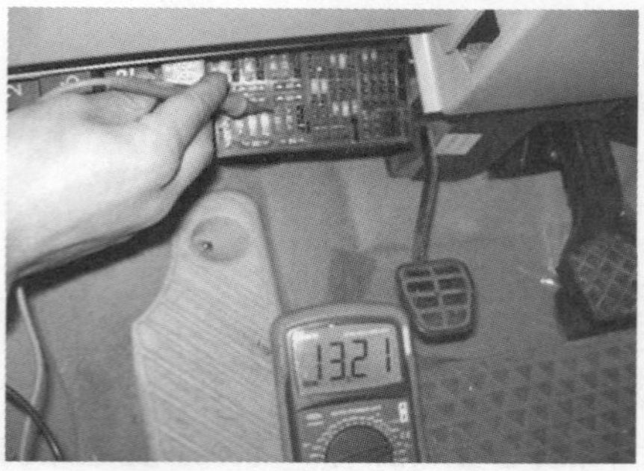

(3) 检查熔断丝 S17：将刮水器开关处于“快挡”时，用万用表(电压挡)的红表笔放置熔断丝一端，黑表笔搭铁，分别测量熔断丝 S17 两端是否有电源信号，若仅一端有电源信号，则为 S17 烧断，更换 S17；若两端都有电源信号，则熔断丝正常，转第(4)步。

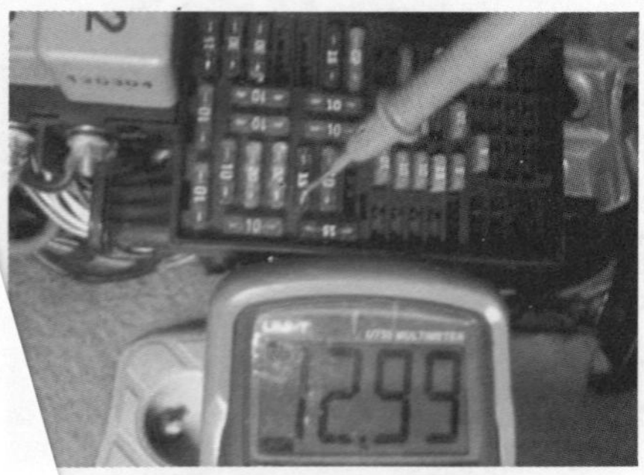

(4) 将刮水器开关位于“快挡”，测刮水器开关端子“53a”是否有电源信号(12.5 V 左右)，若无电源信号，则为黑灰 1.0 或 1.5 导线断路，更换导线；若有电源信号，导线为正常，则转第(5)步。

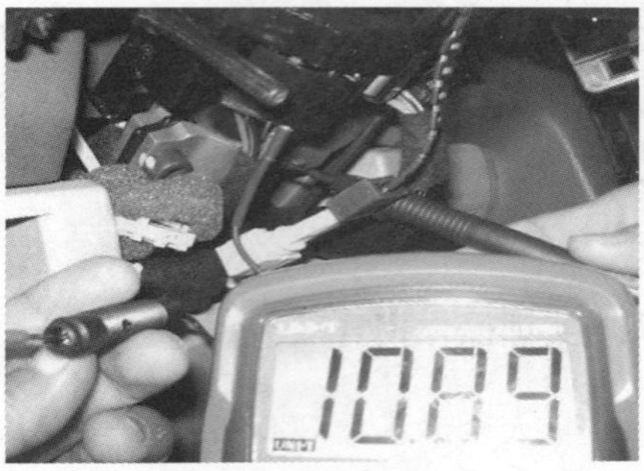

刮水器开关处于“快挡”，测刮水器开关连接器端子“53b”是否有电源信号(12.5 V 左右)，若
，则刮水器开关 E22 接触不良，更换开关；若有电源信号，开关接触良好，则转第(6)步。

刮水器电动机连接器端子 4 是否有电
左右)，若无电源信号；则为绿黄 1.0
电源信号，则导线正常，转第(7)步。

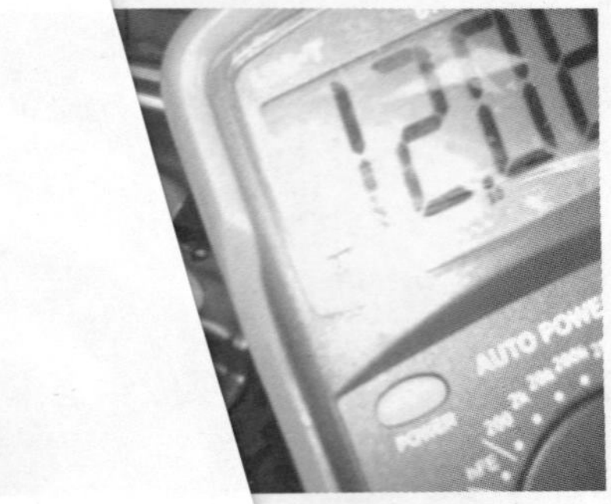

(7) 检查刮水器电动机连接器端子 1 是否接地，若接地，电压为 0 V；若不接地，电压非 0 V，则棕色 1.0 导线断路或搭铁不良。

4）确定故障点，排除故障。

(五) 技术要点

1. 熟悉维修手册编排框架，掌握维修手册的使用方法；
2. 在车上拆装刮水器系统部件前，要先断开蓄电池负极连接线；
3. 在进行刮水器开关性能检测时，要将开关闭合后，再测试开关输出端子的电信号；
4. 在进行刮水器系统故障诊断时，要按照检测的顺序，逐一进行排查，最终确定故障点。

二、工作页

车型：__________

1. 故障现象描述：______________________________

2. 按下列顺序逐一检查刮水洗涤系统各项功能，并填入下表。

步骤	操作	正常情况	检查结果
1	将点火开关置于运行 RUN 位置保持清洗器开关在接通位置	刮水器低速操作。只要清洗器开关保持在接通位置，清洗器就向风窗玻璃喷淋。释放开关后，清洗器停止工作，刮水器刮洗 2～4 次后返回停止位置	
2	将刮水器开关置于延迟(DELAY)脉冲模式位置	刮水器完整地扫过一次后，暂停 1～2 s，再进行下次刮洗。暂停时间可在延迟范围内，通过转动刮水器开关进行调整	
3	将刮水器开关置于低速（LO）位置	刮水器连续在低速运行	
4	将刮水器开关置于高速（HI）位置	刮水器连续在高速运转	
5	将刮水器开关置于断开位置	刮水器在低速返回停止位置	
6	将刮水器开关置于除雾位置，然后松开	刮水器完整地扫过一次后，返回停止位置	

3. 故障现象确认。

____

____

____

____

4. 读电路图，分析故障点。

(1) ______________________________

(2) ______________________________

(3) ____________________

(4) ____________________

(5) ____________________

5. 实车检测，写出检测流程。

(1) ____________________

(2) ____________________

(3) ____________________

(4) ____________________

(5) ____________________

(6) ____________________

(7) ____________________

(8) ____________________

(9) ____________________

(10) ____________________

6. 确定故障点，排除故障。

____

____

____

____

____

三、复习思考题

1. 检测刮水器开关性能时，应注意哪些事项？

2. 简述刮水器系统的“停机复位”的功能。

3. 分析上海通用别克君威刮水器系统的电路图，找出各故障点所对应的故障现象，并填入下表。

序号	故障点	故障现象
1	熔断丝 J1 - J2 熔断	
2	电路 92 开路	
3	电路 112 开路	
4	电路 113 开路	
5	刮水器电动机总成 B 端子开路	

4. 阅读刮水系统电路图，填入下表。

车型	低速挡工作电路	高速挡工作电路
桑塔纳 3000		
别克君威		
丰田卡罗拉		

附录

1. 大众桑塔纳3000刮水洗涤系统电路

基本电路电路图(大众桑塔纳3000轿车)

前风窗清洗泵、前风窗刮水器电动机、前风窗清洗泵开关、前风窗刮水器开关、刮水器继电器(239-252)

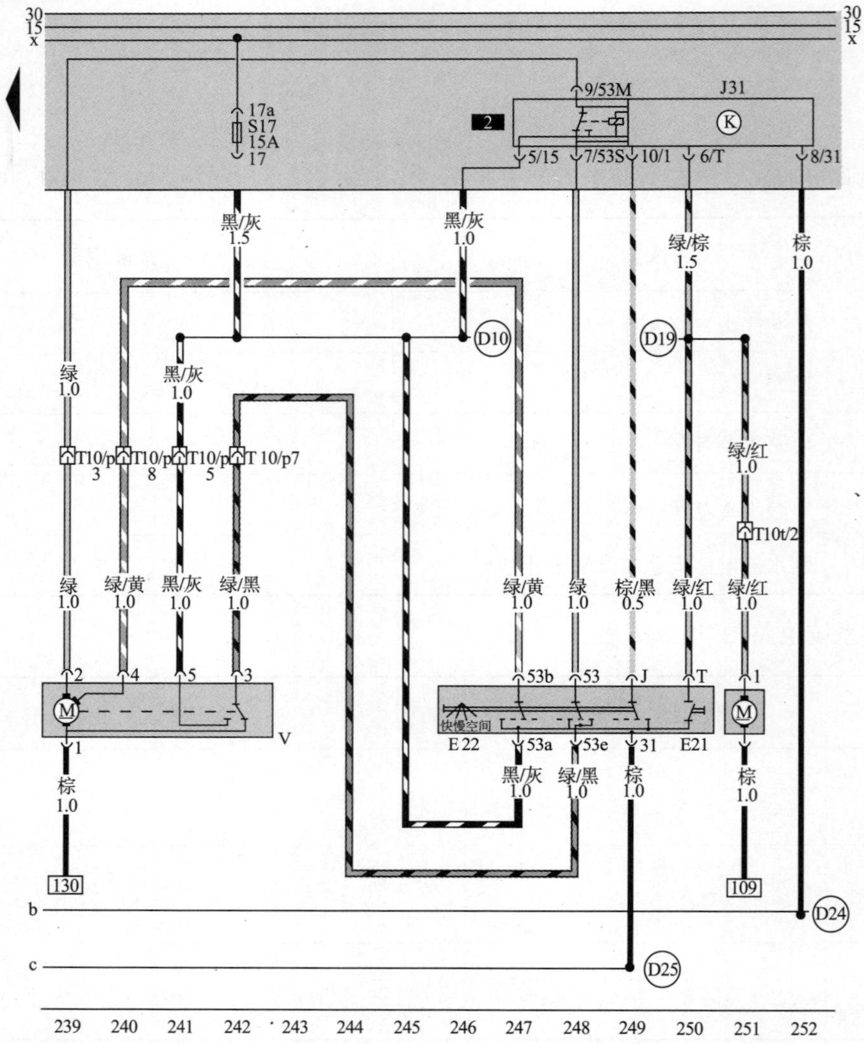

E21—前风窗清洗泵开关

E22—前风窗刮水器开关

J31—刮水继电器，在继电器-熔断丝支架上2号位(19继电器)

S17—熔断丝17，15A，在继电器-熔断丝支架上

T10p—10针插头，在继电器-熔断丝支架顶面上(G号位)

T10t—10针插头，在继电器-熔断丝支架顶面上(K号位)

V—前风窗刮水器电动机

V4—前风窗清洗泵

D10—正极连接线，在仪表线束内

D19—连接线，在仪表板线束内

D24—接地连接线，在仪表板线束内

D25—接地连接线，在仪表板线束内

2. 上海通用别克君威刮水洗涤系统电路

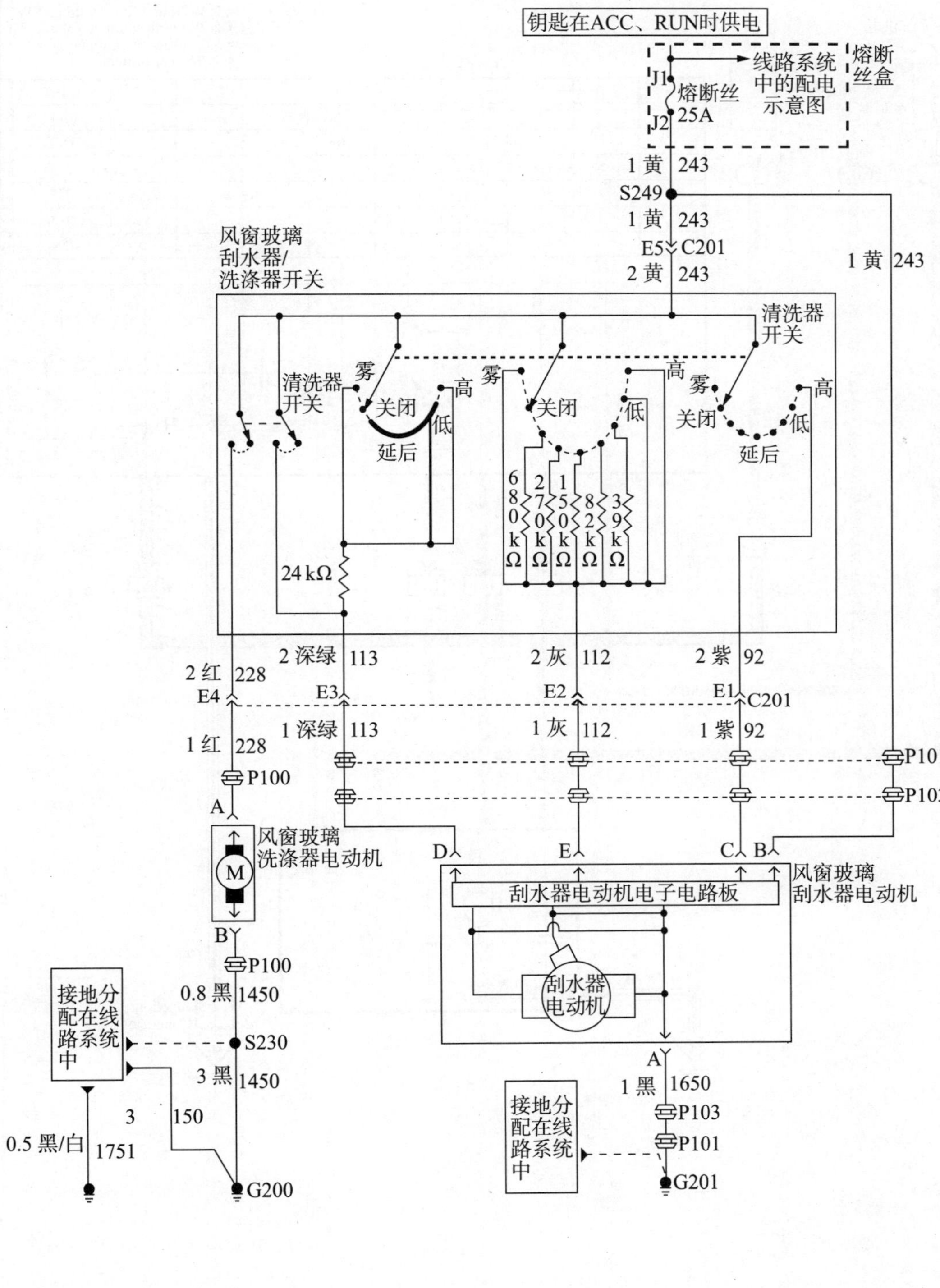

3. 丰田轿车刮水系统电路

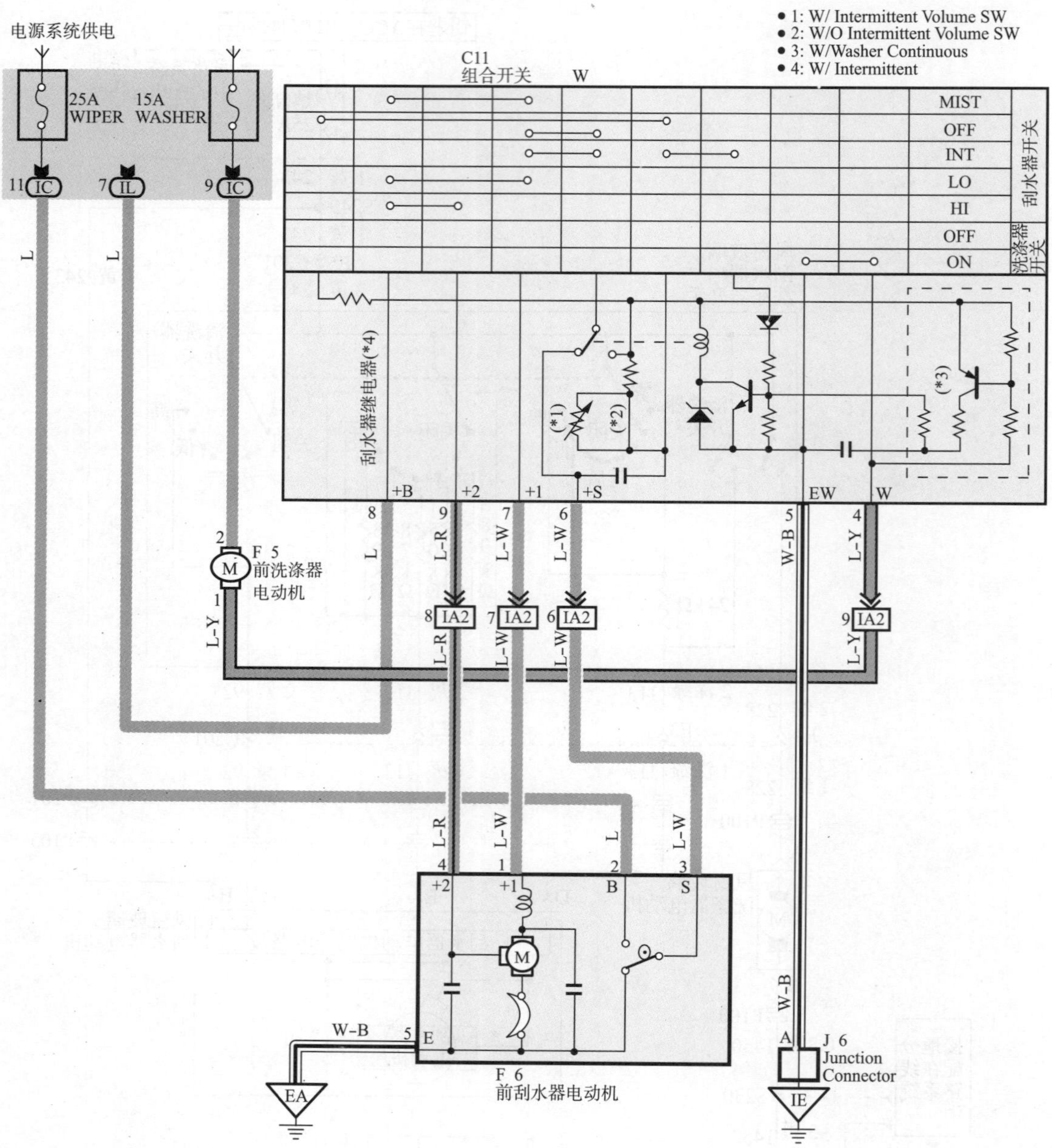

实训七　电动车窗系统

姓名：__________　　班级：__________　　日期：__________

实训七(一)　电动车窗系统部件测量

一、实训指导

(一) 实训目标

1. 掌握维修手册的使用方法；
2. 熟悉电动车窗系统电路；
3. 掌握使用万用表对系统部件的检测方法；
4. 掌握对操作开关及电动机的检测方法。

(二) 安全要求及注意事项

1. 操作车窗时注意手不要放在玻璃上，以防夹伤；
2. 实训汽车停在实训工位上，没有经过老师批准不准起动，经老师批准起动，首先应先检查车轮的安全顶块是否放好，汽车驻车制动器是否拉好，变速挡是否放在P挡(AT)或空挡(MT)，车前有没有人；
3. 万用表功能挡位开关必须放置正确的位置，以防损坏万用表；
4. 操作车窗升降按钮时，注意不要长时间接通，否则会导致熔断丝烧坏。

(三) 设备/工具/耗材要求

设备与资料：上海通用别克凯越轿车，上海通用别克凯越轿车维修资料，其他同类轿车，汽车电动车窗实训台。

工具：探针、一字起子、十字起子。

仪器：数字万用表。

耗材：无。

(四) 实训操作指导

1. 认识电动车窗系统的基本组成

电动车窗系统由车窗、车窗升降器、电动机、控制开关、车窗控制继电器等组成。

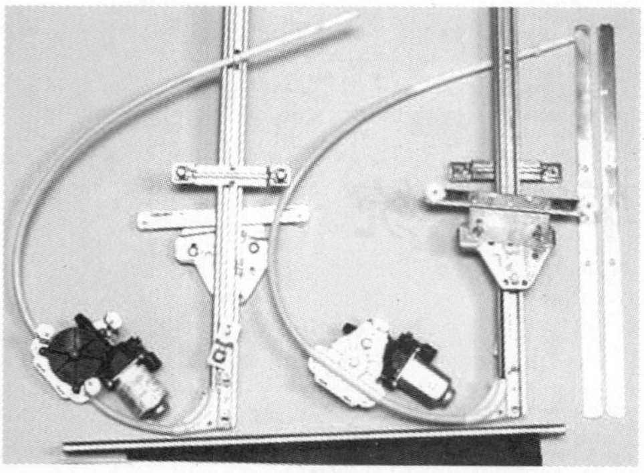

车窗电机和升降器

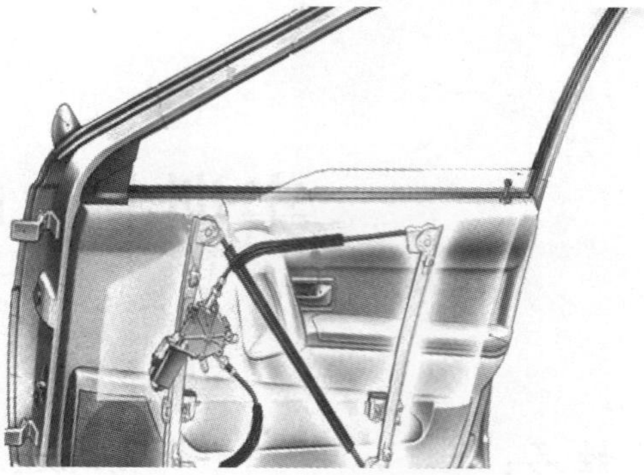

车窗升降器

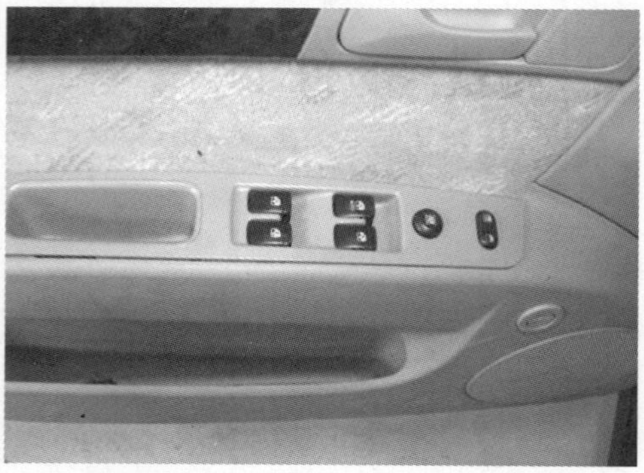

车窗控制开关(驾驶侧)

车窗控制开关(乘客侧)

车窗熔断丝

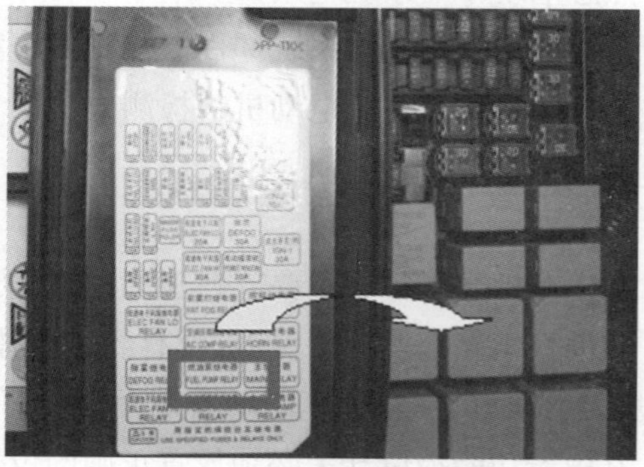

车窗控制继电器

2. 电动车窗系统中主要部件性能检测

1) 熔断丝性能检测:用万用表的蜂鸣挡检测熔断丝导通

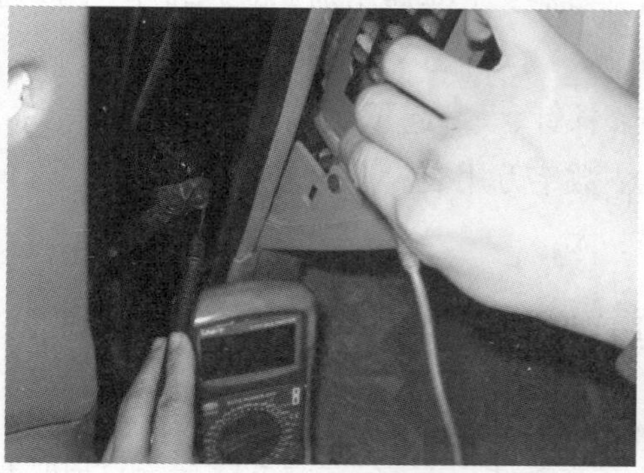

2）继电器性能检测

用电源给继电器线圈通电，用万用表(蜂鸣挡)测继电器触点是否闭合，若触点闭合，则万用表发出蜂鸣声；若继电器触点接触不良，则万用表不发出蜂鸣声。

3）开关性能检测

电动车窗主开关总成的检测(驾驶侧)

电动车窗开关(左前门)							
1	2	3			4	5	6
7	8	9	10	11	12	13	14
							1289049
连接器零件信息				14路			

引脚	导线颜色	电路编号	功能
1	BN(棕色)	*	左前车窗下移信号
2	D-BU(深蓝色)	*	左前车窗上移信号
3	RD(红色)	*	电动车窗继电器信号
4	PU(紫色)	*	右前车窗下移信号
5	*	*	*
6	L-BU(浅蓝色)	*	右前车窗上移信号
7	BU(蓝色)	*	车窗锁定信号
8	PU(紫色/红色)	*	左后车窗下移信号
9	*	*	*
10	OG(橙色)	*	电动车窗继电器信号
11	BK(黑色)	*	搭铁
12	D-GN(深绿色)	*	左后车窗上移信号
13	PU(紫色/白色)	*	右后车窗下移信号
14	L-RN(浅绿色)	*	右后车窗上移信号

（1）电源电压检测：通电后，用万用表或测电笔分别测量主开关上端子 3 和端子 10 是否有电（12 V 左右），正常情况下应有电压。

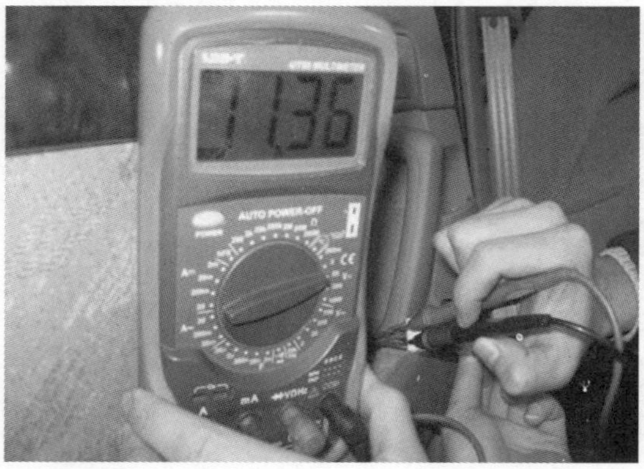

（2）搭铁检测：用万用表的蜂鸣挡检测主开关上端子 11 与壳体的导通性，正常情况下应导通。

（3）按住左前窗“升”挡，用万用表测量主开关上端子 2 与端子 11 间有无信号电压（12.5 V 左右），正常情况下应有电压，则上升开关完好。

（4）按住左前窗“降”挡，用万用表测量主开关上端子 1 与端子 11 间有无信号电压（12.5 V 左右），正常情况下应有电压，则下降开关完好。

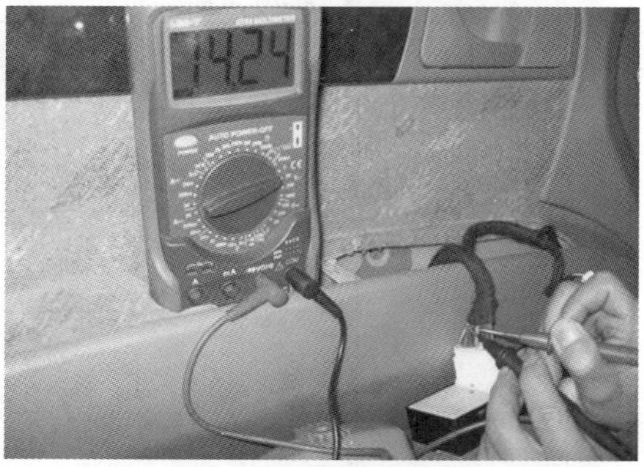

（5）按住右前窗“升”挡，用万用表测量主开关上端子 6 与端子 11 间有无信号电压（12.5 V 左右），正常情况下应有电压，则上升开关完好。

（6）按住右前窗“降”挡，用万用表测量主开关上端子 4 与端子 11 间有无信号电压（12.5 V 左右），正常情况下应有电压，则下降开关完好。

(7) 其他类推：检测左后开关和右后开关的升降功能。

左后开关“升”挡：测量端子 12 与端子 11 间的信号电压。

左后开关“降”挡：测量端子 8 与端子 11 间的信号电压。

右后开关“升”挡：测量端子 14 与端子 11 间的信号电压。

右后开关“降”挡：测量端子 13 与端子 11 间的信号电压。

(8) 锁止开关检测：正常情况下，不按该开关时测量端子 7 与端子 11 间的电压，应为 12.5 V 左右，按下该开关时测量端子 7 与端子 11 间的电压，应为 0 V。

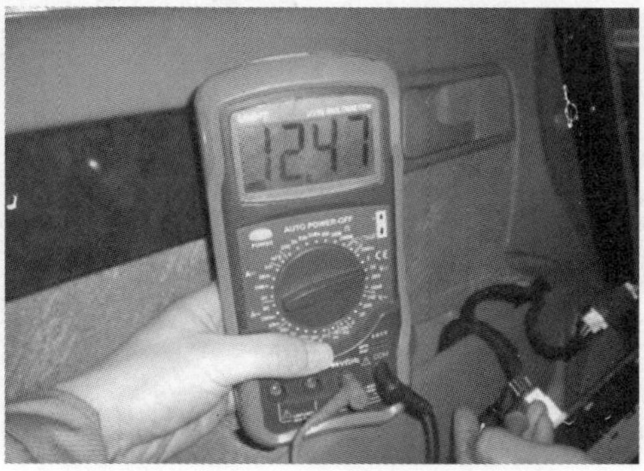

电动车窗分开关的检测(乘客侧)

<table>
<tr><td colspan="5">电动车窗开关(右前门/后门)</td></tr>
<tr><td>1</td><td>2</td><td colspan="2"></td><td>3</td></tr>
<tr><td>4</td><td>5</td><td>6</td><td>7</td><td>8</td></tr>
<tr><td colspan="5">1257966</td></tr>
</table>

连接器零件信息		8 路	
引脚	导线颜色	电路编号	功能
1	BN(棕色)	*	车窗电动机
2	*	*	未用
3	BU(蓝色)	*	车窗电动机
4	PU(紫色)	*	车窗下移信号
5	*	*	未用
6	BU(蓝色)	*	车窗下控制信号
7	BK(黑色)	*	搭铁
8	BU/GN(蓝色/绿色)	*	车窗上移信号(右前蓝/后门绿)

(1) 电源电压检测：通电后，锁止开关处于“开锁”状态时，用万用表或测电笔测量分开关上端子 6 应有电(12.5 V 左右)。锁止开关处于“锁闭”状态时，测量分开关上端子 6 应无电(12.5 V 左右)。

(2) 按住左后窗分开关“升”挡，用万用表测量分开关上端子 3 与搭铁间有无信号电压(12.5 V左右)，正常情况下应有电压，则上升开关完好。

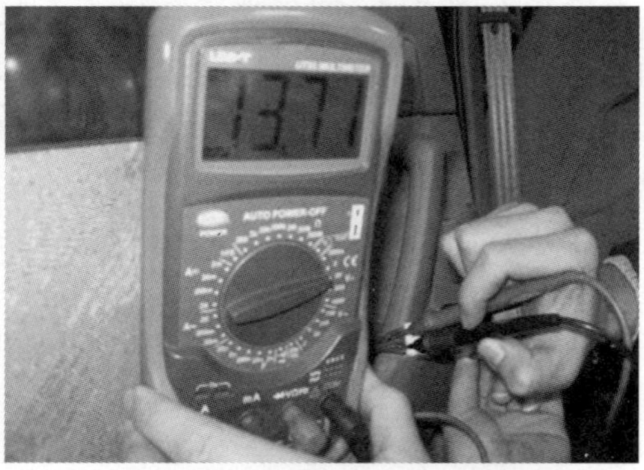

(3) 按住左后窗分开关“降”挡，用万用表测量分开关上端子 1 与搭铁间有无信号电压(12.5 V 左右)，正常情况下应有电压，则下降开关完好。

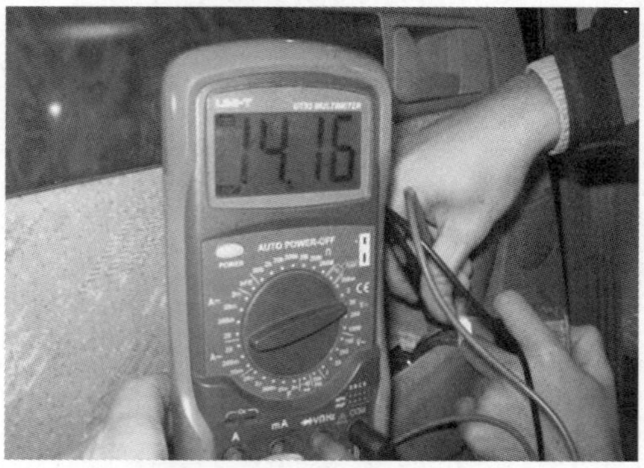

(4) 右前分开关、右后分开关与左后分开关完全一样，检测方法也相同。

4) 车窗电动机的性能检测

由于车窗电动机属双向直流电动机，所以每扇窗在检测电机时，只需检测一个方向时电动机的工作情况，即可知电动机的性能好坏，以左后电动机为例，其他类推。

(1) 关闭点火钥匙，选择万用表电阻 X20 挡，测量分开关上端子 1 与端子 3 间电动机阻值，一般为5～10 Ω。

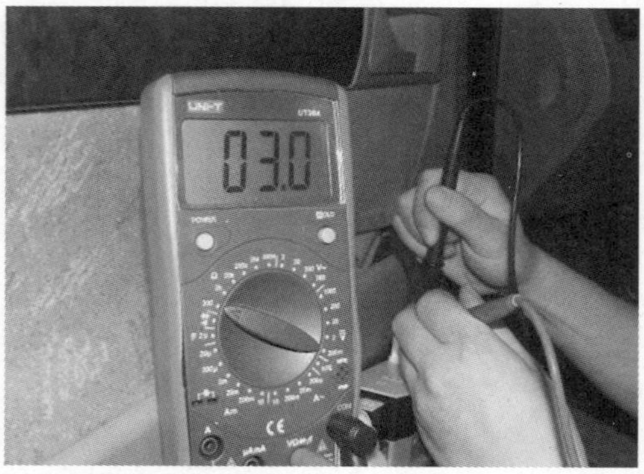

(2) 通电后，按住分开关上左后窗“升”挡按钮，用万用表测量分开关上端子 1 与端子 3 间有无信号电压(12.5 V 左右)，正常情况下应有电压，则电动机完好。

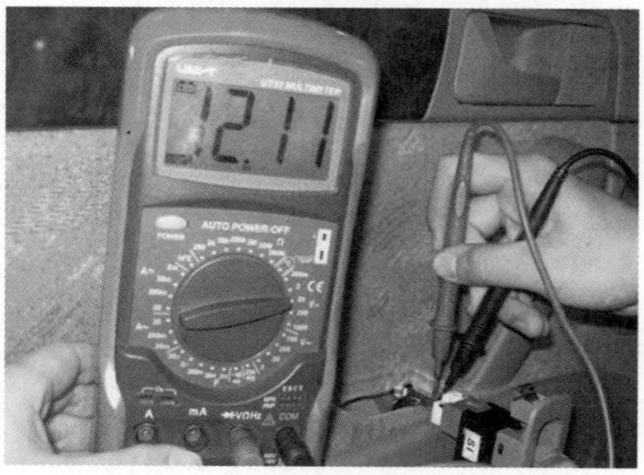

(五) 技术要点

1. 识读车窗系统电路图时,除了掌握电路的具体走向外,还要熟悉电路中电器元件的连接器各端子的功能;

2. 根据电路图上所标注的电器元件,在实车上应明确其具体位置,连接器的位置,以及连接器端子的数目;

3. 检测车窗开关性能时,要将开关闭合后,再测试开关输出端子的电信号。

二、工作页

1. 车型:上海通用别克凯越(见附录)。

1) 检测电动车窗主开关总成。

(1) 写出相应车窗输出开关处于下列位置时各端子间的导通情况,并填入下表。

工作模式	左后输出开关升	左后输出开关降	右前输出开关升	右前输出开关降
端子 10-4				
端子 10-6				
端子 10-8				
端子 10-12				

工作模式	左后输出开关升	左后输出开关降	右前输出开关升	右前输出开关降
端子 11-4				
端子 11-6				
端子 11-8				
端子 11-12				

(2) 写出相应车窗输出开关处于下列位置时各端子的工作电压值(V),并填入下表。

工作模式	1	2	4	6	8	12	7
左前输出开关升							
左前输出开关降							
左后输出开关升							
左后输出开关降							
右前输出开关升							
右前输出开关降							
锁止开关锁定							

2）检测电动车窗分开关。

（1）测量右后车窗开关处于下列位置时各端子间的导通情况，并填入下表。

工作模式	开关升	开关降
端子 6 - 1		
端子 6 - 3		
端子 4 - 1		
端子 8 - 3		

（2）测量右后车窗开关处于下列位置时各端子的工作电压值(V)，并填入下表。

工作模式	开关升	开关降
端子 4		
端子 6		
端子 8		
端子 1		
端子 3		

2. 车型：丰田卡罗拉(见附录)。

1）检测电动车窗主开关总成。

（1）写出相应车窗输出开关处于下列位置时各端子间的导通情况，并填入下表。

工作模式	左后输出开关升	左后输出开关降	右前输出开关升	右前输出开关降
端子 7 - 12				
端子 7 - 13				
端子 7 - 15				
端子 7 - 18				

工作模式	左后输出开关升	左后输出开关降	右前输出开关升	右前输出开关降
端子 3 - 12				
端子 3 - 13				
端子 3 - 15				
端子 3 - 18				

(2) 写出相应车窗输出开关处于下列位置时各端子的工作电压值(V),并填入下表。

工作模式	4	9	12	13	15	18
左前输出开关升						
左前输出开关降						
左后输出开关升						
左后输出开关降						
右前输出开关升						
右前输出开关降						

2) 检测电动车窗分开关。

(1) 测量右后车窗开关处于下列位置时各端子间的导通情况,并填入下表。

工作模式	开关升	开关降
端子 4-3		
端子 4-1		
端子 5-3		
端子 2-1		

(2) 测量右后车窗开关处于下列位置时各端子的工作电压值(V),并填入下表。

工作模式	开关升	开关降
端子 4		
端子 2		
端子 5		
端子 1		
端子 3		

3. 车型:大众帕萨特(见附录)。

1) 检测驾驶侧车门控制单元。

(1) 写出相应车窗输出开关处于下列位置时各端子间的信号电压值(V),并填入下表。

工作模式	T16c/6	T16c/5	T16c/4	T16c/3	T16c/14
左前输出开关升					
左前输出开关降					
左后输出开关升					
左后输出开关降					
右前输出开关升					
右前输出开关降					
右后输出开关升					
右后输出开关降					
锁止开关锁定					

2）检测电动车窗分开关。

测量右后车窗开关处于下列位置时各端子的信号电压值(V)，并填入下表。

工作模式	T5g/1	T5g/2
开关升		
开关降		

三、复习思考题

1. 检查电动车窗时要注意哪些问题？

2. 电动车窗的锁止开关有何作用？

3. 除了上述所介绍的继电器的检查方法，再举 1～2 种其他的检测方法。

实训七(二) 电动车窗系统故障诊断与排除

一、实训指导

(一) 实训目标

1. 熟悉电动车窗电路图；
2. 掌握使用万用表对系统部件的检测方法；
3. 学会分析电动车窗常见故障的产生原因及排除方法。

(二) 安全要求及注意事项

同实训七(一)。

(三) 设备/工具/耗材要求

同实训七(一)。

(四) 实训操作指导

1. 分析上海通用别克凯越电动车窗系统电路

见附录。

2. 电动车窗系统故障检测

1) 故障现象描述：左前电动车窗不工作

2) 故障现象确认

按下列顺序逐一检查电动车窗各项功能。

上海通用别克凯越故障现象检查

序号	操作	正常结果
1	将点火开关拨到 RUN 运行位置，利用左前车窗开关上下操纵各车窗	各车窗操作安静平稳，无卡滞现象
2	当左前车窗处于上升位置时，将左前车窗开关按到下降第二挡位	左前车窗迅速降到最低位
3	确保锁止开关处于 OFF 关闭位置，用相应的开关操纵各车窗	各车窗操作安静平稳，无卡滞现象
4	按动左前车窗开关上的锁定开关使之位于 LOCK 锁止位置，试用相应的开关操纵各车窗	车窗不能用各自开关操作，只能用左前主开关操作

3) 根据电路图分析故障点

故障产生可能的部位：

(1) 熔断丝 EF14 烧断；

(2) 左前电动车窗开关损坏；

(3) 左前电动车窗电动机损坏；

(4) 左前电动车窗升降器机构损坏；

(5) 左前电动车窗电动机线路断路、短路或接插件脱落；

(6) 电源线路断路、短路或接插件脱落。

4) 实车检测流程

(1) 目视检查电动车窗开关的连接，电气连接器是否正确连接在开关上。若连接正常，转第(2)步。

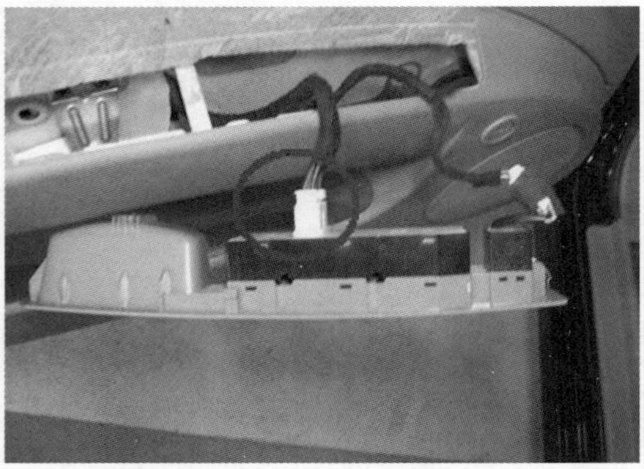

(2) 检查熔断丝 EF14 两端电阻，若阻值为无穷大，熔断丝损坏；若阻值为 0.4 Ω，则熔断丝正常，转第(3)步。否则更换熔断丝。

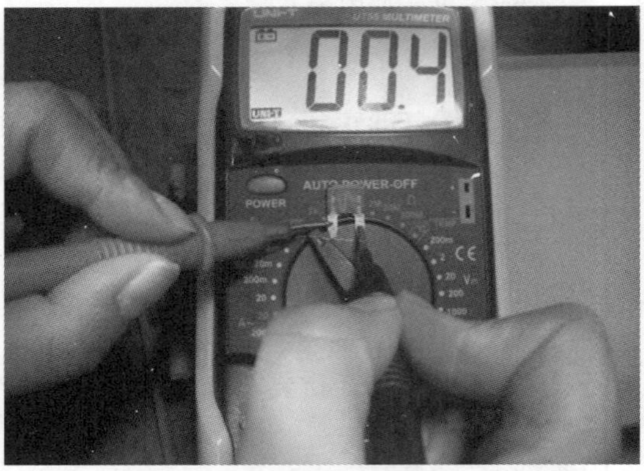

(3) 检查主开关上端子 3 有无电源电压，若电压为 12.5 V 左右，则电源线路正常，转第(4)步，否则检修该线路。

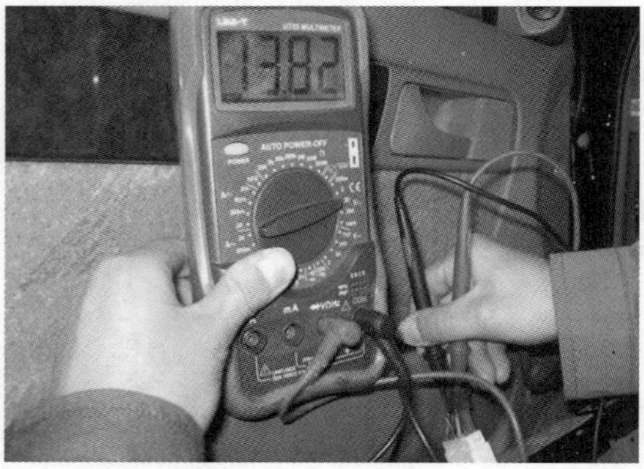

(4) 检查左前电动车窗开关工作情况，分别检测升降按钮工作时，主开关上端子 1 与端子 11 及端子 2 与端子 11 间有无信号电压(12.5 V 左右)，正常情况下应有电压，则该开关完好。转第(5)步，否则更换开关。

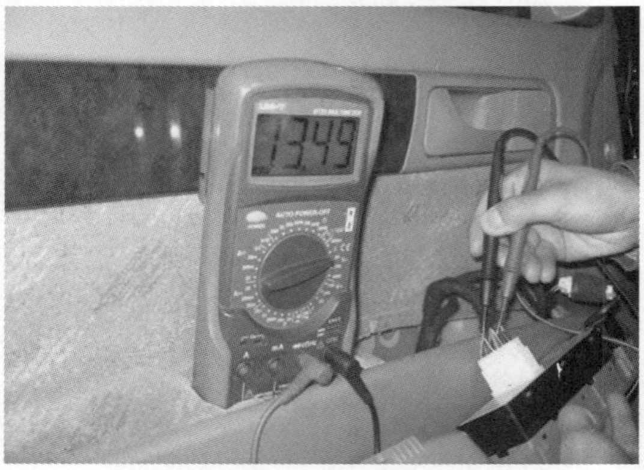

(5) 检查电动车窗电动机：拆下前饰板，拔下电动车窗电动机接插件，按压左前电动车窗开关升或降按钮，测量电动机接插件两端电压，如为电源电压则电动机开关与电动机连接线路良好，应进一步检验电动机，电动机损坏应更换，若电动机良好，则可判定电动车窗升降器机构有故障，更换升降机构或总成。

5) 确定故障点，排除故障

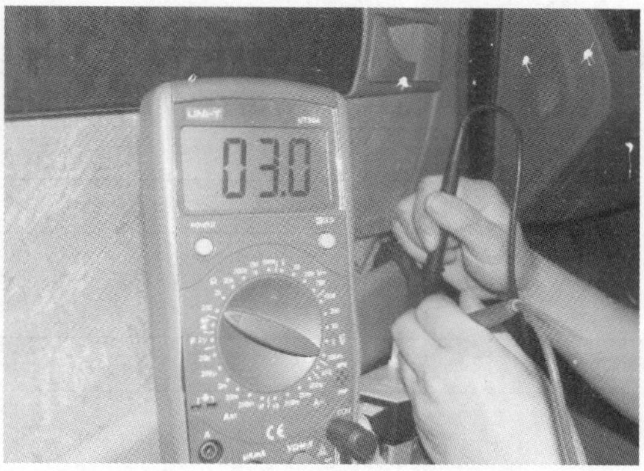

(五) 技术要点

1. 识读车窗系统电路图时,除了掌握电路的具体走向外,还要熟悉电路中电器元件的连接器各端子的功能;

2. 根据电路图上所标注的电器元件,在实车上应明确其具体位置,连接器的位置,以及连接器端子的数目;

3. 检测车窗开关性能时,要将开关闭合后,再测试开关输出端子的电信号;

4. 诊断车窗系统故障时,要按照检测的顺序,逐步进行排查,最终确定故障点。

二、工作页

车型:____________

1. 故障现象描述:____________________

2. 按顺序逐一检查电动车窗系统各项功能。

3. 故障现象确认。

____

____

4. 根据该车电路图,分析故障原因,故障产生可能的部位。

(1) ____________________________________

(2) ____________________________________

(3) ____________________________________

(4) ____________________________________

(5) ____________________________________

5. 实车检测,写出检测流程。

(1) ____________________________________

(2) ____________________________________

(3) ____________________________________

(4) ____________________________________

(5) ____________________________________

(6) ______

(7) ______

(8) ______

(9) ______

(10) ______

6. 确定故障点,排除故障。

______

______

三、复习思考题

1. 分析丰田卡罗拉电动车窗电路图,找出系统各故障点所对应的故障现象,并填入下表。

序号	故障点	故障现象
1	电动车窗继电器线圈开路	
2	电动车窗主开关端子 4 开路	
3	电动车窗主开关端子 12 开路	
4	右后分开关端子 2 开路	
5	左后分开关端子 5 开路	
6	电路 B 开路	

2. 分析大众帕萨特电动车窗电路图,找出系统各故障点所对应的故障现象,并填入下表。

序号	故障点	故障现象
1	熔断丝 S37 开路	
2	电动车窗主开关 16c/14 端子开路	
3	电动车窗主开关 T16c/4 端子开路	
4	右后分开关 T5g/2 端子开路	
5	左后窗控制单元 T18a/13 端子开路	

附录

1. 上海通用别克凯越车电动车窗电路

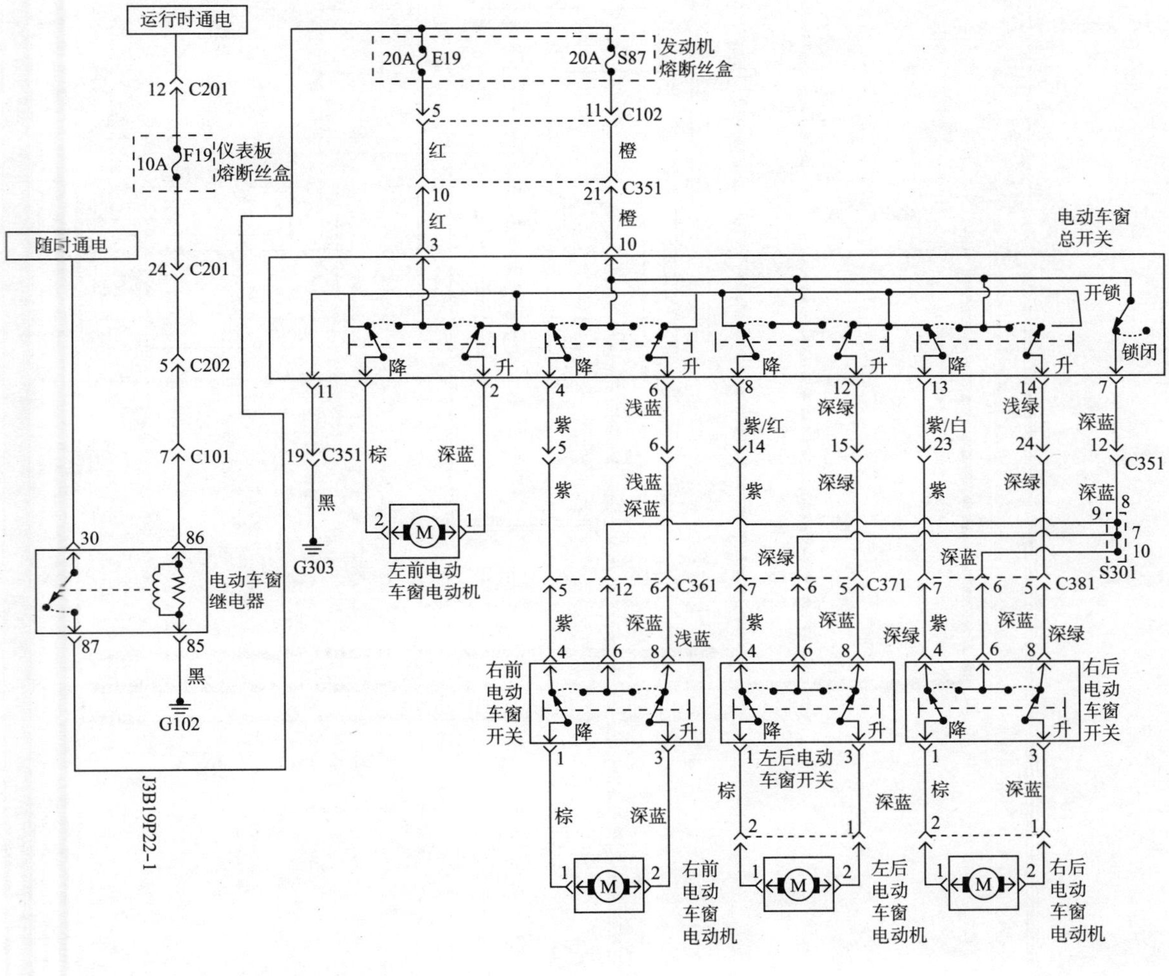

2. 丰田卡罗拉电动车窗电路

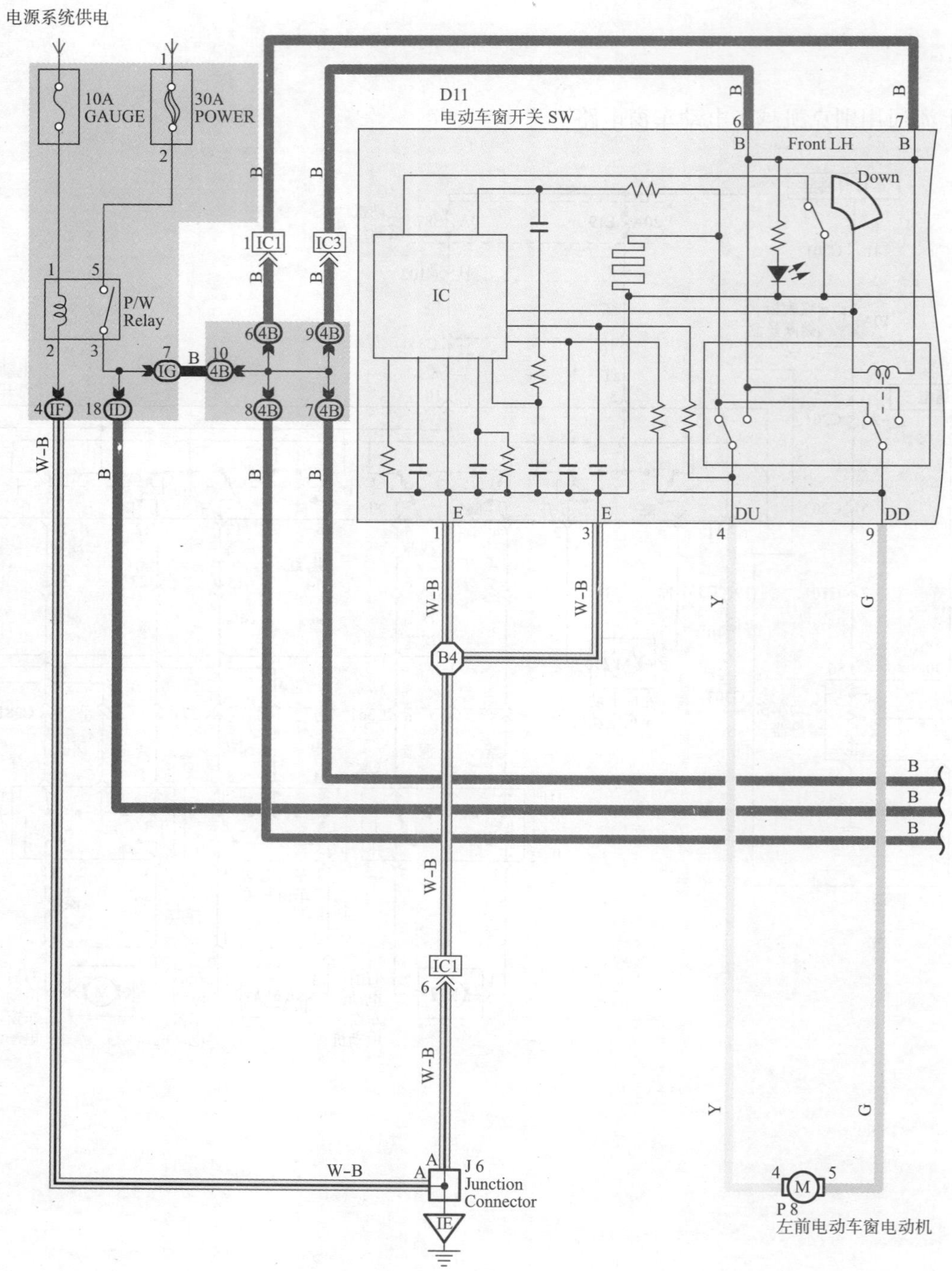

丰田卡罗拉电动车窗电路图(一)

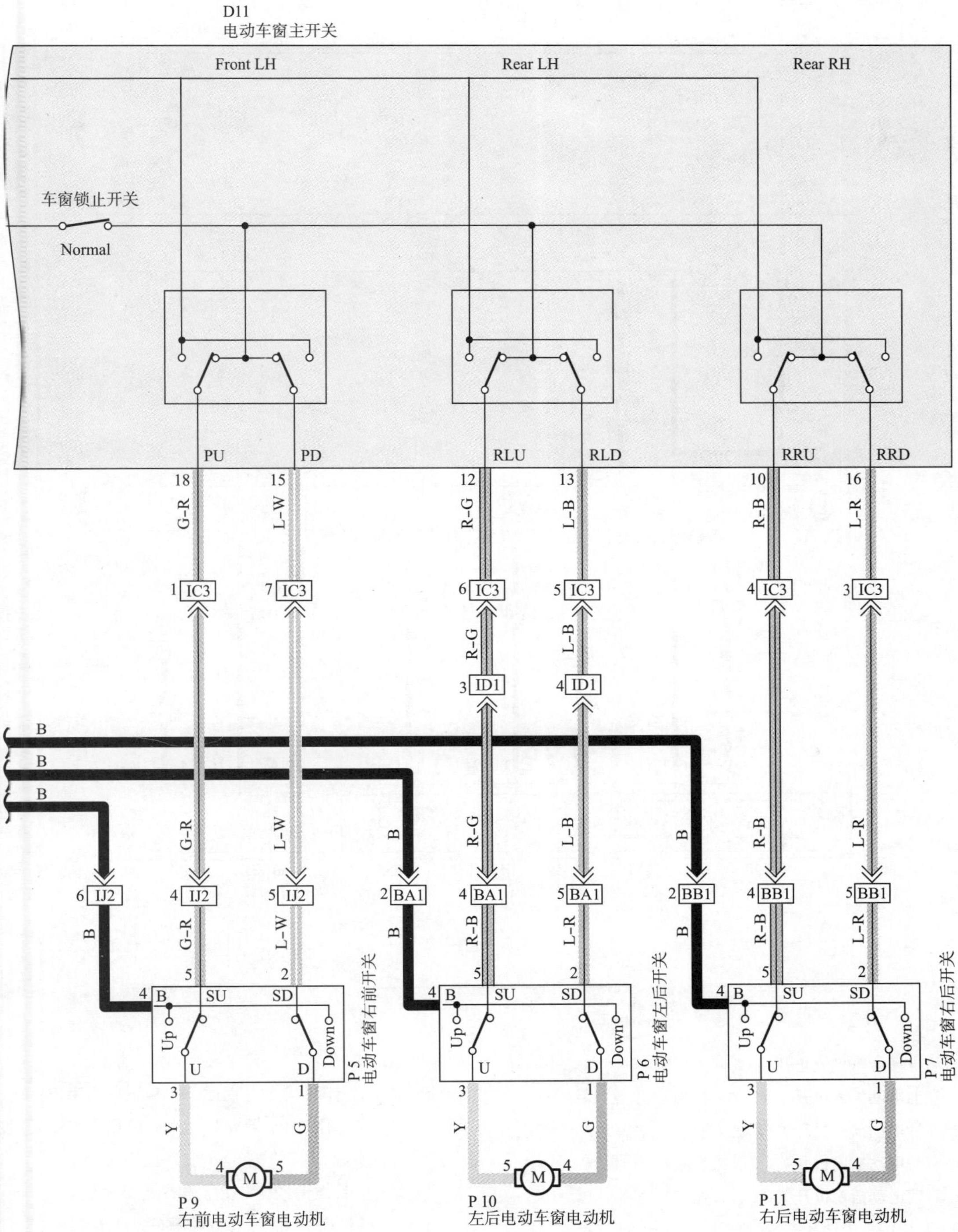

丰田卡罗拉电动车窗电路图(二)

3. 大众帕萨特电动车窗电路

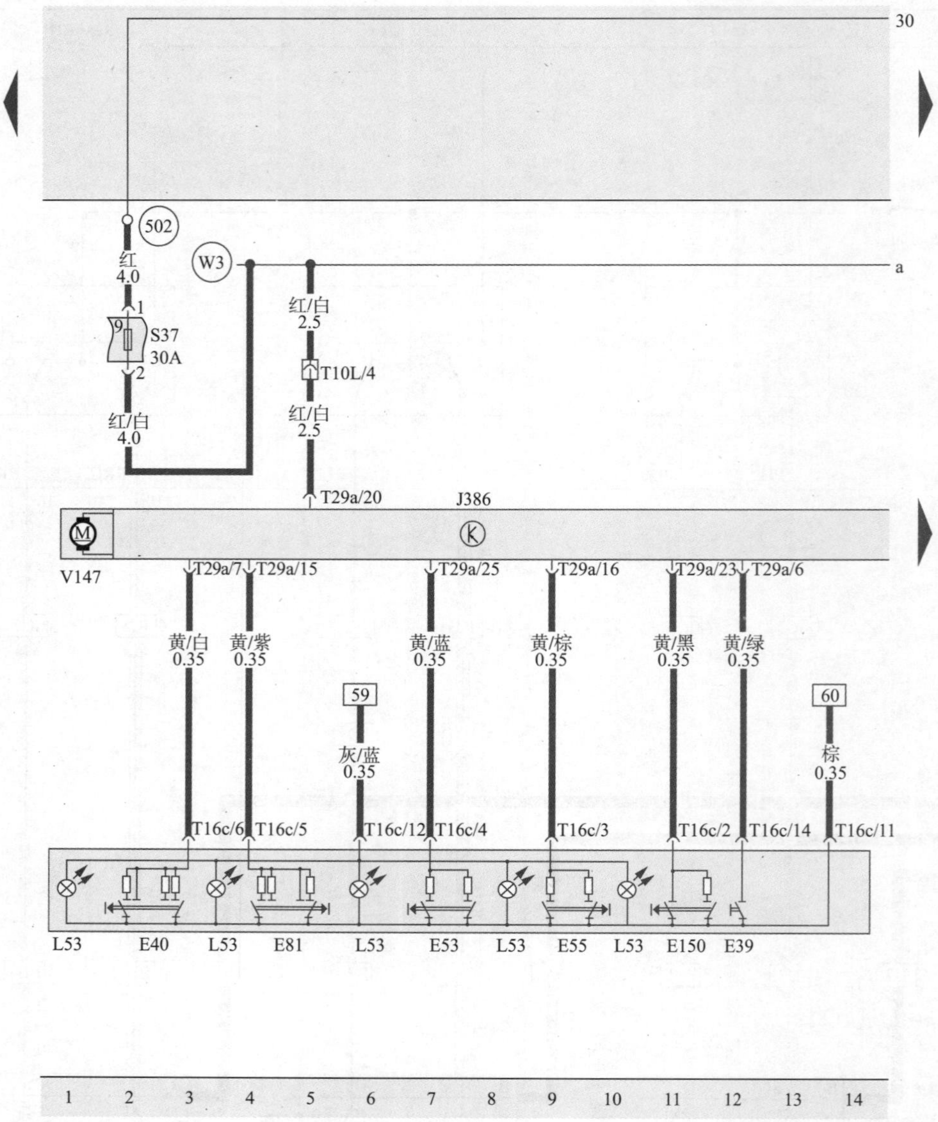

E39—后电动摇窗机锁止开关(驾驶人控制)
E40—左前电动摇窗机开关(驾驶人控制)
E53—左后电动摇窗机开关(驾驶人控制)
E55—右后电动摇窗机开关(驾驶人控制)
E81—右前电动摇窗机开关(驾驶人控制)
E150—车内中央闭锁开关(驾驶人控制)
J386—驾驶侧车门控制单元,在驾驶人车门内
L53—摇窗机开关指示灯
S37—车窗升降器单独熔断丝,30 A,黄色插座,在仪表板左侧8 位置附加继电器板上(F 号位)(用于配有 1.8T 发动机标识字母 BGC 的轿车和用于配有 2.0 发动机标识字母 BNL 的轿车)
S37—车窗升降器单独熔断丝,30 A,黄色插座,在仪表板左侧8 位置附加继电器板上(A 号位)(用于配有 V6 发动机标识字母 BBG 的轿车)
T10L—10 针插头,黑色,在左 A 柱处(2 号位)
T16c—16 针插头,棕色,在驾驶侧车门电动摇窗机开关上
T29a—29 针插头,黑色,在驾驶侧车门控制单元上
V147—驾驶人侧电动摇窗机电动机
(502)—正极螺栓连接点(30),在中央电器板上
(W3)—正极连接线(30a),在后线束内

大众帕萨特电动车窗系统电路图(一)

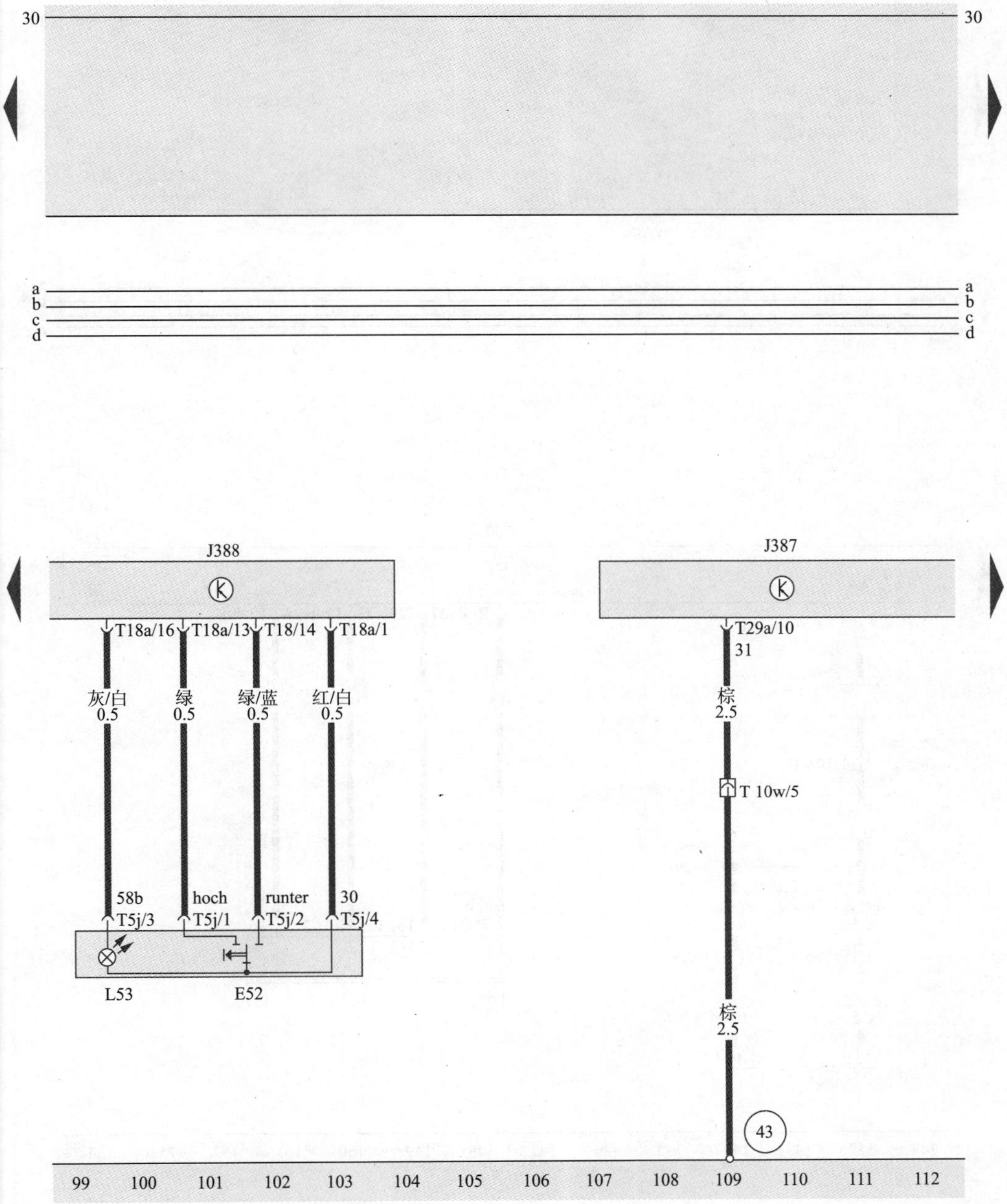

E52—左后电动摇窗机开关,在左后车门内

J387—右前车门控制单元,在右前车门内

J388—左后车门控制单元,在左后车门内

T5j—5 针插头,黑色,在左后电动摇窗机开关上

T10w—10 针插头,黑色,在右 A 柱处(3 号位)

T18a—18 针插头,黑色,在左后车门控制单元上

T29b—29 针插头,黑色,在右前车门控制单元上

L53—摇窗机开关指示灯

(43)—接地点,在右 A 柱处

大众帕萨特电动车窗系统电路图(二)

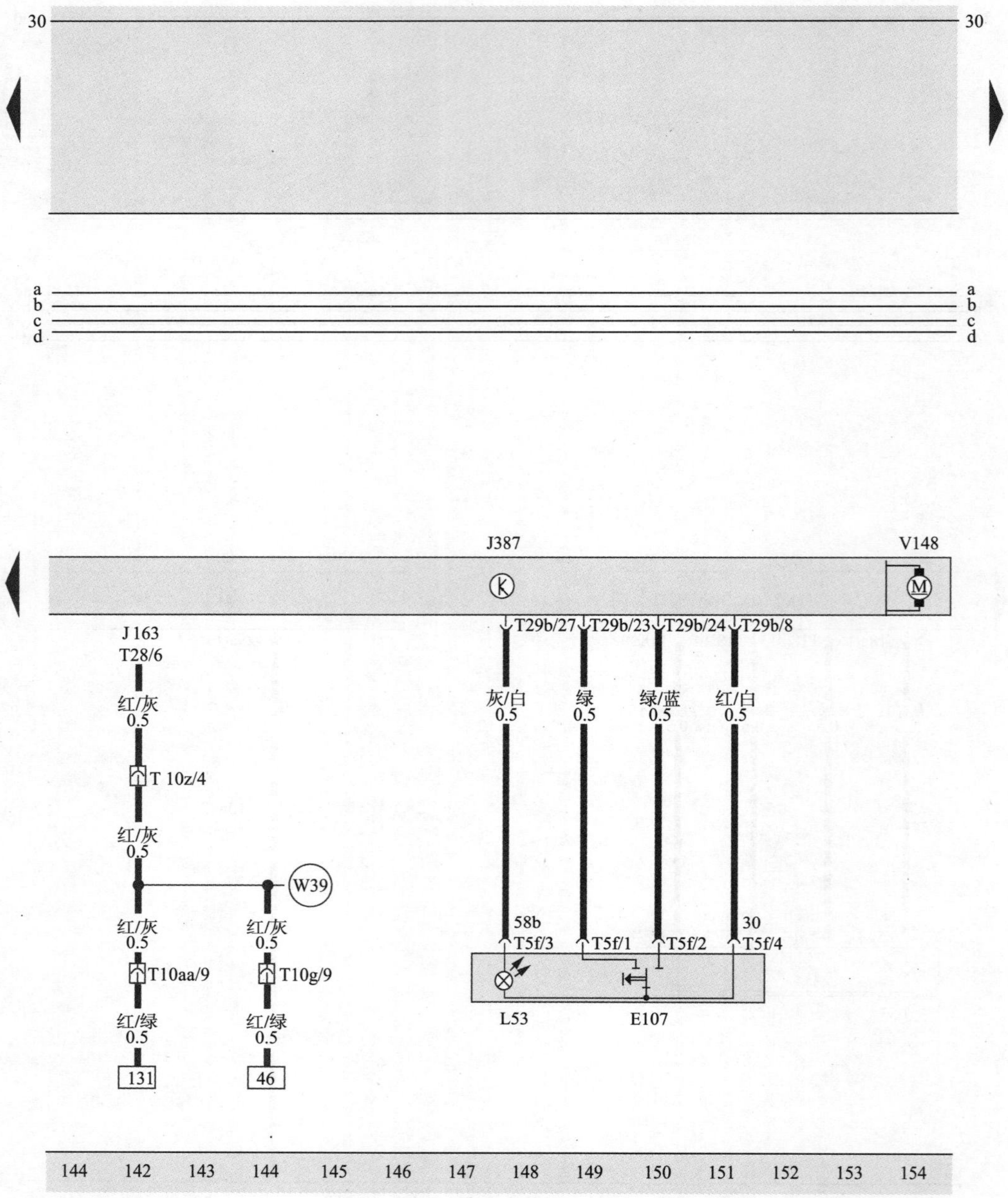

E107—电动摇窗机开关(在右前车门上)

J136—带记忆的驾驶人座椅调整控制单元,在驾驶人座椅底部左侧

J387—右前车门控制单元,在右前车门内

L53—摇窗机开关指示灯

T5f—5 针插头,黑色,在电动摇窗机开关上

T10g—10 针插头,灰色,在左 A 柱处(16 号位)

T10z—10 针插头,棕色,在驾驶人座椅底部(4 号位)

T10aa—10 针插头,绿色,在右 A 柱处(16 号位)

T28—28 针插头,红色,在带记忆的驾驶人座椅调整控制单元上

T29b—29 针插头,黑色,在右前门控制单元上

V148—右前电动摇窗机电动机

(W39)—连接线,在后线束内

大众帕萨特电动车窗系统电路图(三)

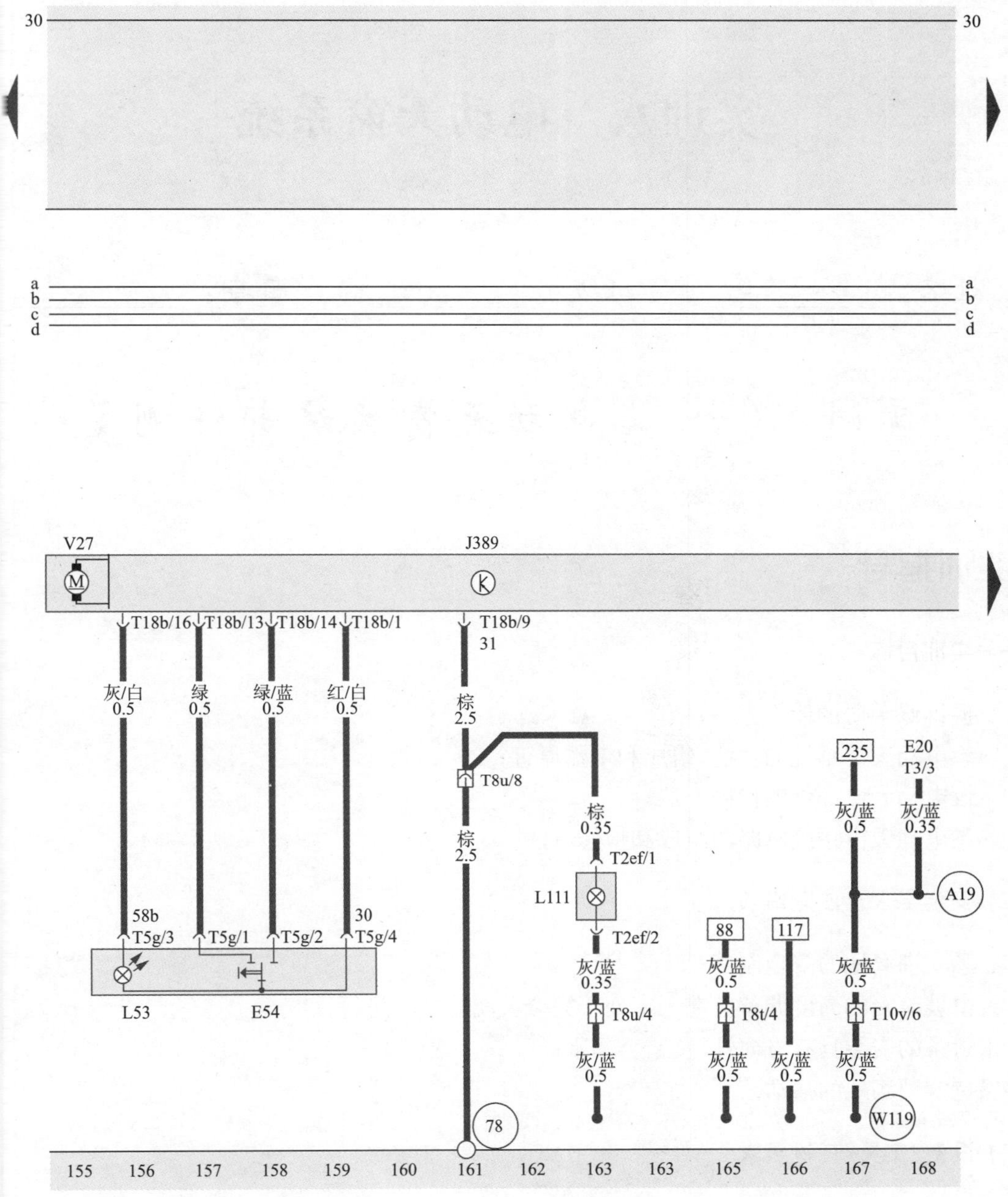

E20—开关和仪表照明灯

E54—右后电动摇窗机开关,在右后车门内

J389—右后车门控制单元,在右后车门内

L53—右后电动摇窗机开关照明灯

L111—右后车门把手柄照明,在右后车门内

T2ef—2 针插头,黑色,在右后车门把手照明灯上

T3—3 针插头,黑色,在开关和仪表照明灯上

T5g—5 针插头,黑色,在右后电动摇窗机开关上

T8t—8 针插头,黑色,在左 B 柱处

T8u—8 针插头,黑色,在右 B 柱处

T10v—10 针插头,淡红色,在右 A 柱处(6 号位)

T18b—18 针插头,黑色,在右后车门控制单元上

V27—右后电动摇窗机电动机

(78)—接地点,在右 B 柱下方

(A19)—连接线(58b),在仪表板线束内

(W119)—连接线(56b),在右后车门内

大众帕萨特电动车窗系统电路图(四)

实训八　电动天窗系统

姓名：＿＿＿＿＿＿　　班级：＿＿＿＿＿＿　　日期：＿＿＿＿＿＿

实训八(一)　电动天窗系统部件测量

一、实训指导

(一) 实训目标

1. 掌握维修手册的使用方法；
2. 熟悉电动天窗系统的功能、组成和工作原理；
3. 掌握电动天窗部件的检测方法；
4. 熟悉电动天窗系统电路的组成和检修方法。

(二) 安全要求及注意事项

1. 熟悉实训场地的安全制度；
2. 天窗玻璃板的高度调节应在天窗处于完全关闭位置下进行；
3. 密封条的安装具有方向性，装错会漏水；
4. 保持实训场地的清洁。

(三) 设备/工具/耗材要求

设备：大众桑塔纳 3000 型轿车(配置电动天窗系统)，或其他同类车辆。
工具：探针、一字起子、十字起子。
仪器：数字万用表。
耗材：无。

(四) 实训操作指导

1. 分析大众桑塔纳 3000 电动天窗系统的基本电路
见附录。

2. 认识电动天窗系统的基本组成及安装位置

(1) 电动天窗。

(2) 天窗电动机。

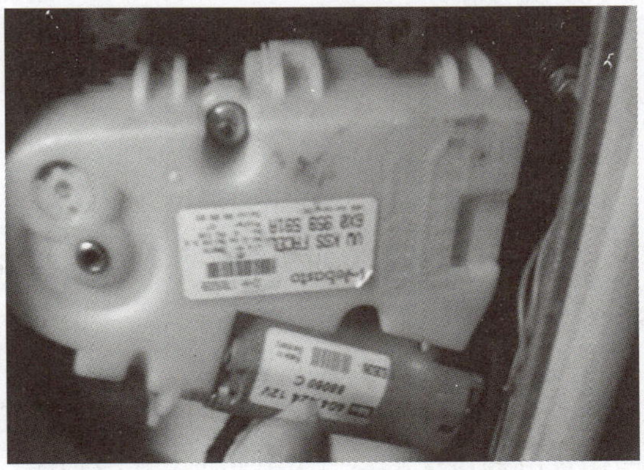

(3) 天窗开关正面。

(4) 天窗开关反面。

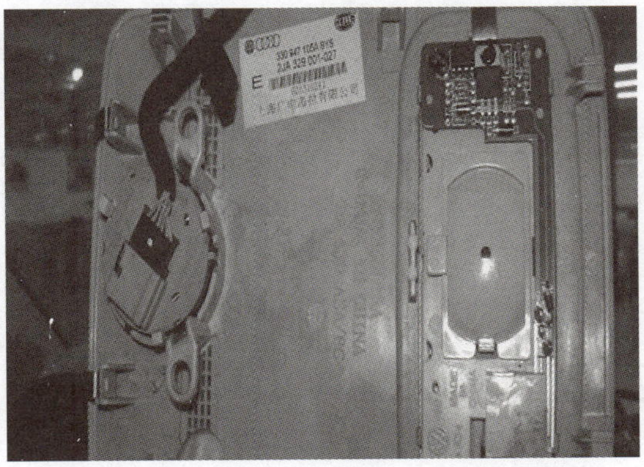

3. 电动天窗系统主要部件性能检测

(1) 熔断丝(S25、S35)的检测

用万用表(电阻挡)测熔断丝两端,若导通,电阻为 0.5 Ω 左右,则其完好;若其电阻为∞,则熔断丝熔断。

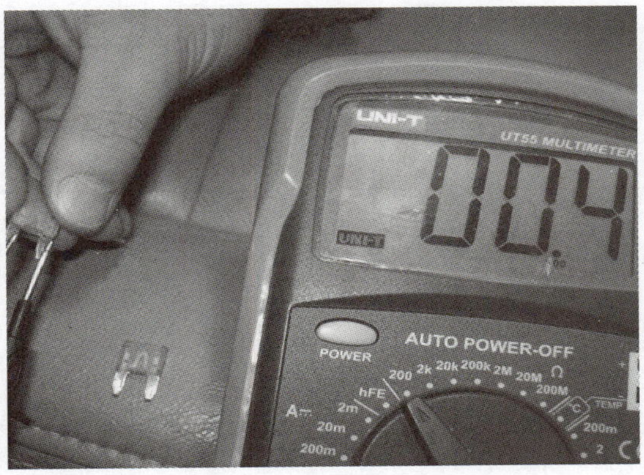

(2) 天窗开关(E59)检测

天窗开关性能的检测包括“打开天窗”和“关闭天窗”两种情况,下面以“打开天窗”为例,接通点火开关,天窗开关处于“打开”位置,选择万用表的电压挡,将红表笔接天窗开关 E59 连接器的端子 T6c/2,黑表笔搭铁，若测 E59 连接器的端子 T6c/2 无电压信号(0 V)，则 E59 接触良好，若有电压信号，则 E59 接触不良。

(3) 天窗模块检测

接通点火开关，选择万用表的电压挡，将红表笔接天窗模块 J245 端子 T6a/2 ，黑表笔搭铁，若测天窗模块 J245 端子 T6a/2 有电压信号(12.5 V)，则天窗模块 J245 的供电线正常，若无电压信号，则天窗模块 J245 的供电线不良好。

接通点火开关，选择万用表的电压挡，将红表笔接天窗模块 J245 端子 T6a/1，黑表笔搭铁，若测天窗模块 J245 端子 T6a/1 无电压信号(0V)，则天窗模块 J245 的搭铁正常，若有电压信号，则天窗模块 J245 的搭铁不良好。

(4) 天窗电动机(V1)检测

当天窗开关位于“打开”或“关闭”位置时，若天窗动作且电动机有响声，则天窗电动机完好；若天窗不动作且电动机无响声，则电动机故障；若天窗不动作且电动机有响声，则天窗传动机构有故障。

(五) 技术要点

1. 用万用表(电阻挡)测熔断丝两端，若导通，电阻为 0.5 Ω 左右；

2. 当天窗开关位于“打开”或“关闭”位置时，若天窗动作且电动机有响声，则天窗电动机完好；若天窗不动作且电动机无响声，则电动机故障；若天窗不动作且电动机有响声，则天窗传动机构有故障；

3. 在进行天窗开关性能检测时，一定要将开关闭合后，再测试开关输出端子的电信号，从而判断天窗开关的性能好坏。

二、工作页

1. 大众桑塔纳 3000 电动天窗系统。

1) 分析大众桑塔纳 3000 电动天窗系统电路，标注主要部件的位置和名称，并填入下表。

序号	项目	E59 和 E139	J245 和 V1
1	名称		
2	位置		
3	连接器的端子数		

2) 分析大众桑塔纳 3000 电动天窗系统电路，写出相关电路(以流程图的形式)。

(1) 打开天窗：

(2) 关闭天窗：

3）检测电路中主要部件，并填入下表。

序号	项目	熔断丝 S25	熔断丝 S35	天窗电机 V1	天窗模块 J245
1	方法				
2	结果				

4）天窗开关 E59：

(1) 当打开天窗时，测 E59 连接器的________端子，电压信号 有□ 无□，性能完好 是□ 否□；

(2) 当关闭天窗时，测 E59 连接器的________端子，电压信号 有□ 无□，性能完好 是□ 否□。

2. 上海通用别克君威电动天窗系统(见附录)。

1）当天窗开关处于下列位置时，天窗模块连接器端子的电压值，并填入下表。

天窗的状态	2/C1	5/C1	3/C1	D/C2	A/C2	C/C2
打开						
关闭						

2）分析上海通用别克君威电动天窗系统电路图中各故障点所对应的故障现象，并填入下表。

序号	故障点	故障现象
1	熔断丝 L1－L2 熔断	
2	电动天窗开关 B 端子开路	
3	电动天窗开关 C 端子开路	
4	电路 127 开路	

3）分析上海通用别克君威电动天窗系统电路图，写出相关电路(以流程图的形式)。

(1) 打开天窗：

(2) 关闭天窗：

3. 丰田卡罗拉电动天窗系统(见附录)。

(1) 查阅丰田卡罗拉维修资料。

(2) 部件认识,并填入下表。

部件名称	安装位置	作用
电动天窗熔断丝		
电动天窗控制开关		
电动天窗控制模块		
电动天窗电动机		

(3) 简述丰田卡罗拉电动天窗系统的组成和工作原理。

三、复习思考题

1. 大众桑塔纳 3000 电动天窗开关如何操作?

2. 电动天窗开关不动作,简述检测方法。

(1) 大众桑塔纳 3000。

(2) 上海通用别克君威。

(3) 丰田卡罗拉。

实训八(二)　电动天窗系统故障诊断与排除

一、实训指导

(一) 实训目标

1. 掌握维修手册的使用方法；
2. 掌握电动天窗部件的检测方法；
3. 熟悉电动天窗系统电路的组成和检修方法；
4. 掌握电动天窗系统故障排除的方法和步骤。

(二) 安全要求及注意事项

同实训八(一)。

(三) 设备/工具/耗材要求

设备：大众桑塔纳3000型轿车，或其他同类车型。
工具：探针、10 mm开口扳手、一字起子、十字起子。
仪器：数字万用表。
耗材：无。

(四) 实训操作指导

1. 分析大众桑塔纳3000电动天窗系统电路

见附录。

2. 电动天窗系统故障诊断与排除

1) 故障现象描述：天窗开关位于“打开”位置，天窗不动作

2) 分析电路图

3) 分析故障原因

(1) 蓄电池亏电；
(2) 熔断丝S25或S35熔断；
(3) 红黑1.5、红1.0导线断路；
(4) 白色搭铁线断路；
(5) 天窗开关E59接触不良；
(6) 天窗电动机故障。

4) 实车检测的步骤与流程

(1) 检查蓄电池的电压。

点火开关位于“ON”，检查起动时的蓄电池电压，若为9.6V以上，说明蓄电池电量正常，否则，蓄电池亏电，转第(2)步。

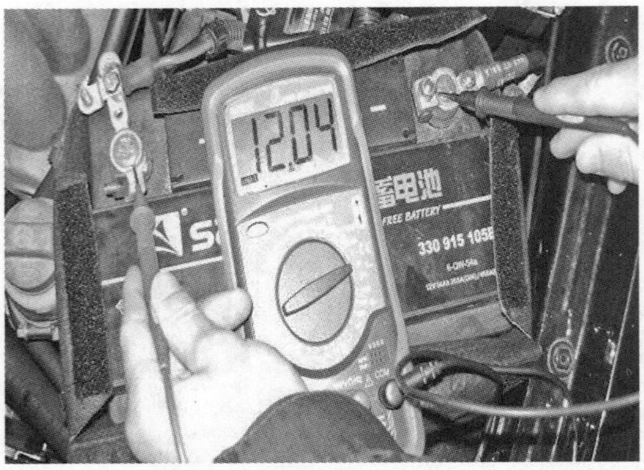

(2) 检查线路中插接件是否连接牢固，若牢固，转第(3)步。

(3) 检查熔断丝 S25 性能。

当点火开关位于“ON”，将天窗开关处于“打开”时，用万用表电压挡测熔断丝 S25 两端的电压值，若其一端有电源信号，另一端无电源信号，则熔断丝熔断，更换同型号熔断丝；若两端均有电源信号，则熔断丝和熔断丝之前相关电路均正常，转(4)步；

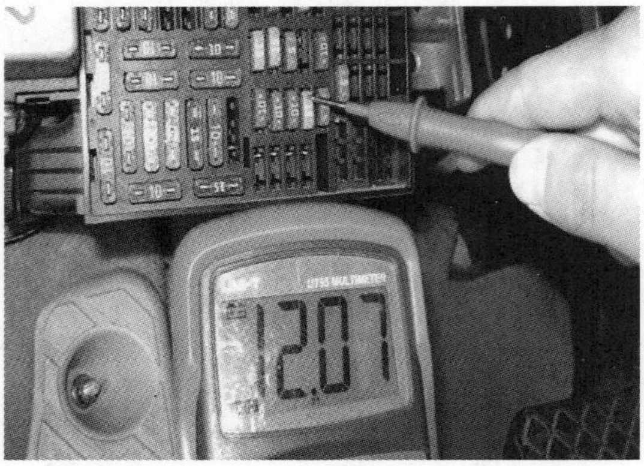

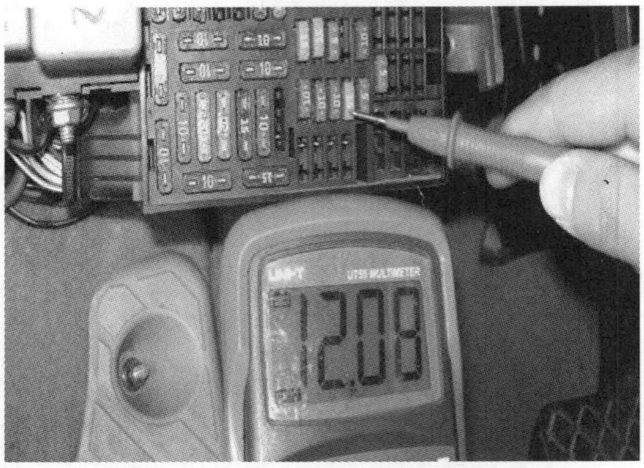

(4) 检查天窗模块的性能。

接通点火开关，选择万用表的电压挡，将红表笔接天窗模块 J245 端子 T6a/2 ，黑表笔搭铁，若无电压信号，则天窗模块 J245 的供电线不良好，若测天窗模块 J245 端子 T6a/2 有电压信号(12 V)，则天窗模块 J245 的供电线正常。

接通点火开关，选择万用表的电压挡，将红表笔接天窗模块 J245 端子 T6a/1，黑表笔搭铁，若有电压信号，则天窗模块 J245 的搭铁不良好，若测天窗模块 J245 端子 T6a/1 无电压信号(0 V)，则天窗模块 J245 的搭铁正常，转(5)步。

(5) 当点火开关位于“ON”，将天窗开关处于打开位置，接通点火开关，选择万用表的电压挡，将红表笔接天窗开关 E59 连接器的端子 T6c/2，黑表笔搭铁，若测 E59 连接器的端子 T6c/2 无电压信号(0 V)，则 E59 接触良好且搭铁线正常；若有电压信号，则 E59 接触不良或搭铁线不正常。

5) 确定故障点，排除故障

(五) 技术要点

1. 接通电源，用万用表电压挡测熔断丝两端的电压值，若其一端有电源信号，另一端无电源信号，则熔断丝熔断；

2. 在实车上拆装电动天窗系统部件时，要先断开蓄电池负极连接线；
3. 电动天窗部件的拆装和检测时，要按原厂技术要求操作。

二、工作页

车型：__________

1. 故障现象描述：__________

2. 故障现象确认：

____

____

____

3. 分析电路图，以确定故障原因。

(1)

(2)

(3)

(4)

(5)

(6)

4. 实车检测，写出检测流程。

(1)

(2)

(3)

(4)

(5)

(6)

(7)

(8)

(9)

(10)

5. 确定故障点，排除故障。

____

____

三、复习思考题

1. 简述电动天窗系统中开关性能的检测方法。

2. 在上海通用别克君威电动天窗系统中，限位开关有何作用？

3. 按电动天窗闭合开关，电动天窗反复地移动到闭合位置又退回，故障原因是什么？

附录

1. 大众桑塔纳 3000 电动天窗系统电路

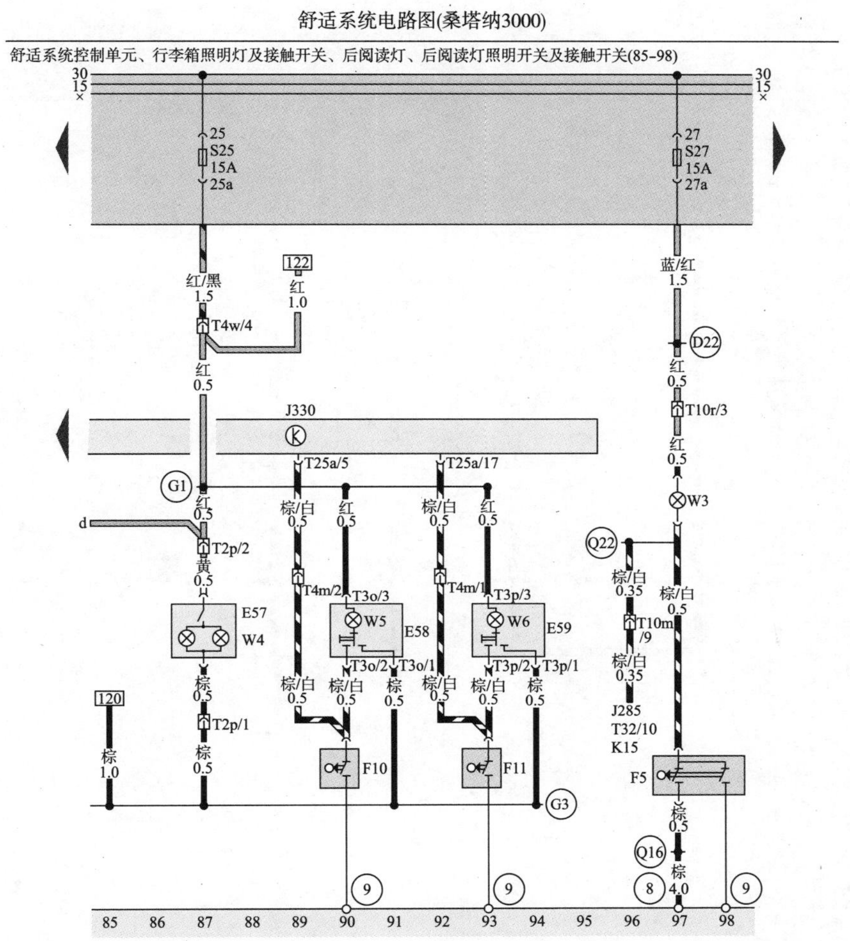

E57—遮阳板灯照明开关
E58—左后阅读灯照明开关
E59—右后阅读灯照明开关
F5—行李箱照明灯接触开关
F10—左后阅读灯接触开关
F11—右后阅读灯接触开关
J285—组合仪表控制单元
J330—舒适系统控制单元,在后座椅垫中间下方
K15—行李箱开门警告灯
S25—熔断丝 25,15A,在继电器-熔断丝支架上
S27—熔断丝 27,15A,在继电器-熔断丝支架上
T3o—3 针插头,黑色,在左后阅读灯上
T2p—2 针插头,白色,在车顶前右侧
T3p—3 针插头,黑色,在右后阅读灯上
T4m—4 针插头,黑色,在继电器-熔断丝支架上(Q 号位)
T4w—4 针插头,棕色,在继电器-熔断丝支架上(R 号位)
T10m—4 针插头,黑色,在继电器-熔断丝支架顶面上(D 号位)
T10r—10 针插头,粉红色,在继电器-熔断丝支架顶面上(1 号位)
T25a—25 针插头,在舒适系统控制单元上
T32—32 针插头,蓝色,在组合仪表上
W3—行李箱照明灯
W4—遮阳板灯
W5—左后阅读灯
W6—右后阅读灯
(D22)—正极连接线(30a),在仪表板线束内
(G1)—正极连接线(30a),在内顶灯线束内
(G3)—连接线,在内顶灯线束内
(Q16)—接地连接线,在车身线束内
(Q22)—连接线,在车身线束内
(8)—接地点,在左组合后灯左侧车身上
(9)—自身接地

舒适系统电路图(桑塔纳3000)

天窗调节控制单元、天窗电动机、天窗上升/下降开关、天窗调节器(113-126)

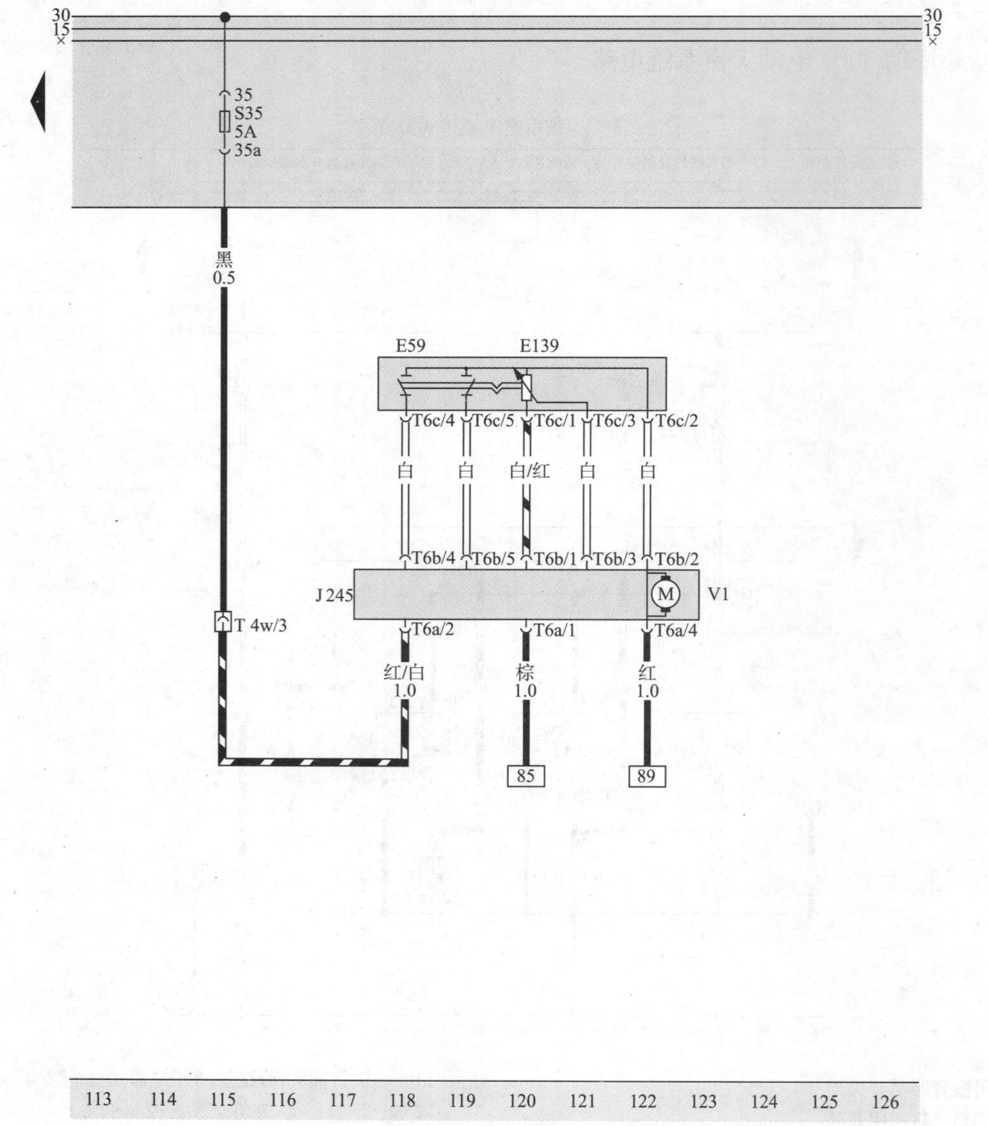

E59—天窗上升/下降开关,在内顶灯后面

E139—天窗调节器,在内顶灯后面

J245—天窗调节控制单元,在天窗前面

S35—熔断丝 35,5A,在继电器-熔断丝支架上

T4w—4 针插头,棕色,在继电器-熔断丝支架上(R 号位)

T6a—6 针插头,在天窗调节控制单元上

T6b—6 针插头,在天窗调节控制单元上

T6c—6 针插头,在天窗调节器上

V1—天窗电动机,在天窗前面

2. 上海通用别克君威电动天窗系统电路

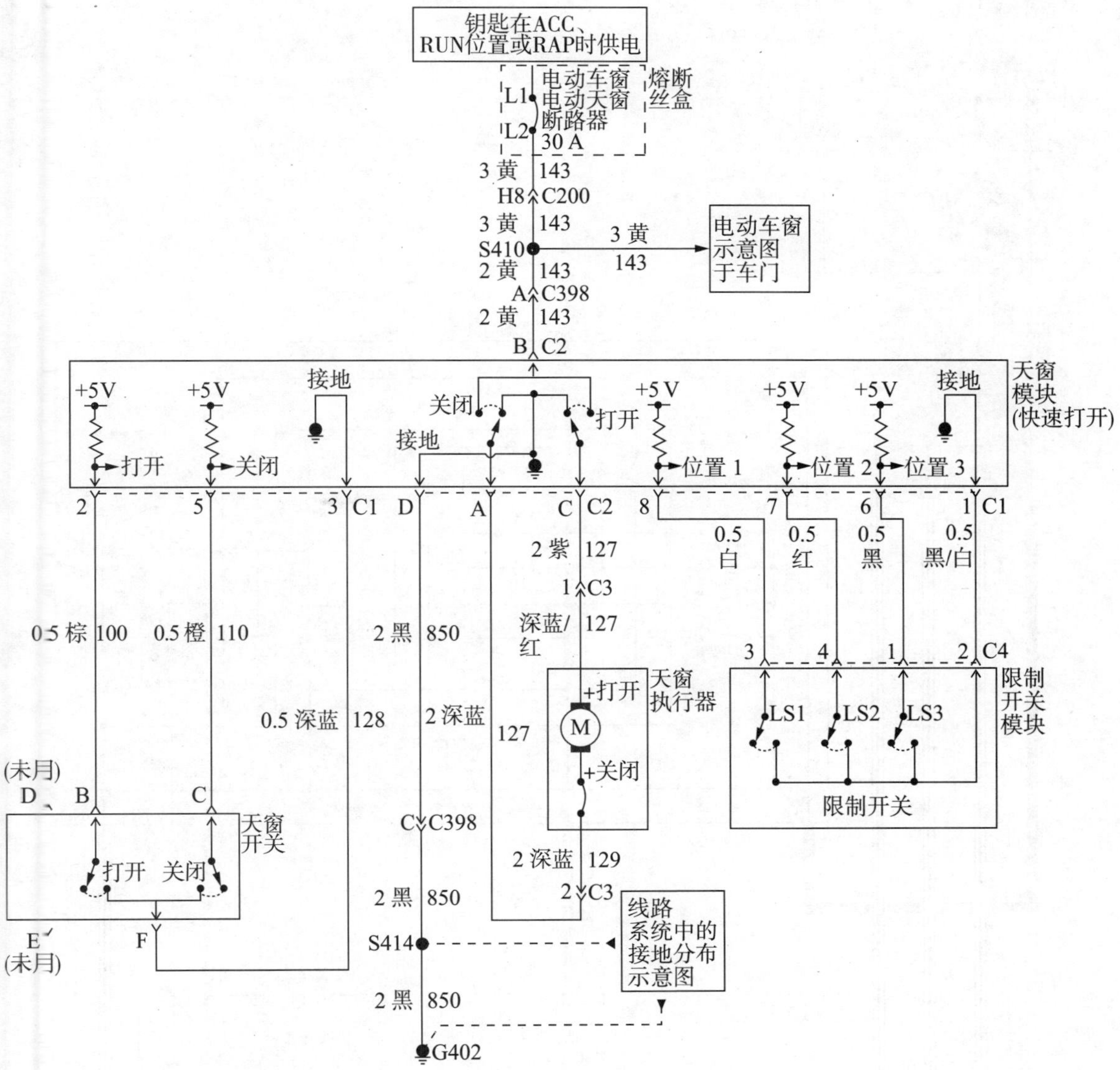

3. 丰田卡罗拉轿车电动天窗系统电路

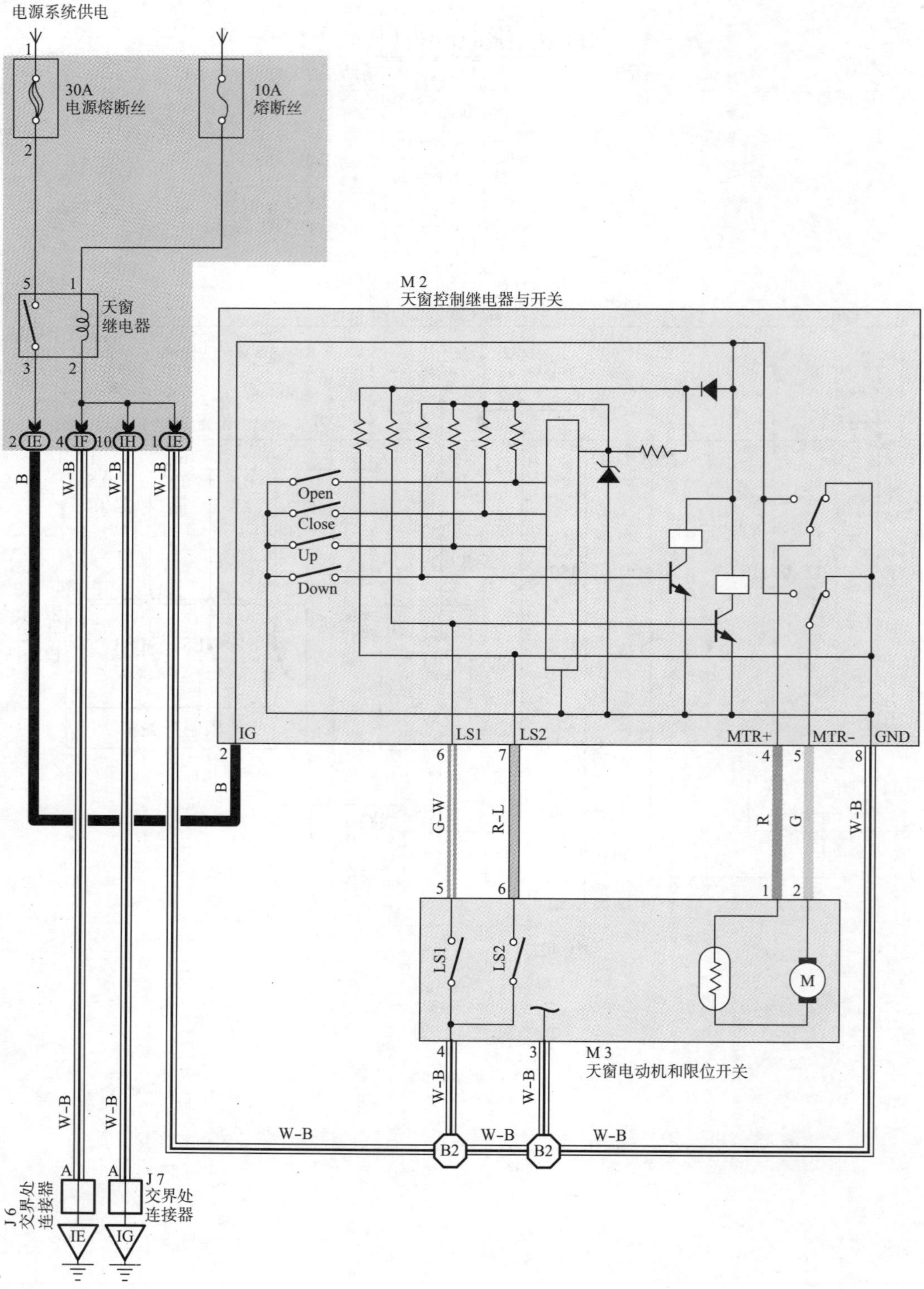

实训九 电动座椅系统

姓名：__________ 班级：__________ 日期：__________

实训九(一) 电动座椅系统部件测量

一、实训指导

(一) 实训目标

1. 掌握维修手册的使用方法；
2. 熟悉电动座椅系统部件的安装位置；
3. 掌握使用万用表对系统部件的检测方法；
4. 掌握操作开关的检测方法。

(二) 安全要求及注意事项

1. 实训汽车停在实训工位上，没有经过老师批准不准起动，经老师批准起动，首先应先检查车轮的安全顶块是否放好，汽车驻车制动是否拉好，变速挡是否放在P挡(AT)或空挡(MT)，车前有没有人；

2. 万用表功能挡位开关必须放置正确的位置，以防损坏万用表。

(三) 设备/工具/耗材要求

设备与资料：上海通用别克君威，上海通用别克君威维修资料，或其他同类车辆，汽车电动座椅实训台。

工具：探针、一字起子、十字起子。

仪器：数字万用表。

耗材：无。

(四) 实训操作指导

1. 认识电动座椅系统的基本组成

电动座椅由若干个双向电动机、传动装置和座椅调节器以及控制开关等组成。

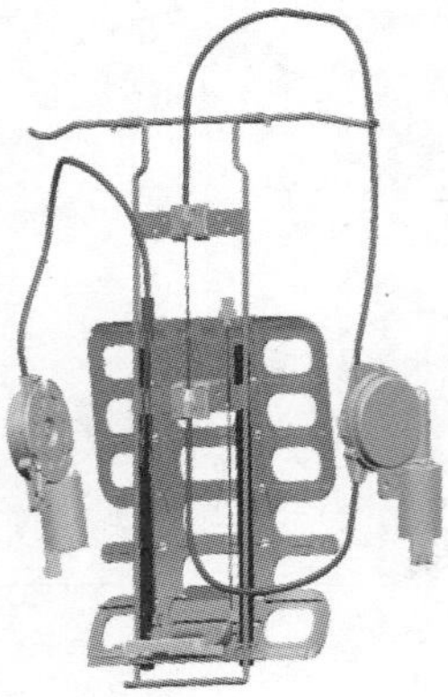

座椅调节器

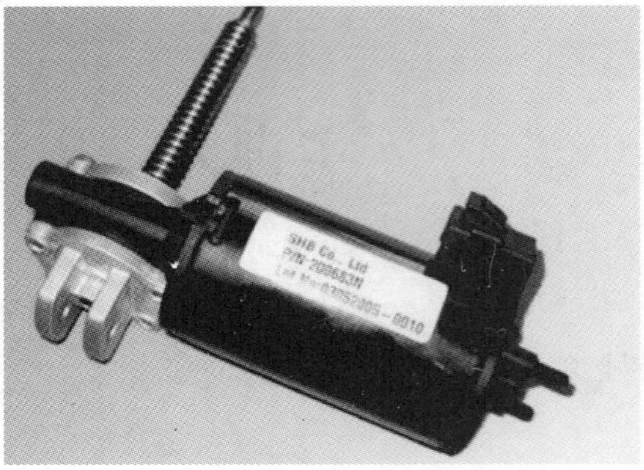

双向电动机

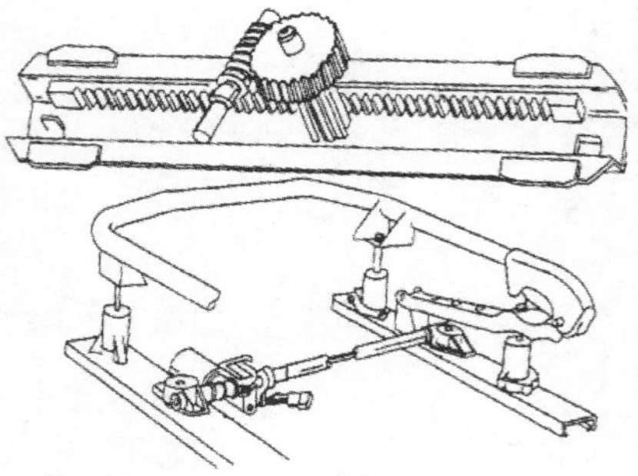

传动装置

控制开关

2. 电动座椅系统中主要部件性能检测

1) 熔断丝性能的检测

用万用表的蜂鸣挡检测熔断丝导通。

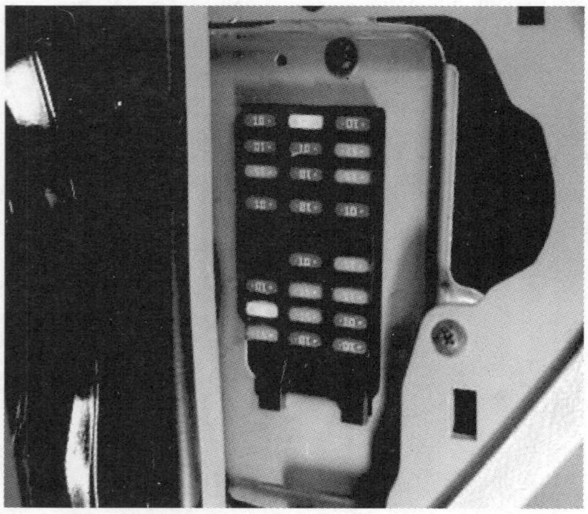

2) 继电器性能的检测

利用电源给继电器中线圈通电,用万用表(蜂鸣挡)测继电器触点是否闭合,若触点闭合,则万用表发出蜂鸣声;若继电器触点接触不良,则万用表不发出蜂鸣声。

3）电动座椅开关总成检测(驾驶侧)

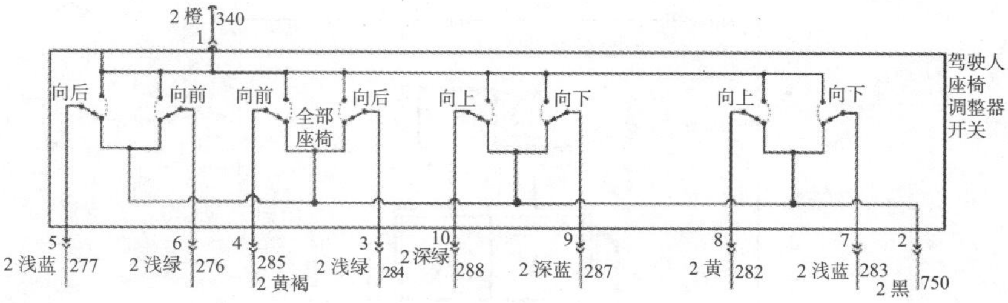

（1）电源电压检测：通电后，用万用表或测电笔分别测量开关上端子 1 和端子 2 是否有电(12.5 V左右)，正常情况下应有电压。

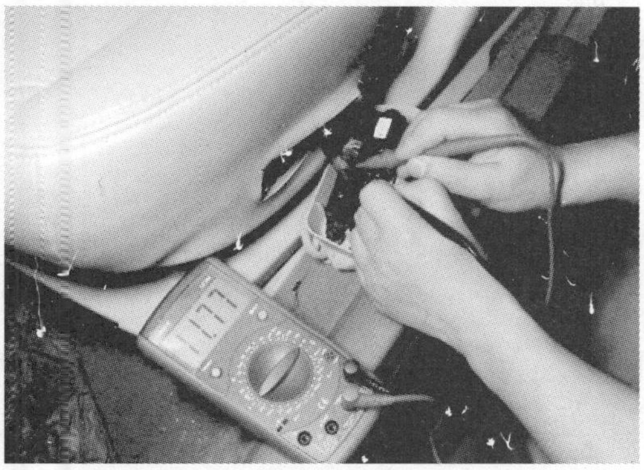

（2）搭铁检测：用万用表的蜂鸣挡检测开关上端子 2 与壳体的导通性，正常情况下应导通。

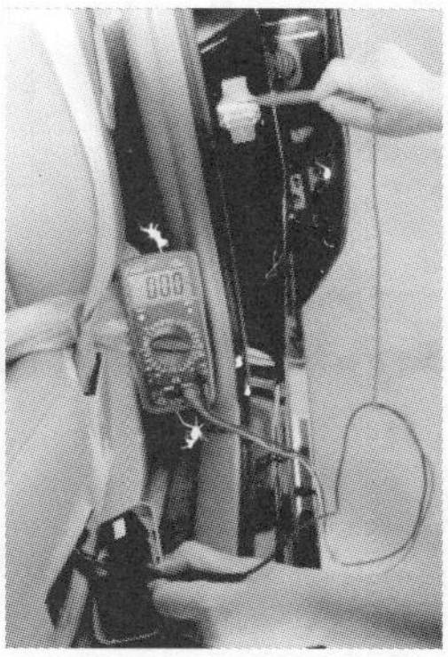

（3）按住靠背调节开关“向后”，用万用表测量开关上端子 5 与端子 2 间有无信号电压(12.5 V左右)，正常情况下应有电压，则靠背向后开关完好。

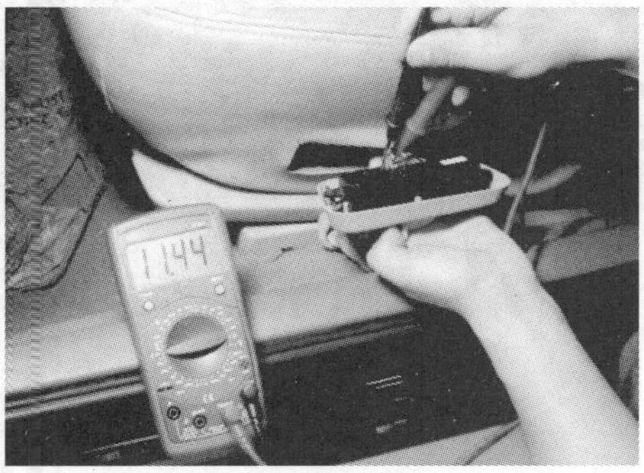

（4）按住靠背调节开关“向前”，用万用表测量开关上端子 65 与端子 2 间有无信号电压(12.5 V左右)，正常情况下应有电压，则靠背向前开关完好。

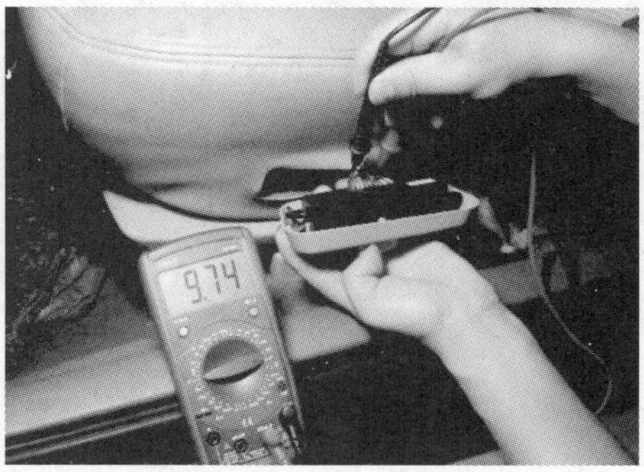

(5) 其他功能测试方法相似：

水平方向“向前”：测量端子 4 与端子 2 间的信号电压。

水平方向“向后”：测量端子 3 与端子 2 间的信号电压。

前垂直方向“向上”：测量端子 10 与端子 2 间的信号电压。

前垂直方向“向下”：测量端子 9 与端子 2 间的信号电压。

后垂直方向“向上”：测量端子 8 与端子 2 间的信号电压。

后垂直方向“向下”：测量端子 7 与端子 2 间的信号电压。

4) 座椅电动机的性能检测

由于座椅电动机属双向直流电动机，所以检测电动机时，只需检测一个方向时电动机的工作情况，即可知电动机的性能好坏，以水平方向电动机为例，其他类推。

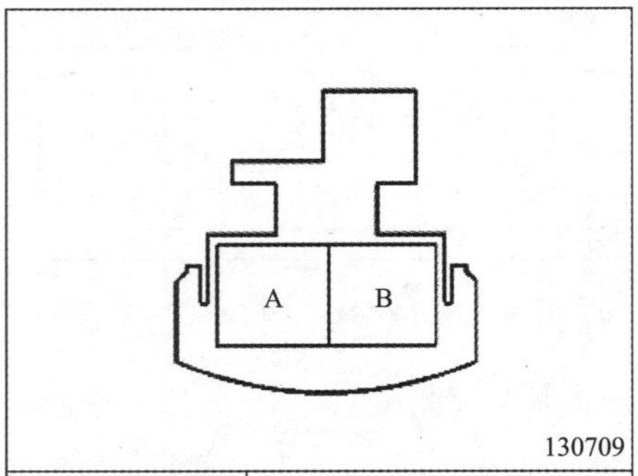

连接器零件信息	• 12052110 • 2-路F公制组合 480系列(本色)		
针	寻线颜色	电路编号	功能
A	黄褐	285	电动座椅电动机供电-水平向前
B	浅绿	284	电动座椅电动机供电-水平向后

座椅调节器-水平执行器电动机，C1

(1) 关闭点火钥匙，选择万用表电阻 X200 挡，测量电动机总成上端子 A 与端子 B 间电动机阻值，一般为 5～10 Ω。

(2) 通电后，按住水平调节开关，用万用表测量电动机总成上端子 A 与端子 B 间有无信号电压(12.5 V 左右)，正常情况下应有电压，则电动机完好。

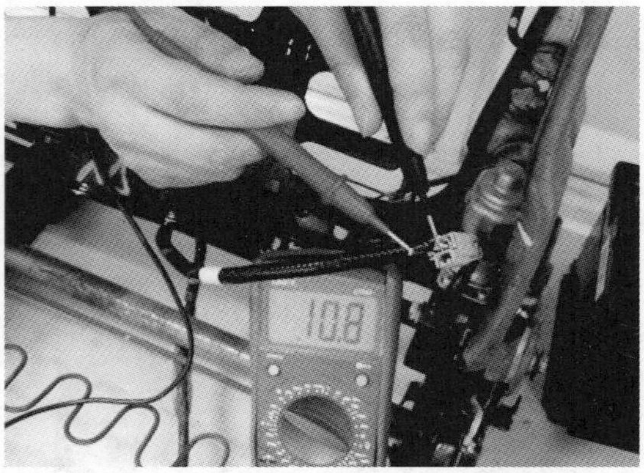

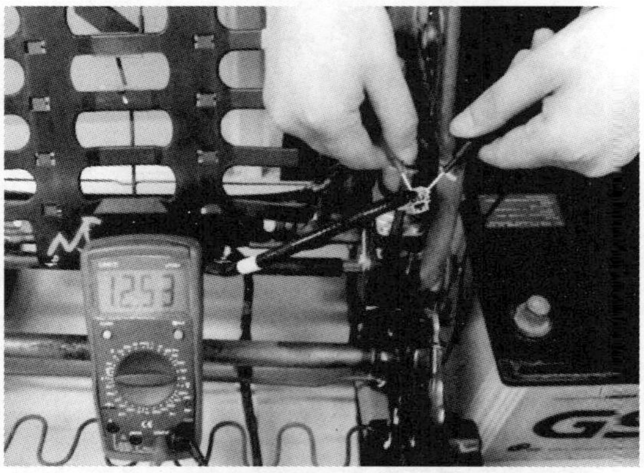

(五) 技术要点

1. 检测电动机时，只需检测一个方向时电动机的工作情况，即可知电动机的性能好坏；

2. 识读座椅系统电路图时，要掌握电路的具体走向，要熟悉电路中电器元件的连接器各端子的功能；

3. 根据电路图上标注的电器元件，在实车上知道具体位置，连接器的位置，以及连接器端子的数目；

4. 检测座椅开关性能时，要将开关闭合后，再测试开关输出端子的电信号。

二、工作页

1. 车型：上海通用别克君威。

1）测量电动座椅控制开关，并填入下表。

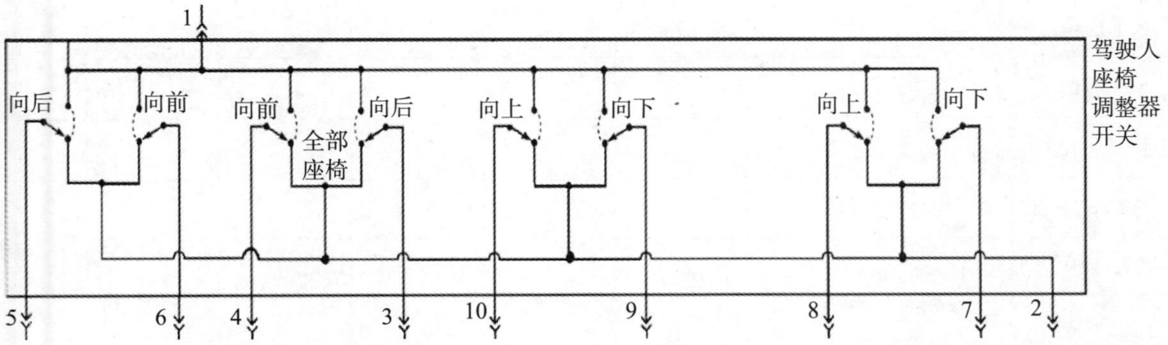

(1) 写出在座椅开关相应操作下，端子 1、端子 2 与各端子间的导通情况，并填入下表。

工作模式	靠背前调	靠背后调
端子 1－5		
端子 1－6		
端子 2－5		
端子 2－6		

工作模式	水平前调	水平后调
端子 1－3		
端子 1－4		
端子 2－3		
端子 2－4		

工作模式	前端上升	前端下降
端子 1 - 9		
端子 1 - 10		
端子 2 - 9		
端子 2 - 10		

(2) 写出在座椅开关相应操作下各端子的工作电压值(V),并填入下表。

工作模式	端子 3	端子 4	端子 5	端子 6	端子 7	端子 8	端子 9	端子 10
靠背前调								
靠背后调								
水平前调								
水平后调								
后端上升								
后端下降								
前端上升								
前端下降								

2. 车型：大众帕萨特。

检测驾驶侧座椅调整控制单元,写出在座椅开关相应操作下,各端子的信号电压值(V),并填入下表。

工作模式	16e/7	16e/8	16e/9	16e/10	16e/11	16e/12	16e/13	16e/14
靠背前调								
靠背后调								
水平前调								
水平后调								
后端上升								
后端下降								
前端上升								
前端下降								

三、复习思考题

1. 检查电动座椅时要注意哪些问题？

2. 在没有电路图的情况下，如何判断开关上各端子的功能？

3. 比较大众帕萨特电动座椅与上海通用别克君威电动座椅的电路图，找出它们控制方式上的区别。

实训九(二)　电动座椅系统故障诊断与排除

一、实训指导

(一) 实训目标

1. 认识电动座椅电路图；
2. 掌握使用万用表对系统部件的检测方法；
3. 学会分析电动座椅常见故障的产生原因及排除方法。

(二) 安全要求及注意事项

同实训九(一)。

(三) 设备/工具/耗材要求

设备与资料：上海通用别克君威，大众帕萨特，相应维修资料。
工具：探针、一字起子、十字起子。
仪器：数字万用表。
耗材：无。

(四) 实训操作指导

1. 分析上海通用别克君威电动座椅系统电路
见附录。
2. 电动座椅系统故障检测
1) 故障现象描述
座椅水平方向不能调节。
2) 故障现象确认
按下列顺序逐一检查电动座椅各项功能。

上海通用别克君威电动座椅故障检查

序号	操作	正常结果
1	检查座椅前端高度调整	电动座椅前端垂直移动
2	检查座椅后端高度调整	电动座椅后端垂直移动
3	检查座椅前后调整	电动座椅前/后移动
4	检查座椅靠背前后调整	电动座椅靠背前/后倾斜

3）根据电路图分析故障点

故障产生可能的部位：

(1) 水平调整电动机损坏；

(2) 水平调整开关损坏；

(3) 左前电动车窗电动机线路断路、短路或接插件脱落。

4）实车检测流程

(1) 目视检查电动座椅开关的连接，电气连接器是否正确连接在开关上。若连接正常，转第(2)步。

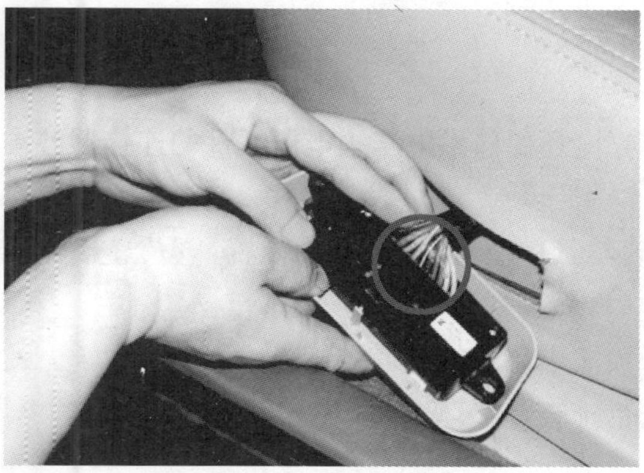

(2) 检查熔断丝 N1—N2 两端电阻，若阻值为∞，熔断丝损坏；若阻值为 0.5 Ω 左右，则熔断丝正常，转第(3)步。否则更换熔断丝。

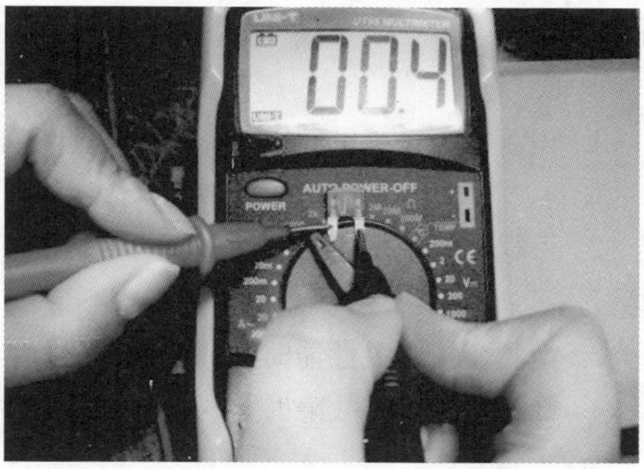

(3) 按住水平调节开关“向后”，用万用表测量开关上端子 3 与端子 2 间有无信号电压(12.5 V左右)，正常情况下应有电压，则水平向后开关完好，转第(4)步。否则更换开关。

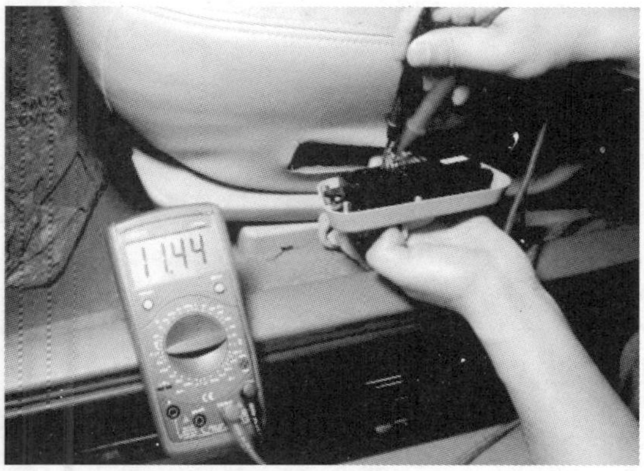

(4) 按住水平调节开关“向前”，用万用表测量开关上端子 4 与端子 2 间有无信号电压(12.5 V左右)，正常情况下应有电压，则水平向前开关完好，转第(5)步。否则更换开关。

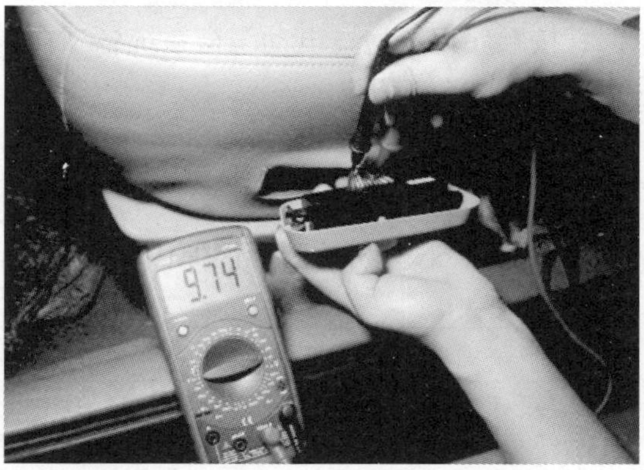

(5) 检查水平调节电动机：按压水平调节开关，测量电动机接插件两端电压，如为电源电压则电动机开关与电动机连接线路良好，应进一步检验电动机，电动机损坏应更换。

5）确定故障点，排除故障

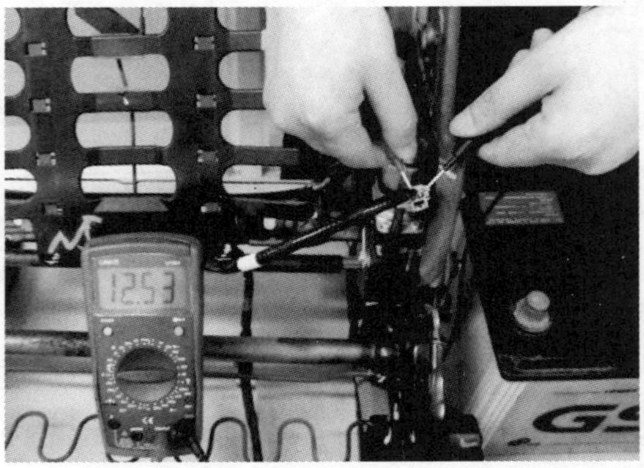

（五）技术要点

1. 识读座椅系统电路图时，除了掌握电路的具体走向外，还要熟悉电路中电器元件的连接器各端子的功能；

2. 根据电路图上所标注的电器元件，在实车上应明确其具体位置，连接器的位置，以及连接器端子的数目；

3. 检测座椅开关性能时，要将开关闭合后，再测试开关输出端子的电信号；

4. 诊断座椅系统故障时，要按照检测的顺序，逐步进行排查，最终确定故障点。

二、工作页

车型：____________

1. 故障描述：______________________________

2. 按顺序逐一检查电动车窗系统各项功能。

3. 故障现象确认：

____

____

4. 读线路图，分析故障可能原因。

(1) ____

(2) ____

(3) ____

(4) ____

(5) ____

5. 实车检测，写出检测流程。

(1) ____

(2) ____

(3) ____

(4) ____

(5) ____

(6) ____________________

(7) ____________________

(8) ____________________

(9) ____________________

(10) ____________________

6. 确定故障点，排除故障。

____

____

三、复习思考题

分析上海通用别克君威电动座椅电路图，找出系统各故障点所对应的故障现象，并填入下表。

序号	故障点	故障现象
1	熔断丝 N1—N2 熔断	
2	控制开关端子 1 开路	
3	控制开关端子 2 开路	
4	电路 285 开路	

分析大众帕萨特电动座椅电路图，找出系统各故障点所对应的故障现象，并填入下表。

序号	故障点	故障现象
1	熔断丝 S44 熔断	
2	调节开关 E209 上 T16e/8 端子开路	
3	调节开关 E213 上 T16e/9 端子开路	
4	座椅控制单元 J136 上 T12bc/1 端子开路	
5	座椅控制单元 J136 上 T12bc/5 端子开路	

附录

1. 大众帕萨特电动座椅系统电路

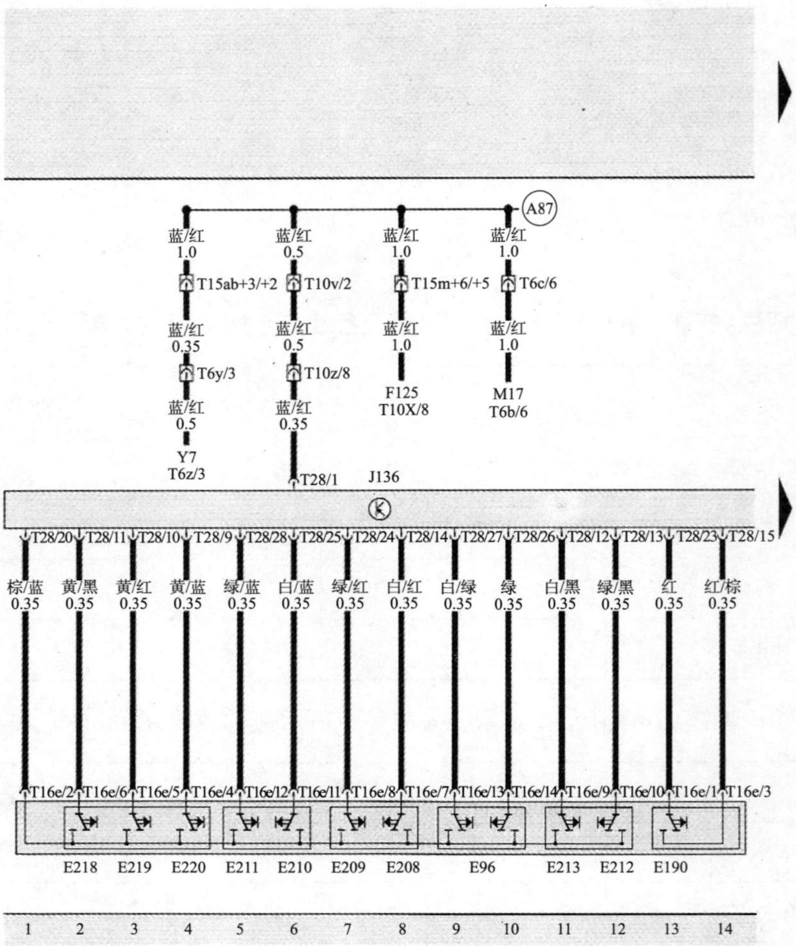

E96—驾驶人座椅靠背调整开关，在驾驶人座椅左侧
E190—紧急切断按钮，在驾驶人座椅左侧
E208—驾驶人座椅前高度调节开关(向上)，在驾驶人座椅左侧
E209—驾驶人座椅前高度调节开关(向下)，在驾驶人座椅左侧
E210—驾驶人座椅后高度调节开关(向上)，在驾驶人座椅左侧
E211—驾驶人座椅后高度调节开关(向下)，在驾驶人座椅左侧
E212—驾驶人座椅纵向调节开关(向前)，在驾驶人座椅左侧
E213—驾驶人座椅纵向调节开关(向后)，在驾驶人座椅左侧
E218—驾驶人座椅记忆 1 按钮，在驾驶人座椅左侧
E219—驾驶人座椅记忆 2 按钮，在驾驶人座椅左侧
E220—驾驶人座椅记忆 3 按钮，在驾驶人座椅左侧
F125—多功能开关，在变速箱左侧传动法兰后方
J136—带记忆的驾驶人座椅调整控制单元，在驾驶人座椅底部左侧
M17—右倒车灯，在右尾灯内
T6b—6 针插头，黑色，在右尾灯上
T6c—6 针插头，蓝色，在左 A 柱处(11 号位)
T6y—6 针插头，黑色，在内顶灯上方
T6z—6 针插头，黑色，在自动防眩目内后视镜上
T10v—10 针插头，淡红色，在右 A 柱处(6 号位)
T10x—10 针插头，黑色，在变速箱底部左侧前方
T10z—10 针插头，棕色，在驾驶人座椅底部(4 号位)
*T15ab+3—18 针插头，绿色，在左 A 柱处(5 号位)
**T15ab+3—18 针插头，绿色，在左 A 柱处(7 号位)
T15m+6—21 针插头，棕色，在右 A 柱处(14 号位)
T16e—16 针插头，棕色，在驾驶人座椅调节开关上
T28—28 针插头，红色，在带记忆的驾驶人座椅调节控制单元上
Y7—自动防眩目内部后视镜，在前风窗玻璃上方中部
(A87)—连接线(倒车灯)，在仪表板线束内
*—用于配有 1.8T 发动机标识字母 BGC 的轿车
**—用于配有 V6 发动机标识字母 BBG 的轿车

大众帕萨特电动座椅系统电路图(一)

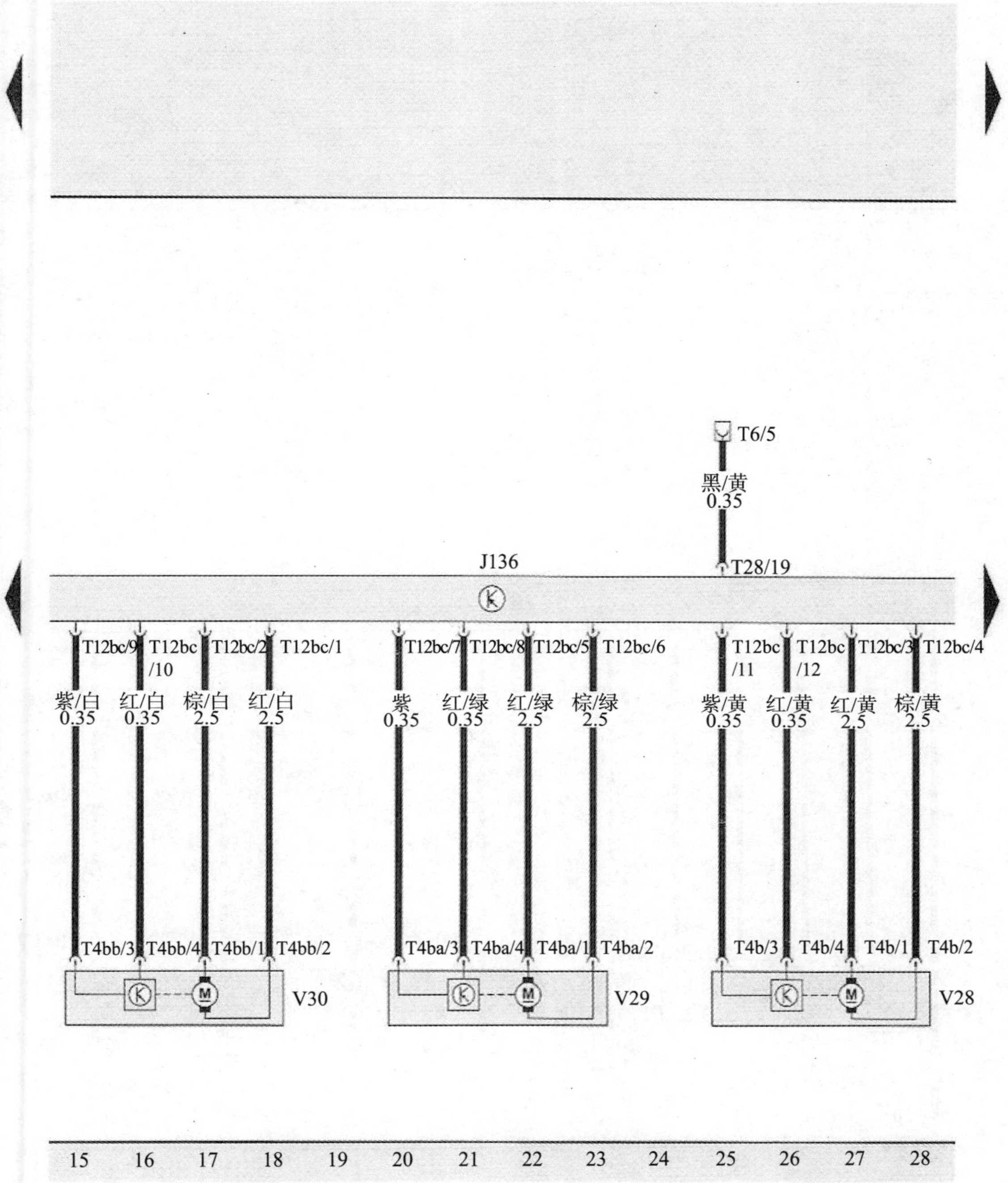

J136—带记忆的驾驶人座椅调整控制单元，在驾驶人座椅底部左侧

T4b—4 针插头，黑色，在驾驶人座椅前后调节电动机上

T4ba—4 针插头，黑色，在驾驶人座椅前高度调节电动机上

T6bb—6 针插头，黑色，在驾驶人座椅后高度调节电动机上

T6—6 针插头，红色，在驾驶人座椅底部(2 号位)

T12bc—12 针插头，黑色，在带记忆的驾驶人座椅调整控制单元上

T28—28 针插头，红色，在带记忆的驾驶人座椅调节控制单元上

V28—驾驶人座椅前后调节电动机，在驾驶人座椅底部中间

V29—驾驶人座椅前高度调节电动机，在驾驶人座椅底部左前侧

V30—驾驶人座椅后高度调节电动机，在驾驶人座椅底部左侧

大众帕萨特电动座椅系统电路图(二)

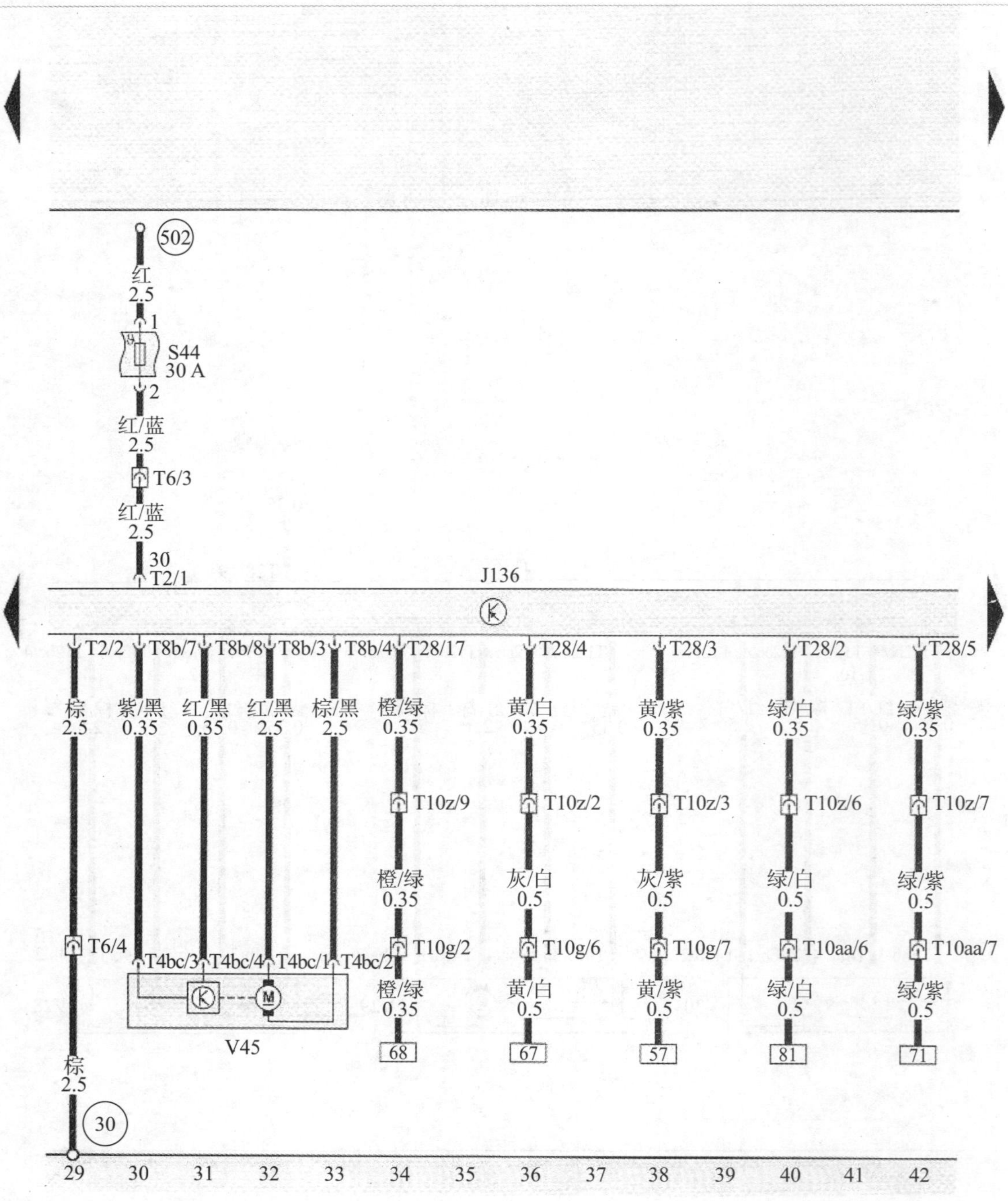

J136—带记忆的驾驶人座椅调整控制单元，在驾驶人座椅底部左侧

S44—座椅调整装置的热敏熔断丝 1，30 A，绿色插座，在仪表板左侧 8 位置附加继电器板(H 号位)

T2—2 针插头，黑色，在带记忆的驾驶人座椅调整控制单元上

T4bc—4 针插头，黑色，在驾驶人座椅靠背调节电动机上

T6—6 针插头，红色，在驾驶人座椅底部(2 号位)

T8b—8 针插头，黑色，在带记忆的驾驶人座椅调整控制单元上

T10g—10 针插头，灰色，在左 A 柱处(16 号位)

T10z—10 针插头，棕色，在驾驶人座椅底部(4 号位)

T10aa—10 针插头，绿色，在右 A 柱处(16 号位)

T28—28 针插头，红色，在带记忆的驾驶人座椅调节控制单元上

V45—驾驶人座椅靠背调节电动机

(30)—接地点，在左 A 柱中部前方

(502)—正极螺栓连接点(30)，在中央电器板上

大众帕萨特电动座椅系统电路图(三)

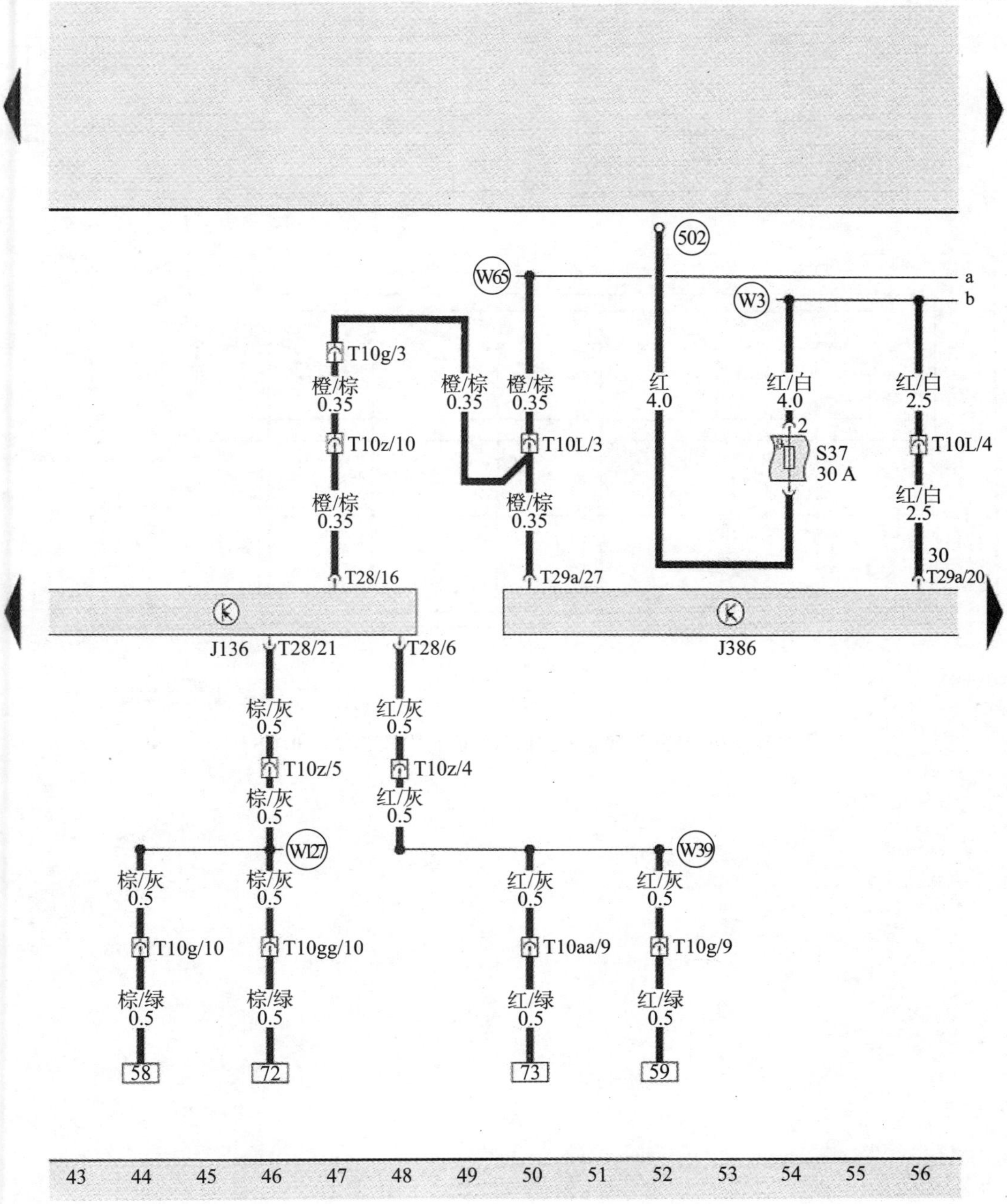

J136—带记忆的驾驶人座椅调整控制单元,在驾驶人座椅底部左侧

J386—驾驶侧车门控制单元,在驾驶侧车门内

S37—车窗升降器单独熔断丝,黄色插座,30 A,收音机和导航系统的带显示单元的控制单元熔断丝,在附加继电器板上(F 号位)

T10g—10 针插头,灰色,在左 A 柱处(16 号位)

T10L—10 针插头,黑色,在左 A 柱处(2 号位)

T10z—10 针插头,棕色,在驾驶人座椅底部(4 号位)

T10aa—10 针插头,绿色,在右 A 柱处(16 号位)

T28—28 针插头,红色,在带记忆的驾驶人座椅调节控制单元上

T29a—29 针插头,黑色,在驾驶侧车门控制单元上

(502)—正极螺本连接点(30),在中央电器板上

(W3)—正极连接线,在后线束内

(W39)—连接线(后视镜记忆),在后线束内

(W65)—连接线(CAN 总线的低位),在后线束内

(W127)—连接线,在后线束内

大众帕萨特电动座椅系统电路图(四)

2. 上海通用别克君威电动座椅系统电路图

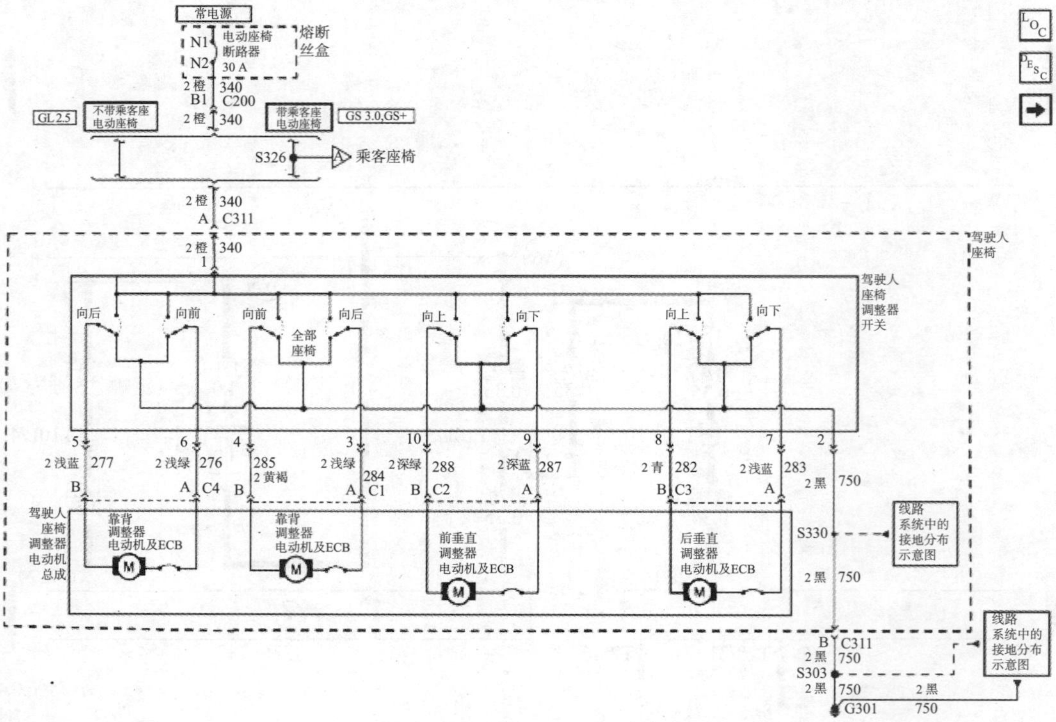

电动座椅电路图(驾驶人座椅示意图)(GL2.5,GS3.0,GS+)

实训十　电动后视镜系统

姓名：＿＿＿＿＿＿　　班级：＿＿＿＿＿＿　　日期：＿＿＿＿＿＿

实训十(一)　电动后视镜部件测量

一、实训指导

(一) 实训目标

1. 掌握维修手册的使用方法；
2. 熟悉电动后视镜电路；
3. 掌握使用万用表对系统部件的检测方法；
4. 掌握对操作开关及电动机的检测方法。

(二) 安全要求及注意事项

1. 实训汽车停在实训工位上，没有经过老师批准不准起动，经老师批准起动，首先应检查车轮的安全顶块是否放好，汽车驻车制动器是否拉好，变速挡是否放在P挡(AT)或空挡(MT)，车前有没有人；
2. 实训开始后，坐在驾驶室操作的学生，必须听老师的指挥；
3. 万用表功能挡位开关必须放置正确的位置，以防损坏万用表；
4. 电动后视镜开关不能长时间接通，否则会导致熔断丝烧坏。

(三) 设备/工具/耗材要求

设备与资料：上海通用别克凯越轿车，上海通用别克凯越轿车维修资料，大众帕萨特，或其他同类车辆、汽车电动后视镜实训台。

工具：探针、开口扳手、一字起子、十字起子。

仪器：数字万用表。

耗材：无。

(四) 实训操作指导

1. 认识电动后视镜的基本组成及安装位置

电动后视镜由调整开关、电动机、传动和执行机构等组成。

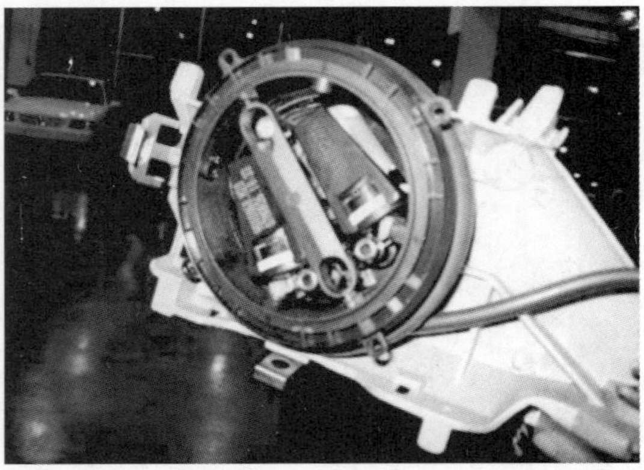
电动机

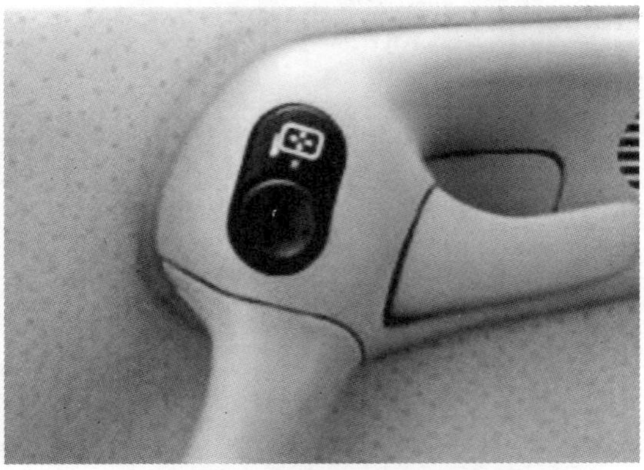
调整开关

2. 电动后视镜中主要部件性能检测

1）熔断丝性能的检测

用万用表的蜂鸣挡检测熔断丝导通。

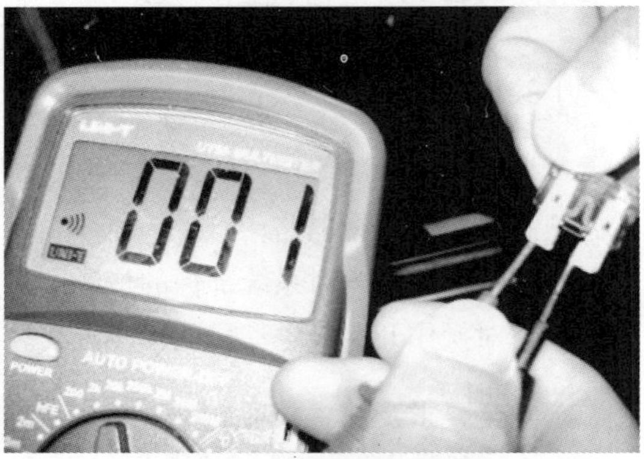

2）开关性能检测

引脚	导线颜色	电路编号	功能
1	L－GN(浅绿色)	*	左后视镜上移/下移信号
2	GY/BK(灰色/黑色)	*	折叠后视镜开关
3	PU/WH(紫色/白色)	*	右后视镜上移/下移信号
4	GY(灰色)	*	后视镜搭铁信号
5	*	*	左后视镜左移/右移信号
6	BK(黑色)	*	搭铁
7	RD/WH(红色/白色)	*	右后视镜左移/右移信号
8	BN(棕色)	*	点火电压

(1) 电源电压检测：通电后，用万用表或测电笔测量后视镜控制开关上端子 8 是否有电(12.5 V左右)，正常情况下应有电压。

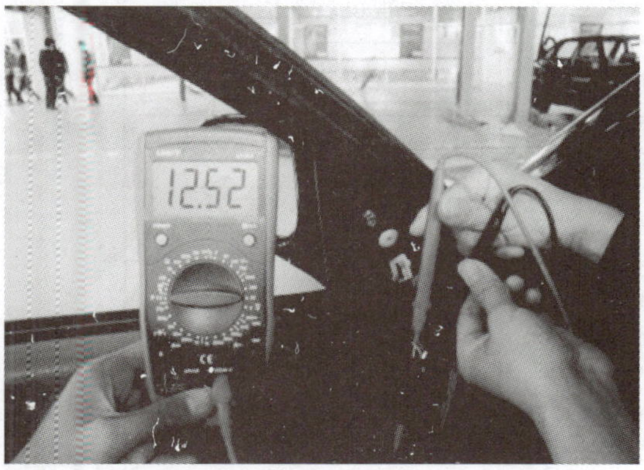

(2) 搭铁检测：用万用表的蜂鸣挡检测后视镜控制开关上端子 6 与壳体的导通性，正常情况下应导通。

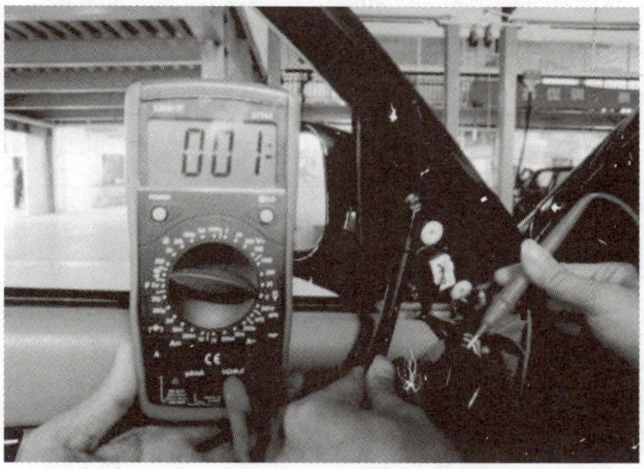

(3) 将开关拨到“L”，选择左后视镜调节功能，向上拨开关，用万用表测量开关上端子 4 与端子 6 间有无信号电压(12.5 V 左右)，正常情况下应有电压，则上升开关完好。

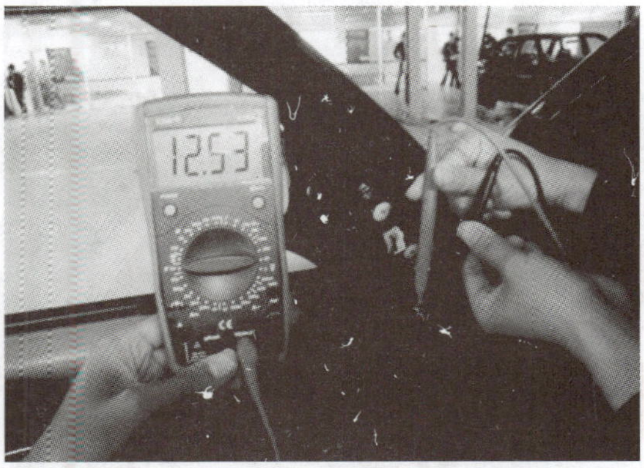

(4) 选择左后视镜调节功能，向下拨开关，用万用表测量开关上端子 1 与端子 6 间有无信号电压(12.5 V 左右)，正常情况下应有电压，则下降开关完好。

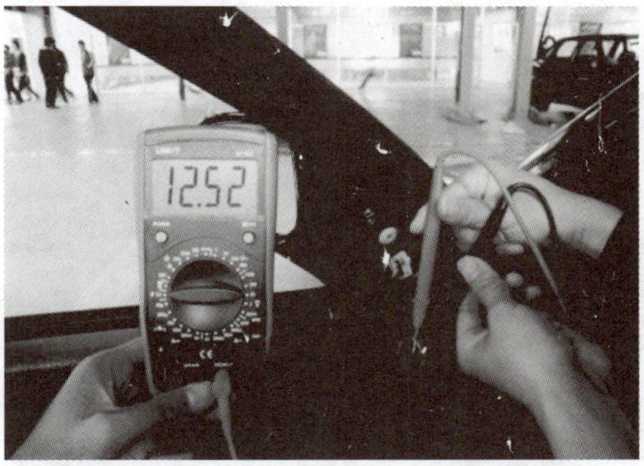

(5) 同样，左后视镜向左拨开关，用万用表测量开关上端子 4 与端子 6 间应有信号电压。左后视镜向右拨开关，用万用表测量开关上端子 5 与端子 6 间应有信号电压。

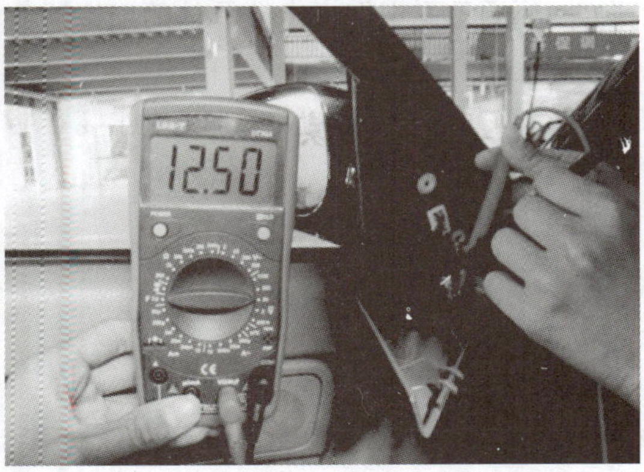

(6) 检测右后视镜调节功能：

向上开关：测量端子 4 与端子 6 间的信号电压。

向下开关：测量端子 3 与端子 6 间的信号电压。

向左开关：测量端子 4 与端子 6 间的信号电压。

向右开关：测量端子 7 与端子 6 间的信号电压。

3）电动后视镜装置的性能检测

引脚	导线颜色	电路编号	功能
1	L-GN(浅绿色)	*	折叠后视镜装置信号
2	BN/WH(棕色/白色)	*	折叠后视镜装置搭铁
3	CG(橙色)	*	除雾器继电器信号
4	GY/BK(灰色/黑色)	*	后视镜搭铁
5	*	*	*
6	RD/WH(红色/白色)	*	后视镜上移/下移信号
7	PU/WH(紫色/白色)	*	后视镜上移/下移信号
8	BK(黑色)	*	搭铁

(1) 以右后视镜调节为例，向上或向下拨开关，用万用表测量电动后视镜装置上端子 4 与端子 7 间有无信号电压(12.5 V 左右)，正常情况下应有电压，则上降装置完好。

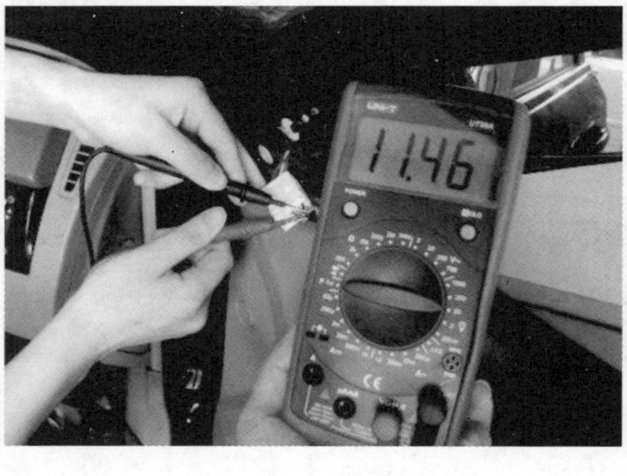

(2) 右后视镜向左或右拨开关，用万用表测量电动后视镜装置上端子 4 与端子 6 间有无信号电压(12.5 V 左右)，正常情况下应有电压，则左右装置完好。

(五) 技术要点

1. 识读后视镜系统电路图时，除了掌握电路的具体走向外，还要熟悉电路中电器元件的连接器各端子的功能；

2. 根据电路图上所标注的电器元件，在实车上应明确其具体位置，连接器的位置，以及连接器端子的数目；

3. 检测后视镜开关性能时，要将开关闭合后，再测试开关输出端子的电信号；

4. 可用电压法或试灯测试电源。

二、工作页

1. 车型：上海通用别克凯越(见附录)。

检测当车外后视镜开关处于下列位置时各端子间的导通情况，并填入下表。

工作模式	左侧后视镜上	左侧后视镜下	左侧后视镜左	左侧后视镜右
端子 8－1				
端子 8－3				
端子 8－4				
端子 8－5				
端子 8－7				
端子 6－1				
端子 6－3				
端子 6－4				
端子 6－5				
端子 6－7				

工作模式	右侧后视镜上	右侧后视镜下	右侧后视镜左	右侧后视镜右
端子 8－1				
端子 8－3				
端子 8－4				
端子 8－5				
端子 8－7				
端子 6－1				
端子 6－3				
端子 6－4				
端子 6－5				
端子 6－7				

2. 车型：丰田卡罗拉(见附录)。

检测当车外后视镜开关处于下列位置时各端子间的导通情况，并填入下表。

工作模式	左侧后视镜上	左侧后视镜下	左侧后视镜左	左侧后视镜右
端子 8-2				
端子 8-3				
端子 8-4				
端子 8-5				
端子 6-2				
端子 6-3				
端子 6-4				
端子 6-5				

工作模式	右侧后视镜上	右侧后视镜下	右侧后视镜左	右侧后视镜右
端子 8-2				
端子 8-3				
端子 8-4				
端子 8-5				
端子 6-2				
端子 6-3				
端子 6-4				
端子 6-5				

3. 车型：大众帕萨特。

检测驾驶侧车门控制单元，写出在相应后视镜输出开关处于下列位置时各端子间的信号电压值(V)，并填入下表。

工作模式	T10ab/6	T10ab/10	T10ab/9
左侧后视镜上			
左侧后视镜下			
左侧后视镜左			

（续表）

工作模式	T10ab/6	T10ab/10	T10ab/9
左侧后视镜右			
右侧后视镜上			
右侧后视镜下			
右侧后视镜左			
右侧后视镜右			
后视镜回缩			
后视镜加热			

三、复习思考题

1. 分析并写出电动后视镜工作电路。

(1) 上海通用别克凯越。

(2) 丰田卡罗拉。

(3) 大众帕萨特。

2. 简述电动后视镜开关检测方法及注意事项。

3. 简述改变电动机的电流方向的方法。

实训十(二) 电动后视镜系统故障诊断与排除

一、实训指导

(一) 实训目标

1. 熟悉电动后视镜电路图;
2. 掌握使用万用表对系统部件的检测方法;
3. 学会分析电动后视镜常见故障的产生原因及排除方法。

(二) 安全要求及注意事项

同实训十(一)。

(三) 设备/工具/耗材要求

设备与资料:上海通用别克凯越轿车,上海通用别克凯越轿车维修资料。
工具:探针、一字起子、十字起子。
仪器:数字万用表。
耗材:无。

(四) 实训操作指导

1. 分析上海通用别克凯越电动后视镜系统电路
见附录。
2. 电动后视镜系统故障检测
1) 故障现象描述
左、右后视镜都不能调节。
2) 故障现象确认
按下列顺序逐一检查电动后视镜各项功能。

上海通用别克凯越电动后视镜故障检查

步骤	操作	正常步骤
1	(1) 将车外遥控后视镜选择开关设在左后视镜的位置; (2) 用车外遥控后视镜开关按 UP(上升)按钮,然后再按 DOWN(下降)按钮	左车外后视镜先平稳向上移动,然后再向下移动
2	(1) 将车外遥控后视镜选择开关保持在左侧位置; (2) 用汽车外遥控后视镜选择开关先按 LEFT(向左)按钮,后按 RIGHT(向右)按钮	左车外后视镜先平稳向左移动,然后再平稳向右移动
3	(1) 将车外遥控后视镜选择开关设在右后视镜的位置; (2) 用车外遥控后视镜开关按 UP(上升)按钮,然后再按 DOWN(下降)按钮	右车外后视镜先平稳向上移动,然后再向下移动
4	(1) 将车外遥控后视镜选择开关保持在右后视镜位置; (2) 用汽车外遥控后视镜选择开关先按 LEFT(向左)按钮,后按 RIGHT(向右)按钮	右车外后视镜先平稳向左移动,然后再平稳向右移动

3）根据电路图分析故障点

故障产生可能的部位：

（1）蓄电池无电压；

（2）熔断丝 EF8 烧断；

（3）后视镜开关损坏；

（4）搭铁线断路或搭铁不良；

（5）电源线路断路、短路或接插件脱落。

4）实车检测流程

（1）检查蓄电池有无 12.5 V 的电压，若为 12 V，转第（2）步；否则更换蓄电池。

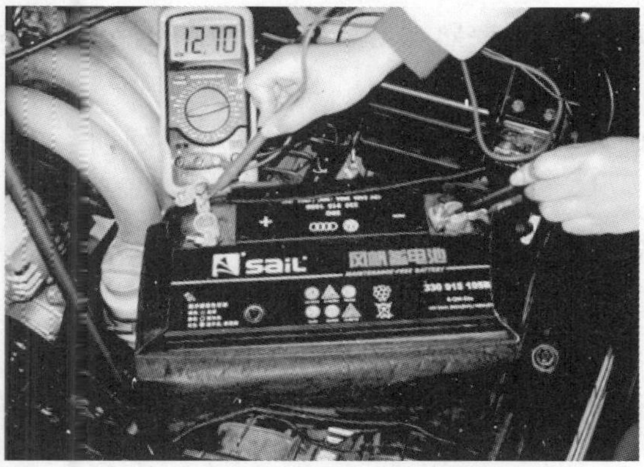

（2）检查熔断丝 EF8，测量熔断丝两端电阻，若阻值为∞，熔断丝损坏，应更换；若阻值为0.5 Ω左右，则熔断丝正常，转第（3）步。

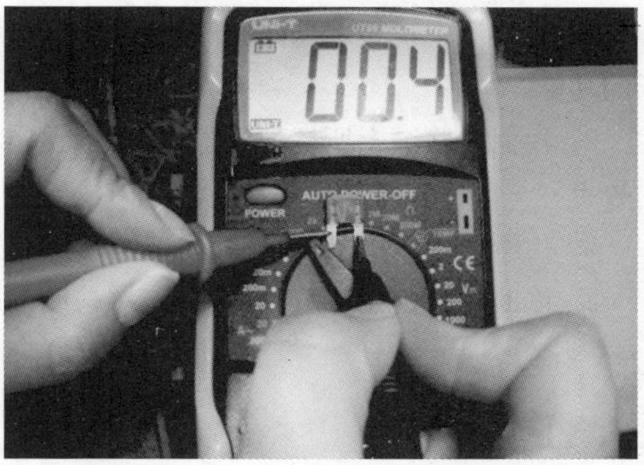

（3）检查控制开关上端子 8 有无电源电压，若电压为 12.5 V 左右，则电源线路正常，转第（4）步，否则检修该线路。

（4）检查控制开关工作情况，任意方向都可以，此处以左后视镜向上功能为例，将开关转到“L”，向上拨开关，检测开关上端子 4 有无电压，若端子 4 电压为 0 V，则开关故障，若为 12.5 V 则正常，转第（5）步。

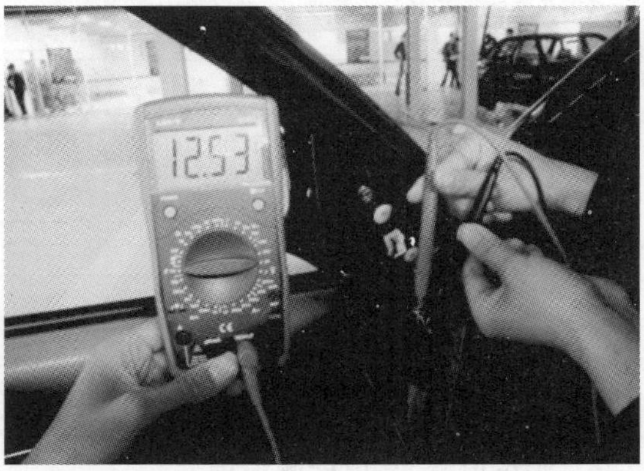

（5）检查开关上端子 6 对地是否接地，若不接地，说明搭铁线断路或搭铁不良，检修该线路。

5）确定故障点，排除故障

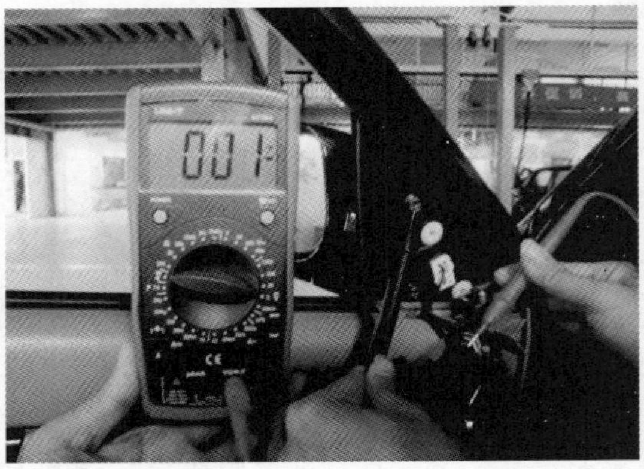

(五) 技术要点

1. 识读后视镜系统电路图时，除了掌握电路的具体走向外，还要熟悉电路中电器元件的连接器各端子的功能；

2. 根据电路图上所标注的电器元件，在实车上应明确其具体位置，连接器的位置，以及连接器端子的数目；

3. 检测后视镜开关性能时，要将开关闭合后，再测试开关输出端子的电信号；

4. 诊断后视镜系统故障时，要按照检测的顺序，逐步进行排查，最终确定故障点。

二、工作页

车型：__________

1. 故障描述：________________

2. 按顺序逐一检查电动车窗系统各项功能。

3. 故障现象确认。

____

____

4. 读电路图，分析故障可能原因。

(1) ____________________________________

(2) ____________________________________

(3) ____________________________________

(4) ____________________________________

(5) ____________________________________

5. 实车检测，写出检测流程。

(1) ____________________________________

(2) ____________________________________

(3) ____________________________________

(4) ____________________________________

(5) ____________________________________

(6) ____________________

(7) ____________________

(8) ____________________

(9) ____________________

(10) ____________________

6. 确定故障点，排除故障。

____

____

三、复习思考题

1. 分析丰田卡罗拉后视镜电路图，找出系统各故障点所对应的故障现象，并填入下表。

序号	故障点	故障现象
1	熔断丝 CIG 开路	
2	后视镜开关端子 8 开路	
3	后视镜开关端子 7 开路	
4	后视镜开关端子 6 开路	
5	后视镜开关端子 5 开路	
6	后视镜开关端子 3 开路	
7	后视镜电动机 R18 端子 2 开路	
8	后视镜电动机 R17 端子 2 开路	
9	后视镜电动机 R18 端子 3 开路	
10	后视镜电动机 R17 端子 1 开路	

2. 分析大众帕萨特后视镜电路图，找出系统各故障点所对应的故障现象，并填入下表。

序号	故障点	故障现象
1	熔断丝 S6 开路	
2	后视镜开关 E34 开路	
3	后视镜开关 E48 开路	
4	后视镜电机 V17 端子 T8bu/8 开路	
5	后视镜电机 V25 端子 T8bv/2 开路	
6	后视镜加热器 Z4 端子 T1bg 开路	

附录

1. 上海通用别克凯越车后视镜控制电路

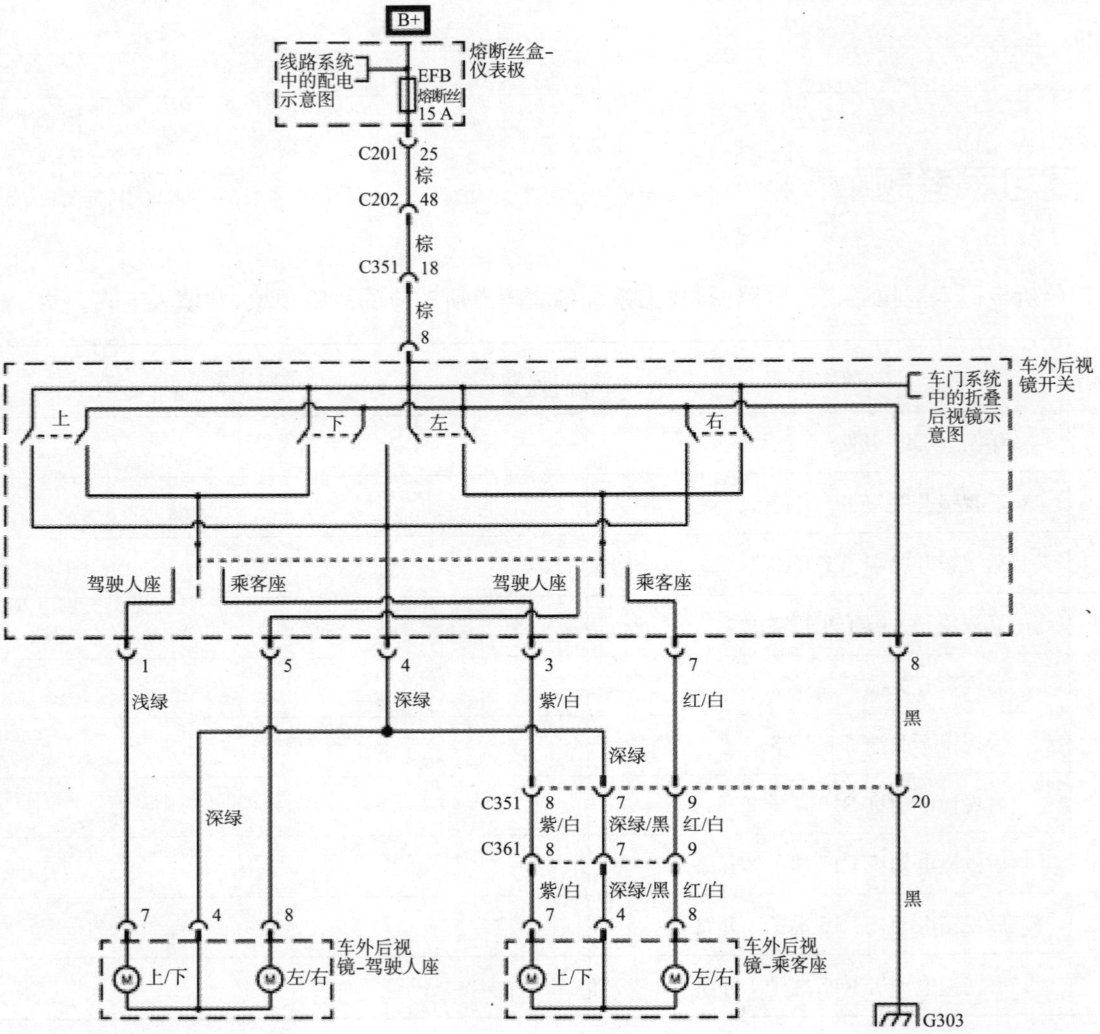

2. 丰田卡罗拉后视镜控制电路图

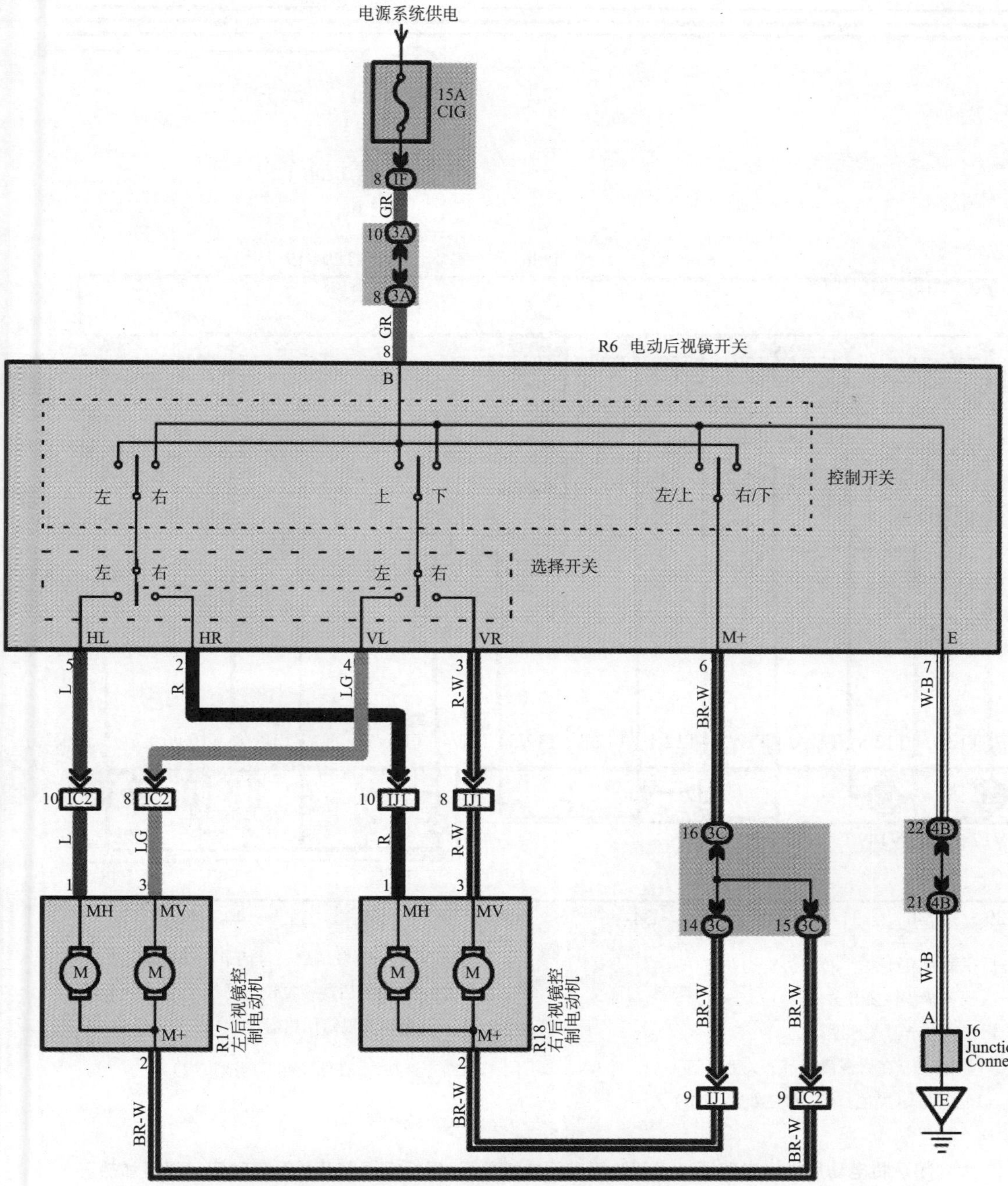

3. 大众帕萨特后视镜控制电路图

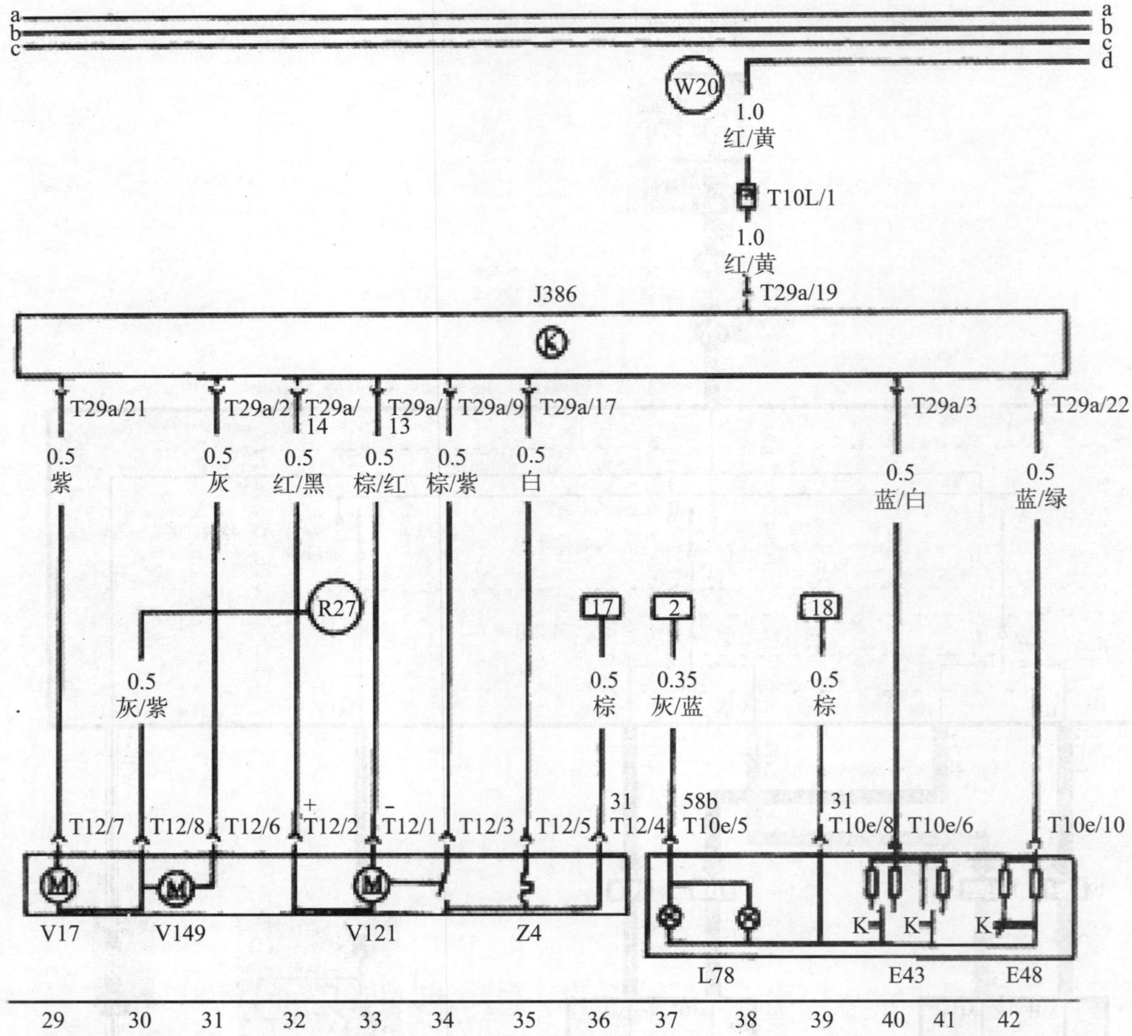

E43—后视镜调节开关

E48—后视镜调节转换开关

L78—后视镜调节开关照明灯

T10c—10 孔插头(在后视镜调节开关上)

T10L—10 孔插头(黑色,在左 A 柱处,2 号位)

T12—12 孔插头

V17、V149—驾驶侧后视镜调节电动机

V121—驾驶侧后视镜复位电动机

Z4—驾驶侧后视镜加热器

(A27)—连接线(在驾驶侧车门线束内)

(W20)—连接线(30a)

大众帕萨特电动后视镜电路图——驾驶侧车门电控单元、后视镜调节开关及驾驶侧后视镜加热器

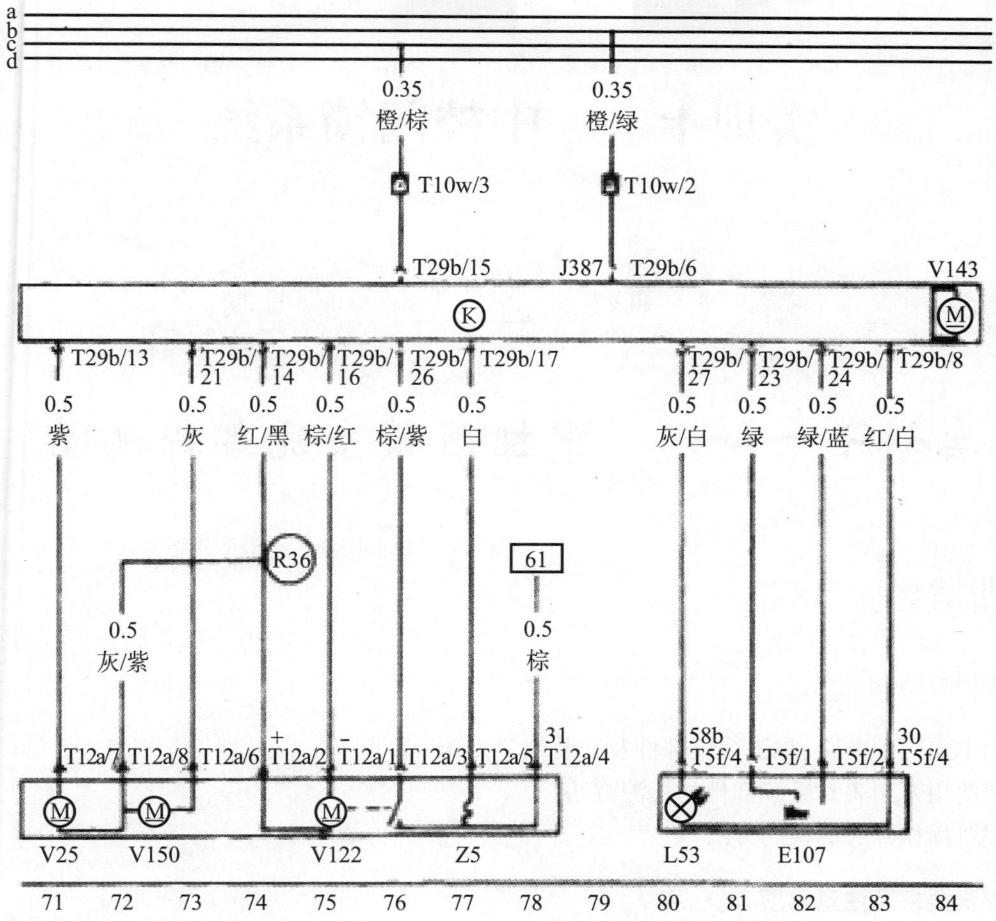

F107—前排右侧电动门窗开关

L53—电动门窗开关指示灯

T5f—5 孔插头(在电动门窗开关上)

T10w—10 孔插头(黑色,在右 A 柱处,3 号位)

T12a—12 孔插头(黑色)

V25—前排右侧后视镜调节电动机

V122—前排右侧后视镜复位电动机

V148—前排右侧电动门窗电动机

V150—前排右侧后视镜调节电动机

Z5—前排后视镜加热器

(R36)—连接线(在右前车门线束内)

大众帕萨特电动后视镜电路图——前排右侧车门电控单元、前排右侧电动门窗开关及前排右侧后视镜加热器

实训十一　中控门锁系统

姓名：__________　　班级：__________　　日期：__________

实训十一(一)　中控门锁系统部件测量

一、实训指导

(一) 实训目标

1. 认识中控门锁电路、防盗系统部件及安装位置；
2. 掌握使用万用表对系统部件的检测方法；
3. 掌握对操作开关的检测方法。

(二) 安全要求及注意事项

1. 实训汽车停在实训工位上，没有经过老师批准不准起动，经老师批准起动，首先应检查车轮的安全顶块是否放好，汽车驻车制动器是否拉好，变速挡是否放在P挡(AT)或空挡(MT)，车前有没有人；
2. 实训开始后，坐在驾驶室操作的学生，必须听老师的指挥；
3. 万用表功能挡位开关必须放置正确的位置，以防损坏万用表。

(三) 设备/工具/耗材要求

设备与资料：上海通用别克凯越，上海通用别克凯越维修资料，或其他同类轿车，汽车中控实训台。

工具：探针、一字起子、十字起子。

仪器：数字万用表。

耗材：无。

(四) 实训操作指导

1. 认识中控门锁系统的基本组成

中控门锁主要由门锁、控制执行元件、联动机构、门锁控制开关、门锁继电器等组成。

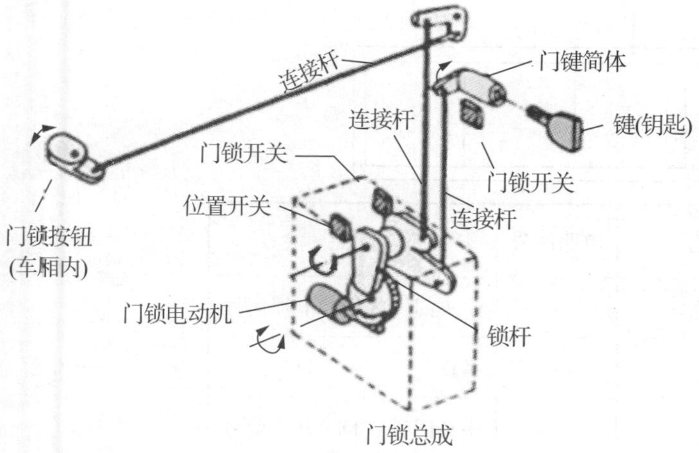

门锁总成

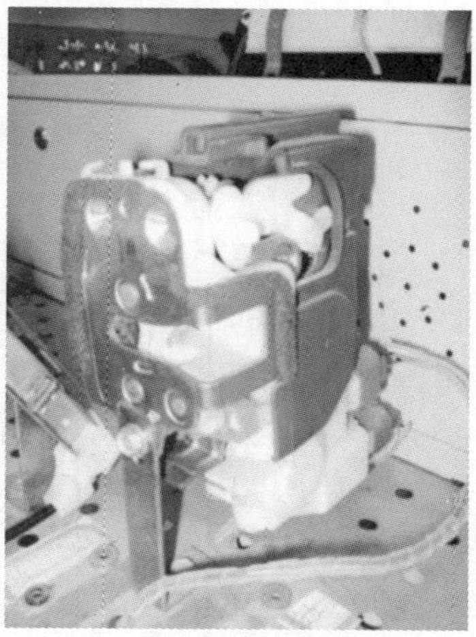

门锁电动机

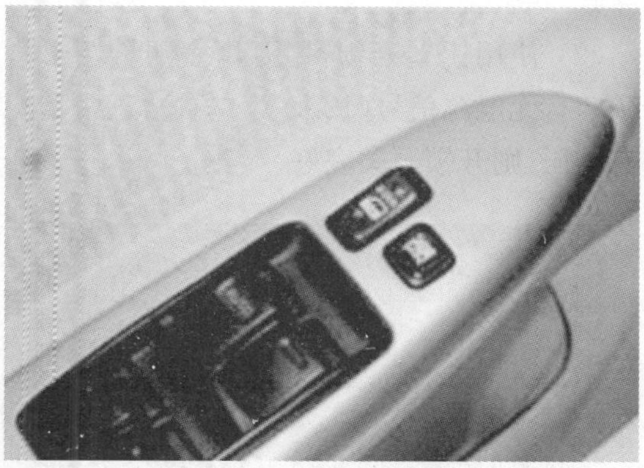

门锁控制开关(驾驶侧)

门锁控制开关(乘客侧)

2. 中控门锁系统中主要部件性能检测

1）熔断性能的检测

用万用表的蜂鸣挡检测熔断丝导通。

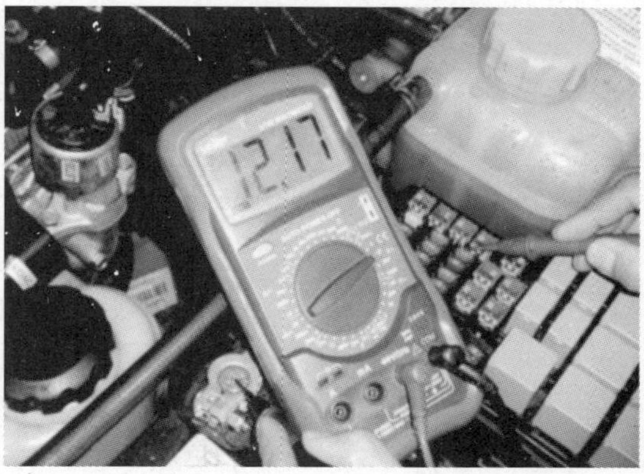

2）中央门锁模块的检测

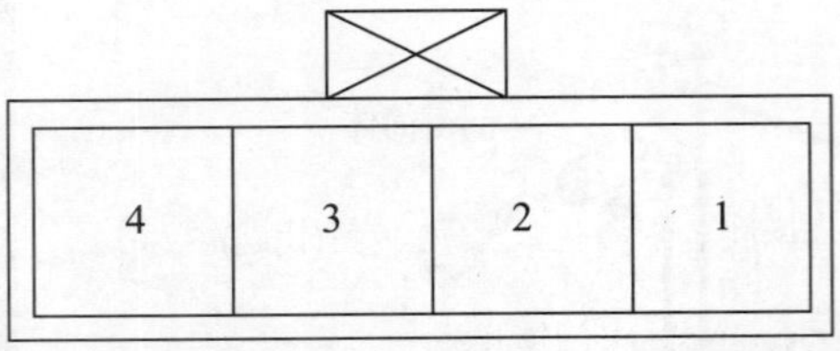

引脚	导线颜色	电路编号	功能
1	L-BU(浅蓝色)	*	中央门锁(CDL)上锁信号
2	BK(黑色)	*	搭铁
3	WH(白色)	*	中央门锁(CDL)开锁信号
4	*	*	*

中央门锁和防盗开关

(1) 使用钥匙上锁,用万用表测量端子 1 和端子 2 有无电源信号(12.5 V 左右),正常情况下应有电压,则上锁开关完好。

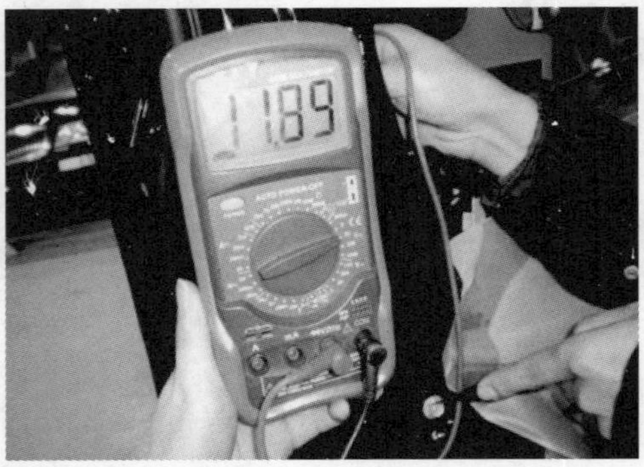

(2) 使用钥匙开锁,用万用表测量端子 3 和端子 2 有无电源信号(12.5 V 左右),正常情况下应有电压,则开锁开关完好。

3) 门锁开关的检测

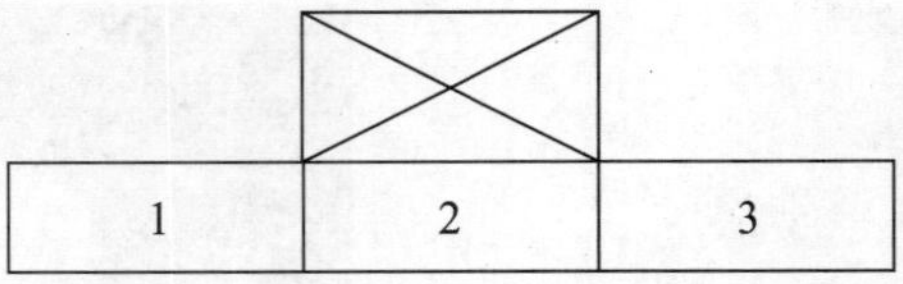

引脚	导线颜色	电路编号	功能
1	L-GN/WH(浅绿色/白色)	*	控制装置锁止信号
2	BK(黑色)	*	搭铁
3	WH(白色)	*	锁止信号

门锁开关

(1) 使用钥匙上锁,用万用表测量端子 1 和端子 2 有无电源信号(12.5 V 左右),正常情况下应有电压,则上锁开关完好。

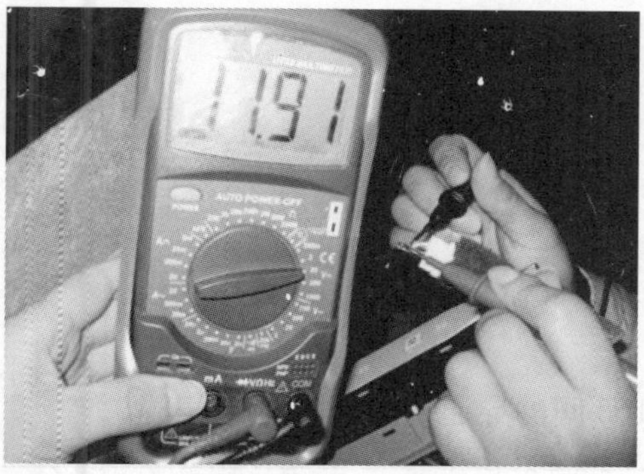

(2) 使用钥匙开锁,用万用表测量端子 3 和端子 2 有无电源信号(12.5 V 左右),正常情况下应有电压,则开锁开关完好。

4) 车门执行器检测

以左前门为例,其他类似。

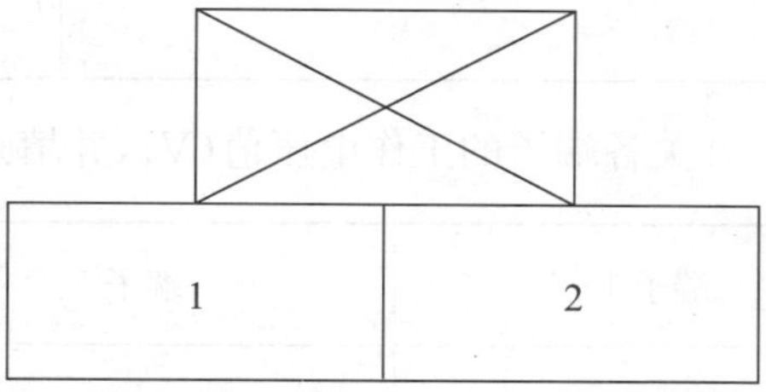

引脚	导线颜色	电路编号	功能
1	GY(灰色)	*	中央门锁(CDL)上锁信号
2	PU(紫色)	*	中央门锁(CDL)开锁信号

左前车门执行器

(1) 上锁时测量:端子 1 和搭铁有无电源信号(12.5 V 左右),正常情况下应有电压,则执行器完好。

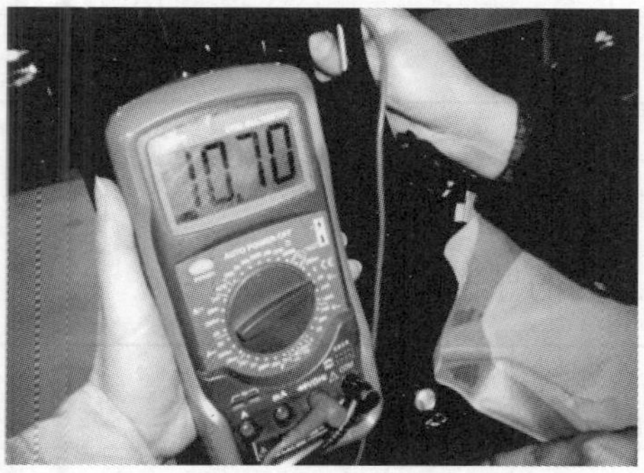

(2) 开锁时测量:端子 2 和搭铁有无电源信号(12.5 V 左右),正常情况下应有电压,则执行器完好。

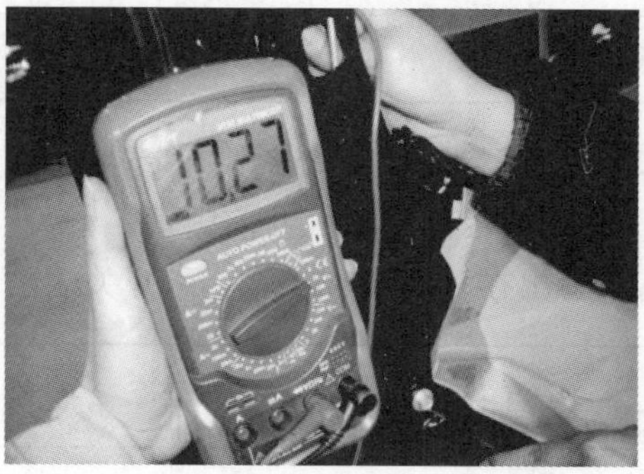

(五) 技术要点

1. 识读中控系统电路图时,除了掌握电路的具体走向外,还要熟悉电路中电器元件的连接器各端子的功能;

2. 根据电路图上所标注的电器元件，在实车上应明确其具体位置，连接器的位置，以及连接器端子的数目；

3. 检测中控开关性能时，要将开关闭合后，再测试开关输出端子的电信号；

4. 可用电压或试灯检测电源和开关。

二、工作页

1. 车型：上海通用别克凯越(见附录)。

1) 测量中控门锁系统左前门锁开关。

(1) 写出在开锁、锁定操纵下，开关端子 2 与输出端子 1、3 间的导通情况，并填入下表。

工作模式	开锁	锁定
端子 2 - 3		
端子 2 - 1		

(2) 写出在开锁、锁定操纵下，开关各端子的工作电压值(V)，并填入下表。

工作模式	端子 1	端子 2	端子 3
开锁			
锁定			

2) 测量中央门锁模块。

写出在门锁开关开锁、锁定操纵下，中央门锁模块各端子的工作电压值(V)，并填入下表。

工作模式	端子 1	端子 2	端子 3	端子 4	端子 6	端子 7	端子 8
开锁							
锁定							

2. 车型：丰田卡罗拉(见附录)。

1) 测量中控门锁系统左前门锁。

(1) 写出在开锁、锁定操纵下，开关端子 3 与输出端子 5、6 间的导通情况，并填入下表。

工作模式	开锁	锁定
端子 3 - 6		
端子 3 - 5		

(2) 写出在开锁、锁定操纵下，开关各端子的工作电压值(V)，并填入下表。

工作模式	端子 3	端子 5	端子 6
开锁			
锁定			

2) 测量中央门锁模块。

写出在门锁开关开锁、锁定操纵下，中央门锁模块各端子的工作电压值(V)，并填入下表。

工作模式	端子 9	端子 8	端子 7	端子 6	端子 5
开锁					
锁定					

3. 车型：大众帕萨特(见附录)。

测量中央门锁控制单元，写出在门锁开关开锁、锁定操纵下，中央门锁模块各端子的信号电压值(V)，并填入下表。

工作模式	T29a/24	T29a/4	T18a/7	T18a/17	T29b/12	T29b/11
开锁						
锁定						

三、复习思考题

1. 防盗控制模块是如何控制门锁开关的？

(1) 上海通用别克凯越。

(2) 丰田卡罗拉。

(3) 大众帕萨特。

2. 中央门锁模块故障是否会造成门锁开关失效？为什么？

3. 触发防盗控制单元工作的输入与输出信号有哪些？

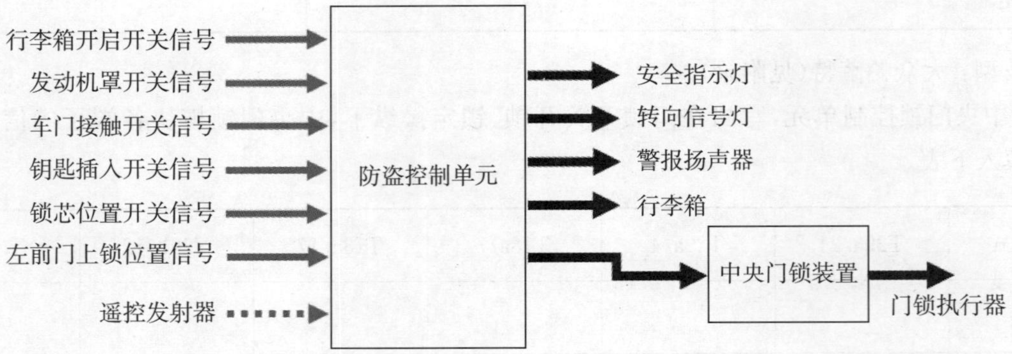

实训十一（二）　中控门锁系统故障诊断与排除

一、实训指导

（一）实训目标

1. 认识中控门锁电路、防盗系统部件；
2. 掌握使用万用表对系统部件的检测方法；
3. 学会分析中控门锁常见故障的产生原因及排除方法。

（二）安全要求及注意事项

同实训十一（一）。

（三）设备/工具/耗材要求

设备与资料：上海通用别克凯越，上海通用别克凯越维修资料，汽车中控实训台。
工具：探针、一字起子、十字起子。
仪器：数字万用表。
耗材：无。

（四）实训操作指导

1. 分析上海通用别克凯越中控门锁系统电路
见附录。
2. 中控门锁系统故障检测
1）故障现象描述
门锁不工作。
2）故障现象确认
按下列顺序逐一检查中控门锁、防盗系统各项功能。

上海通用别克凯越中控门锁故障检查

步骤	操作	正常结果
1	（1）从点火开关锁芯中拔出钥匙； （2）关闭所有车门； （3）观察所有车门，同时将驾驶座门锁开关按到如下位置：LOCK 锁止/UNLOCK 开锁； （4）观察所有车门同时将乘客座门锁开关按到如下位置：LOCK 锁止/UNLOCK 开锁	按任一门锁开关时所有车门锁止，然后再打开

(续表)

步骤	操作	正常结果
2	按以下步骤测试防止锁止功能： (1) 将所有车窗降到底； (2) 将点火钥匙插入锁芯并保持在 LOCK 锁止位置； (3) 打开驾驶侧车门； (4) 将钥匙保留在点火开关中； (5) 确信自动锁止/开锁处于模式 1； (6) 按动门锁开关 LOCK 锁止按钮，并观察门锁； (7) 关闭驾驶侧车门； (8) 打开左后车门； (9) 将手伸入驾驶人座窗开口，并按车门开关上的锁止按钮，观察门锁； (10) 打开右前车门； (11) 按门锁开关锁止按钮，并观察门锁； (12) 关闭右前车门； (13) 打开右后车门； (14) 将手伸入右前窗开口，并按车门开关锁止按钮，观察门锁； (15) 打开右前车门； (16) 按门锁开关锁止按钮并保持 3 s，观察门锁	车门在如下条件下不锁止： (1) 按任一门锁开关上的 LOCK 锁止按钮； (2) 点火钥匙在锁芯中； (3) 一个车门打开

3）根据电路图分析故障点

故障产生可能的部位：

(1) 熔断丝 EF12 烧断或继电器损坏；

(2) 门锁开关损坏；

(3) 门锁执行器损坏；

(4) 门锁线路断路、短路或接插件脱落；

(5) 搭铁不良；

(6) 防盗控制模块故障；

(7) 门锁拉杆安装问题或损坏、脱落。

4）实车检测流程

(1) 目视检查电动车窗开关的连接，电气连接器是否正确连接在开关上。若连接正常，转第(2)步。

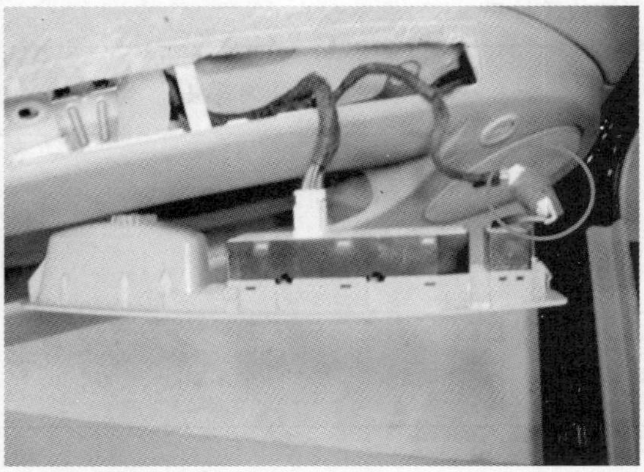

(2) 检查熔断丝 EF12 两端电阻，若阻值为无穷大，熔断丝损坏；若阻值为 0.5 Ω 左右，则熔断丝正常，转第(3)步。否则更换熔断丝。

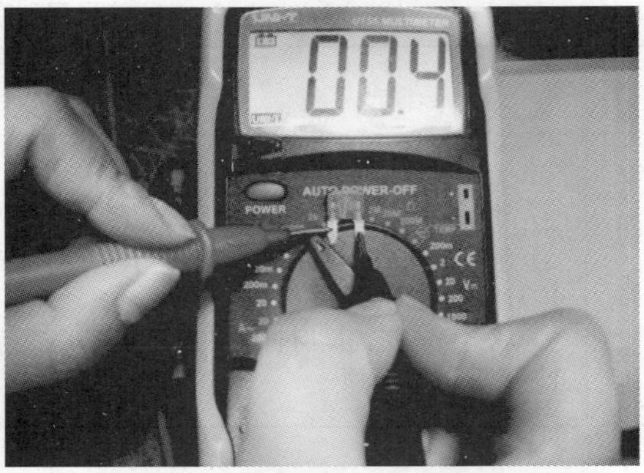

(3) 检查中央门锁模块输入电源：拆下左前门饰板，拔下中央门锁模块电源连接器，用万用表检测端子 5 有无电源电压，若电压为 12.5 V 左右，则电源线路正常，转第(4)步，否则检修该线路。

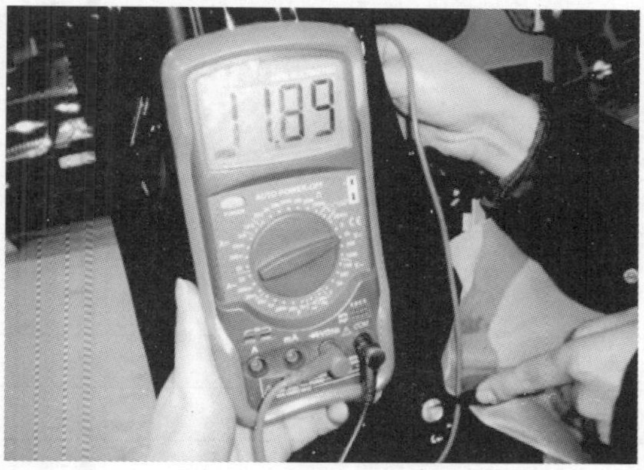

(4) 检查中央门锁模块输出线电压：分别检测上锁和开锁功能，用万用表测量端子 2 及端子 3 有无电源信号(12.5 V 左右)，正常情况下应有电压，则上锁、开锁开关完好。转第(5)步，否则更换中央门锁模块。

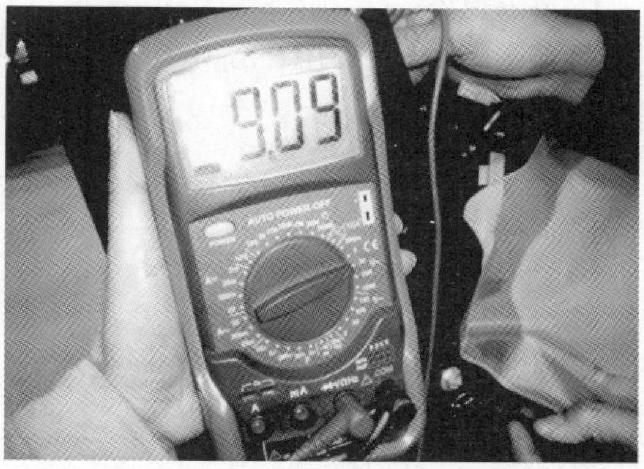

(5) 检查门锁开关：使用钥匙上锁或开锁，用万用表测量端子 1 和搭铁及端子 3 和搭铁有无电源信号(12.5 V 左右)，正常情况下应有电压，则上锁、开锁开关完好。否则更换门锁开关。

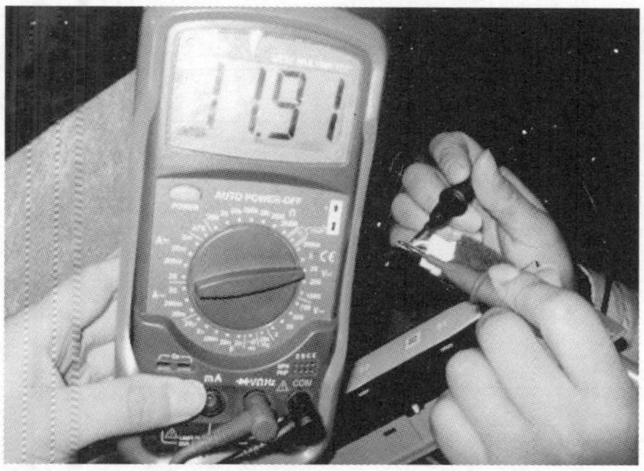

(6) 检查车门执行器：拆下乘客侧内饰板，拔下执行器电动机电源连接器，按、拉左前门门锁提钮，开关左前门，用万用表测量接插件的电压，若有电压，则连接线路良好，执行器电动机故障，否则检修线路。若执行器电动机良好，观察门锁拉杆安装和连接是否可靠，必要时更换。

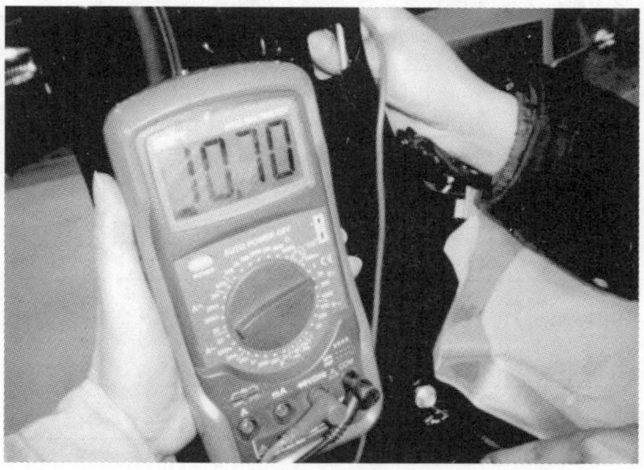

5）确定故障点，排除故障

(五) 技术要点

1. 识读中控系统电路图时，除了掌握电路的具体走向外，还要熟悉电路中电器元件的连接器各端子的功能；

2. 根据电路图上所标注的电器元件，在实车上应明确其具体位置，连接器的位置，以及连接器端子的数目；

3. 检测中控开关性能时，要将开关闭合后，再测试开关输出端子的电信号；

4. 诊断中控系统故障时，要按照检测的顺序，逐步进行排查，最终确定故障点。

二、工作页

车型：________

1. 故障描述：________
2. 按顺序逐一检查中控门锁、防盗系统各项功能。
3. 故障现象确认。

____

____

4. 读电路图，分析故障可能原因。

(1) ________

(2) ________

(3) ________

(4) ________

(5) ________

5. 实车检测，写出检测流程。

(1) ________

(2) ________

(3) ________

(4) ________

(5) ________

(6) ________

(7) ________

(8) ________

(9) ________

(10) ________

6. 确定故障点，排除故障。

____

____

三、复习思考题

1. 分析上海通用别克君威中控门锁系统电路图，找出系统各故障点所对应的故障现象，并填入下表。

序号	故障点	故障现象
1	BCM 的 C1/C15 端子开路	
2	BCM 的 C1/D12 端子开路	
3	BCM 的 C1/D13 端子开路	
4	BCM 的 C1/D13 端子开路	
5	电路 294 开路	
6	电路 295 开路	
7	电路 781 开路	
8	驾驶人座开锁继电器触点不吸合	

2. 分析上海通用别克凯越中控门锁、防盗系统电路图，找出系统各故障点所对应的故障现象，并填入下表。

序号	故障点	故障现象
1	熔断丝 Ef2 熔断	
2	熔断丝 Ef4 熔断	
3	中央门锁模块 1 端子开路	
4	中央门锁模块 6 端子开路	
5	中央门锁模块 8 端子开路	

3. 分析丰田卡罗拉中控门锁系统电路图，找出系统各故障点所对应的故障现象，并填入下表。

序号	故障点	故障现象
1	中央门锁模块 6 端子开路	
2	中央门锁模块 5 端子开路	
3	中央门锁模块 9 端子开路	
4	中央门锁模块 7 端子开路	
5	中央门锁模块 3 端子开路	

4. 分析大众帕萨特中控门锁系统电路图，找出系统各故障点所对应的故障现象，并填入下表。

序号	故障点	故障现象
1	门锁控制单元 J386 上 T29a/24 端子开路	
2	门锁控制单元 J386 上 T29a/11 端子开路	
3	门锁控制单元 J386 上 T29a/28 端子开路	
4	门锁控制单元 J386 上 T29a/10 端子开路	
5	门锁控制单元 J388 上 T18a/5 端子开路	
6	门锁控制单元 J387 上 T29b/12 端子开路	

5. 分析并写出中控门锁工作电路。

(1) 上海通用别克君威。

(2) 丰田卡罗拉。

(3) 大众帕萨特。

附录

1. 上海通用别克凯越车中控门锁电路

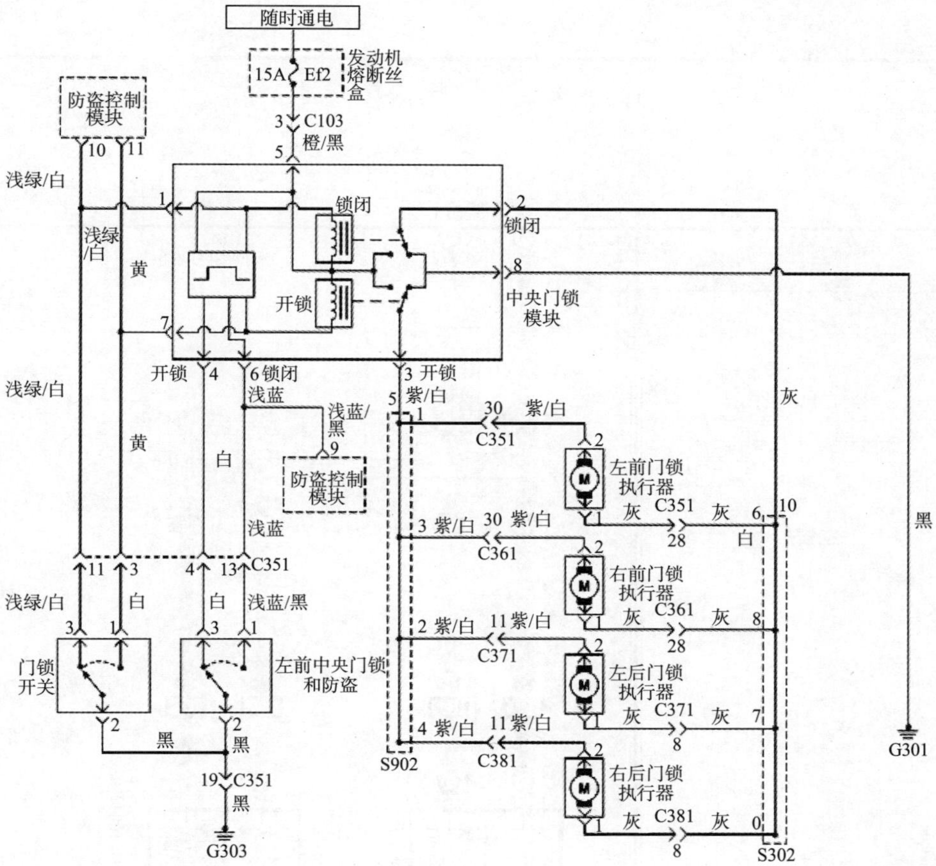

2. 丰田卡罗拉中控门锁电路

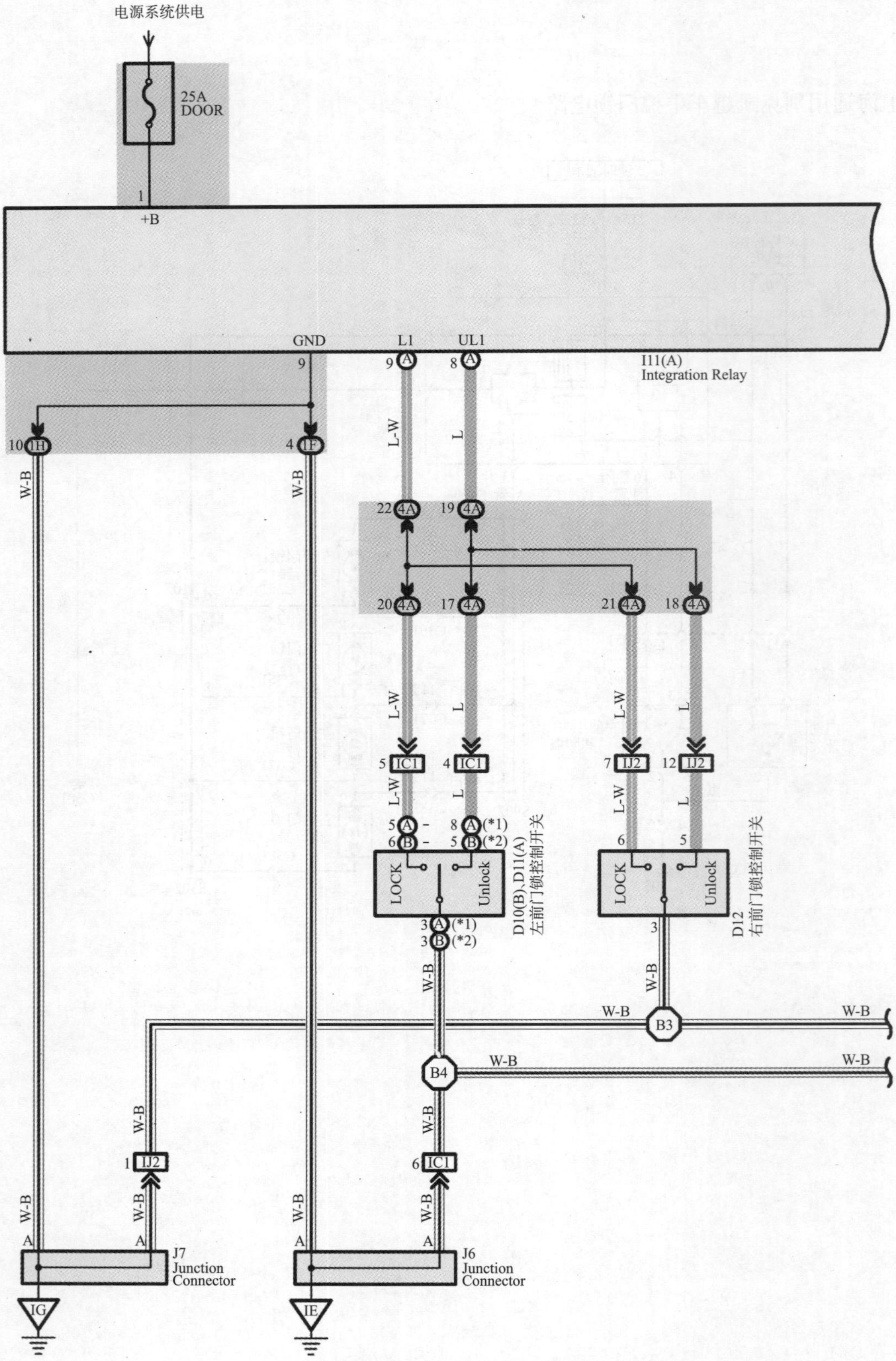

丰田卡罗拉中控门锁系统电路图(一)

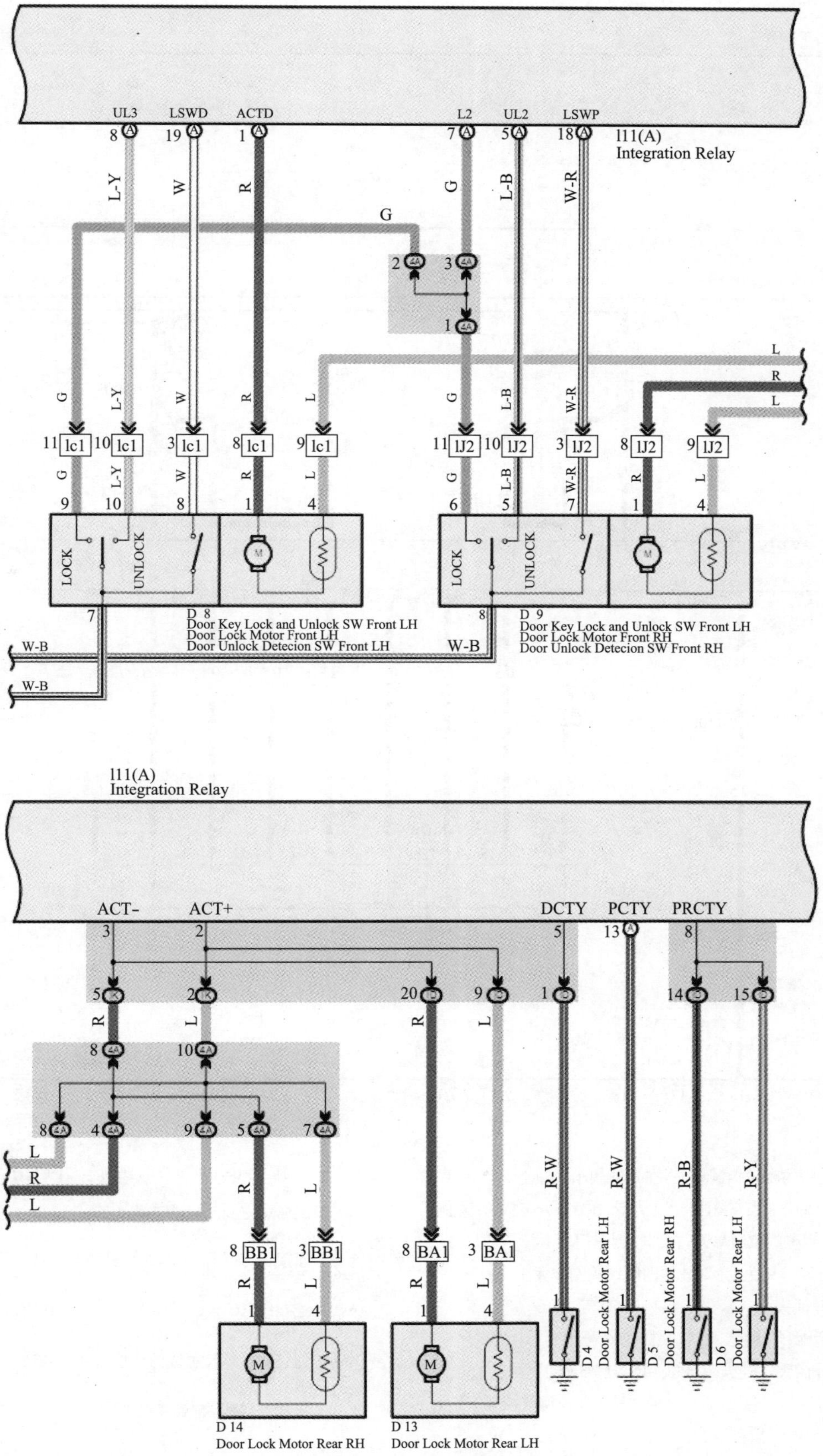

丰田卡罗拉中控门锁系统电路图（二）

3. 大众帕萨特中控门锁电路

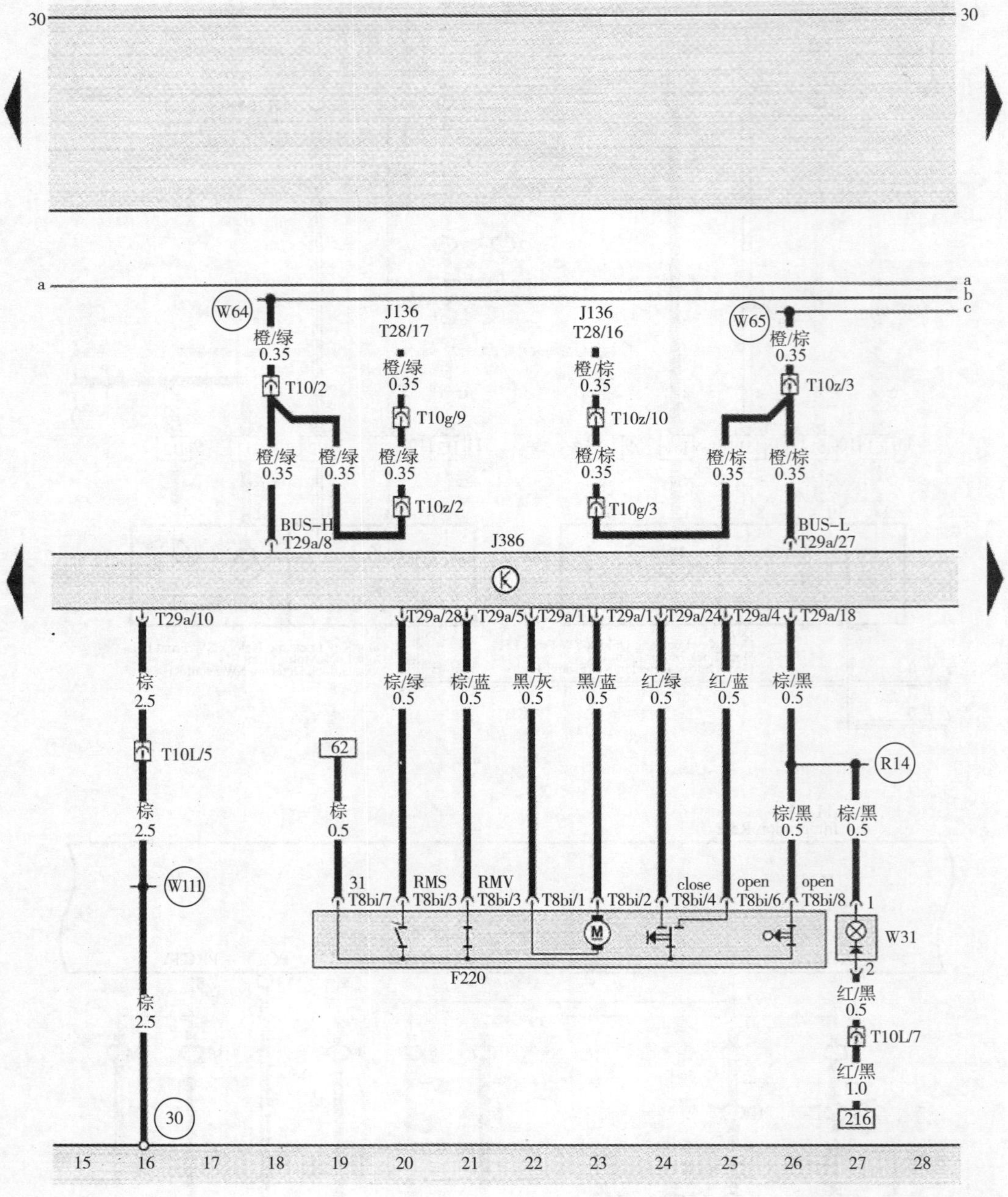

F220—驾驶侧的闭锁控制单元,在驾驶侧车门锁上
J136—带记忆的驾驶人座椅调整控制单元,在驾驶人座椅底部左侧
J386—驾驶侧车门控制单元,在驾驶侧车门内
T8bi—8 针插头,黑色,在驾驶侧的闭锁控制单元上
T10g—10 针插头,灰色,在左 A 柱处(16 号位)
T10L—10 针插头,黑色,在左 A 柱处(2 号位)
T10z—10 针插头,棕色,在驾驶人座椅底部(4 号位)
T28—28 针插头,红色,在带记忆的驾驶人座椅调节控制单元上
T29a—29 针插头,黑色,在驾驶侧车门控制单元上

W31—左前登车照明灯,在驾驶侧车门内下方
(30)—接地点,在左 A 柱中部前方
(R14)—连接线(开门信号),在驾驶侧车门线束内
(W64)—连接线(CAN 总线的高位),在后线束内
(W65)—连接线(CAN 总线的低位),在后线束内
(W111)—接地连接线,在后线束内

上海大众帕萨特中控门锁系统电路图(一)

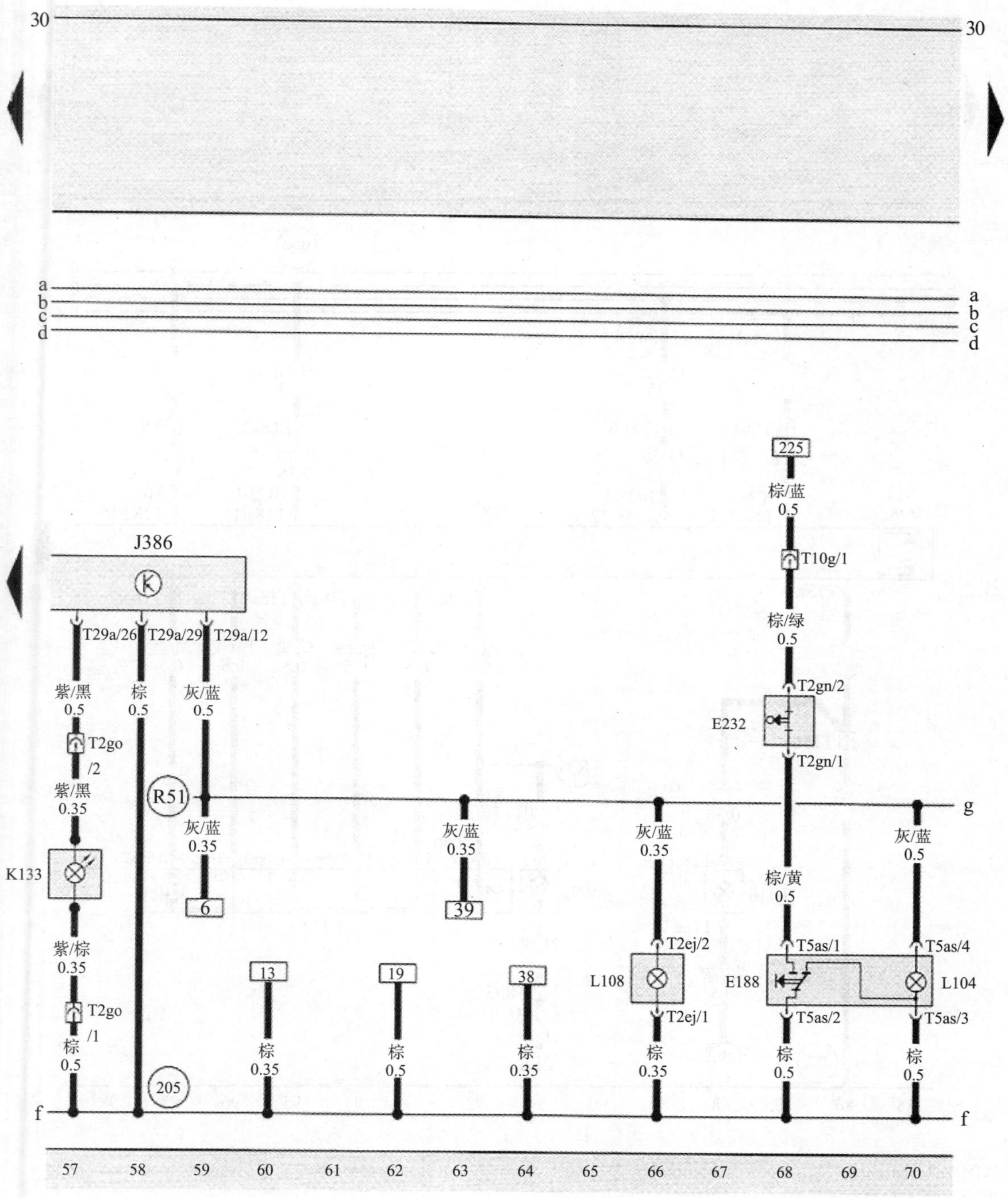

E188—遥控开锁开关,后行李箱盖,在驾驶侧车门内
E232—遥控开锁开关(E188)的钥匙锁止开关,在驾驶侧车门内
J386—驾驶侧车门控制单元,在驾驶侧车门内
K133—中央闭锁系统(带安全功能)的警告指示灯
L104—遥控闭锁开启开关的照明灯
L108—驾驶侧开门器照明,在驾驶侧车门内
T2ej—2针插头,黑色,在驾驶侧开门器照明灯上
T2go—2针插头,黑色,在驾驶侧车门内
T2gn—2针插头,黑色,在遥控开锁开关(E188)的钥匙锁止开关上
T5as—5针插头,红色,在遥控开锁开关上
T10g—10针插头,灰色,在左A柱处(16号位)
T29a—29针插头,黑色,在驾驶侧车门控制单元上
(205)—接地连接线,在驾驶侧车门线束内
(R51)—连接线(58b),在驾驶侧车门线束内

大众帕萨特中控门锁系统电路图(二)

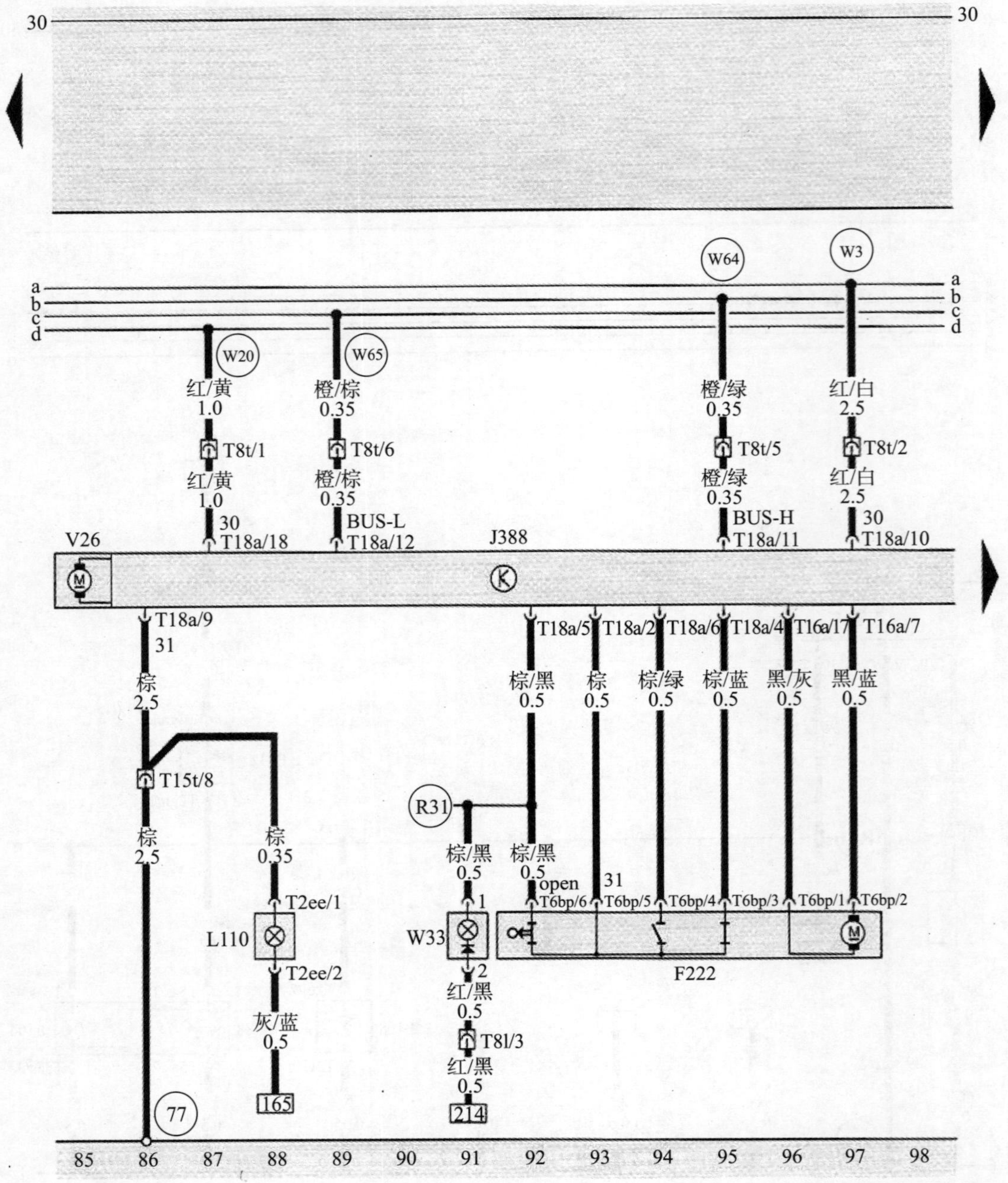

F222—左后车门闭锁单元，在左后车门锁上
J388—左后车门控制单元，在左后车门内
L110—左后车门把手照明，在左后车门内
T2ee—2针插头，黑色，在左后车门把手照明灯上
T6bp—6针插头，黑色，在左后车门闭锁控制单元上
T8t—8针插头，黑色，在左B柱处
T18a—18针插头，黑色，在左后车门控制单元上
V26—左后电动摇窗机电动机
W33—左后门登车照明灯，在左后车门内下方
(77)—接地点，在左B柱下方

(R31)—连接线，在左后车门线束内
(W3)—正极连接线(30a)，在后线束内
(W20)—正极连接线(30a)，在后线束内
(W54)—连接线(CNA总线高位)，在后线束内
(W65)—连接线(CNA总线低位)，在后线束内

大众帕萨特中控门锁系统电路图(三)

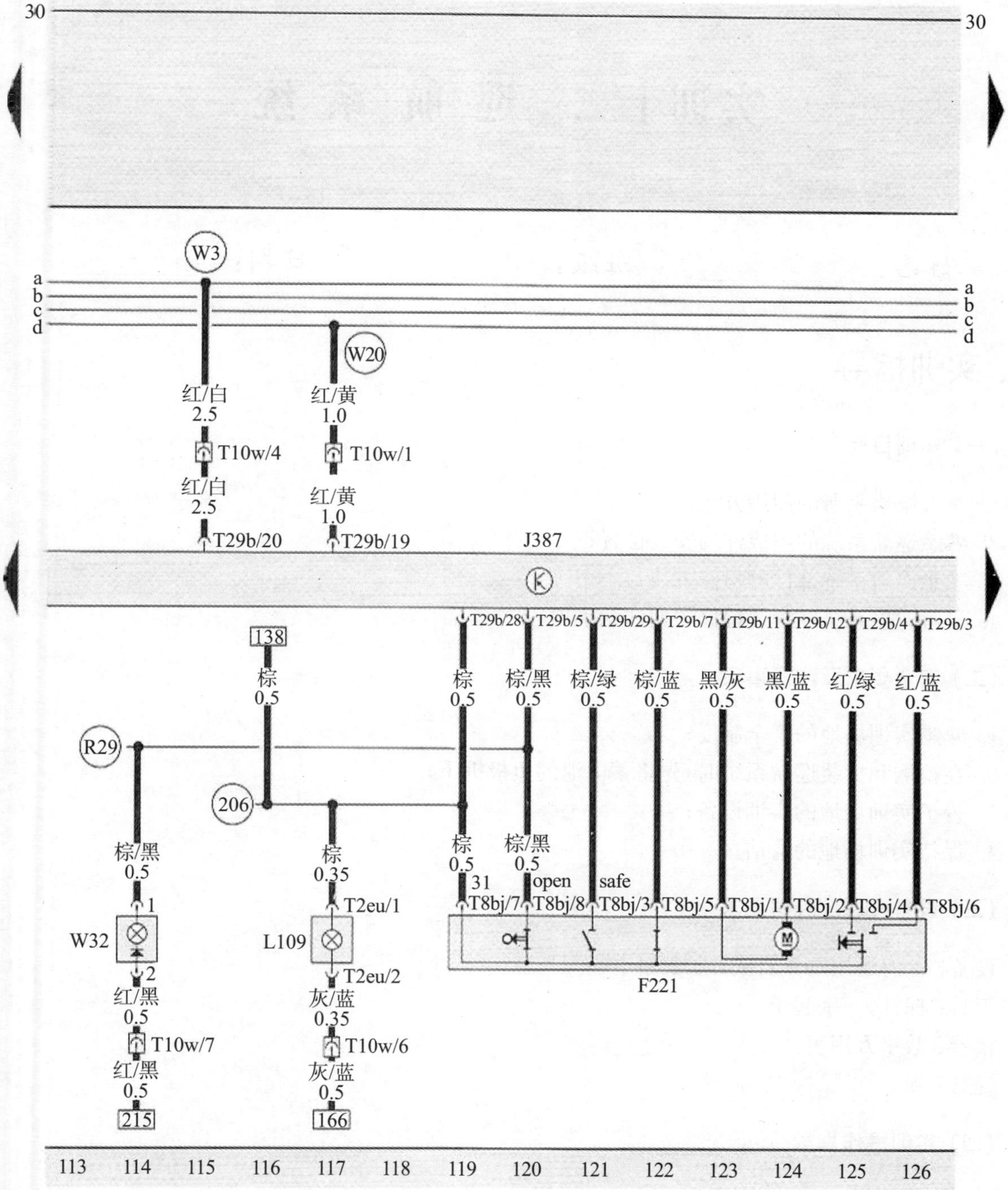

F221—右前闭锁控制单元，在右前车门锁上

J387—右前车门控制单元，在右前车门内

L109—副驾驶侧开门器照明，在副驾驶人车门内

T2eu—2 针插头，黑色，在副驾驶侧开门器照明灯上

T8bj—8 针插头，黑色，在右前闭锁控制单元上

T10w—10 针插头，黑色，在右 A 柱处(3 号位)

T29b—29 针插头，黑色，在右前门控制单元上

W32—右前门登车照明灯，在右前车门内下方

(206)—接地连接线，在右前车门线束内

(R29)—连接线，在右前车门线束内

(W3)—正极连接线(30a)，在后线束内

(W20)—正极连接线(30a)，在后线束内

大众帕萨特中控门锁系统电路图(四)

实训十二　巡航系统

姓名：＿＿＿＿＿＿　班级：＿＿＿＿＿＿　日期：＿＿＿＿＿＿

一、实训指导

(一) 实训目标

1. 掌握维修手册的使用方法；
2. 熟悉巡航系统的组成件的安装位置；
3. 熟悉巡航系统部件的检修方法；
4. 了解巡航系统在拆装检修中的注意事项。

(二) 安全要求及注意事项

1. 熟悉实训场地的安全制度；
2. 在检测和拆装巡航系统时，先将蓄电池的负极拆下；
3. 爱护实训场地的实训设备；
4. 保持实训场地的清洁。

(三) 设备/工具/耗材要求

设备：上海通用别克君威，或其他同类车型。
工具：探针、一字起子。
仪器：数字万用表。
耗材：无。

(四) 实训操作指导

1. 上海通用别克君威巡航系统

见附表。

2. 巡航系统检测顺序

(1) 在发动机室左侧找到巡航控制模块。

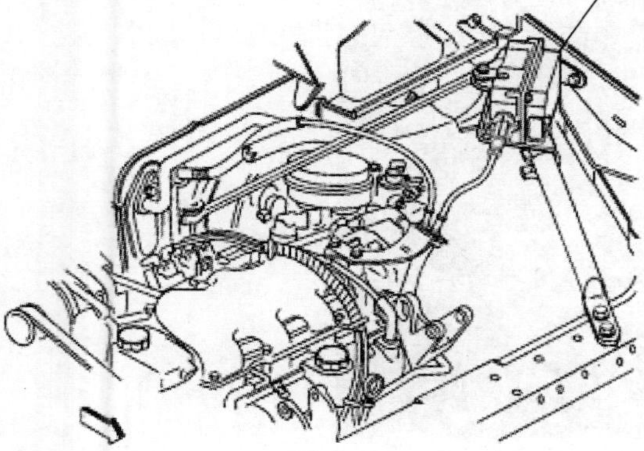

(2) 断开巡航控制模块接头。

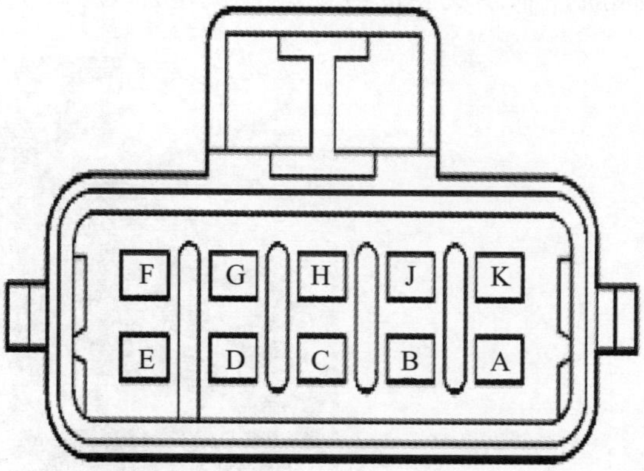

(3) 查找维修手册，找出各端子作用。

插头零部件介绍		• 12065425 • 10 路 F 型公制封装 150 系列密封式(黑色)	
插脚	导线颜色	电路编号	功能
A	灰	397	巡航 ON/OFF(接通/断开)信号
B	深绿	84	巡航设置/惯性滑行信号
C	灰/黑	87	巡航恢复/加速信号
D	褐	86	巡航释放信号
E	黑	1150	地线
F	粉红	739	点火正电压
G	白	17	制动信号输入
H	深绿	83	巡航启动/禁止输入
J	白	85	巡航接合输出
K	深绿	389	车速信号输入

(4) 查找维修手册，找出并分析巡航控制电路图。

(5) 使用万用表的直流电压挡，测量巡航控制模块连接器各端子电压(例如：当踩下制动踏板时，测量巡航控制模块连接器 G 端子的电压为 12.5 V，松开制动踏板，G 为 0 V)。

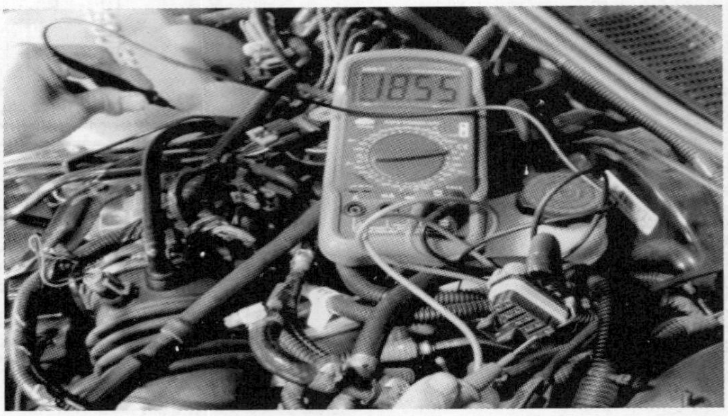

(五) 技术要点

1. 在不通电情况下，插上或断开巡航控制模块接头；

2. 上海通用别克君威巡航控制模块有 10 个引脚，F 脚电源正极，E 脚接地，A、B、C、D、G、H、K 脚是输入信号，J 脚是输出信号；

3. 在进行巡航系统部件的拆装和检测时，要按原厂的技术要求进行。

二、工作页

1. 上海通用别克君威巡航系统。

(1) 认识主要部件，并填入下表。

部件名称	安装位置	作用
巡航控制熔断丝		
巡航控制开关		
巡航控制模块		

(2) 使用万用表的直流电压挡，测量巡航控制开关处于某状态时，巡航控制模块 A、B、C、F 端子电压(V)，并填入下表。

巡航开关工作模式	关	开	恢复/加速
A			
B			
C			
F			

(3) 写出制动踏板处于下列位置时，巡航控制模块 G、D 端子的电压值(V)，并填入下表

制动踏板位置	踩下制动踏板	释放制动踏板
G		
D		

2. 大众帕萨特巡航系统。

(1) 认识主要部件认识，并填入下表。

部件名称	安装位置	作用
巡航控制熔断丝		
巡航控制开关		
巡航控制模块		

(2) 查找大众帕萨特巡航控制系统电路图和技术数据，画出巡航控制模块连接器端子图。

(3) 叙述巡航控制模块各端子的功能。

3. 丰田卡罗拉巡航系统。

(1) 认识主要部件，并填入下表。

部件名称	安装位置	作用
巡航控制熔断丝		
巡航控制开关		
巡航控制模块		

(2) 查找丰田卡罗拉巡航控制系统电路图和技术数据，画出巡航控制模块连接器端子图。

(3) 叙述巡航控制模块各端子的功能。

三、复习思考题

1. 检测上海通用别克君威巡航系统控制模块信号的过程中,应注意哪些事项?

2. 分析上海通用别克君威巡航系统控制模块连接器各端子的功能。

3. 分析上海通用别克君威巡航系统电路图,找出系统各故障点所对应的故障现象,并填入下表。

序号	故障点	故障现象
1	熔断丝 B5 熔断	
2	巡航控制开关 A 端子开路	
3	巡航控制开关 B 端子开路	
4	巡航控制开关 C 端子开路	
5	巡航控制模块 D 端子开路	
6	巡航控制模块 E 端子开路	
7	巡航控制模块 G 端子开路	

附录

上海通用别克君威巡航系统电路

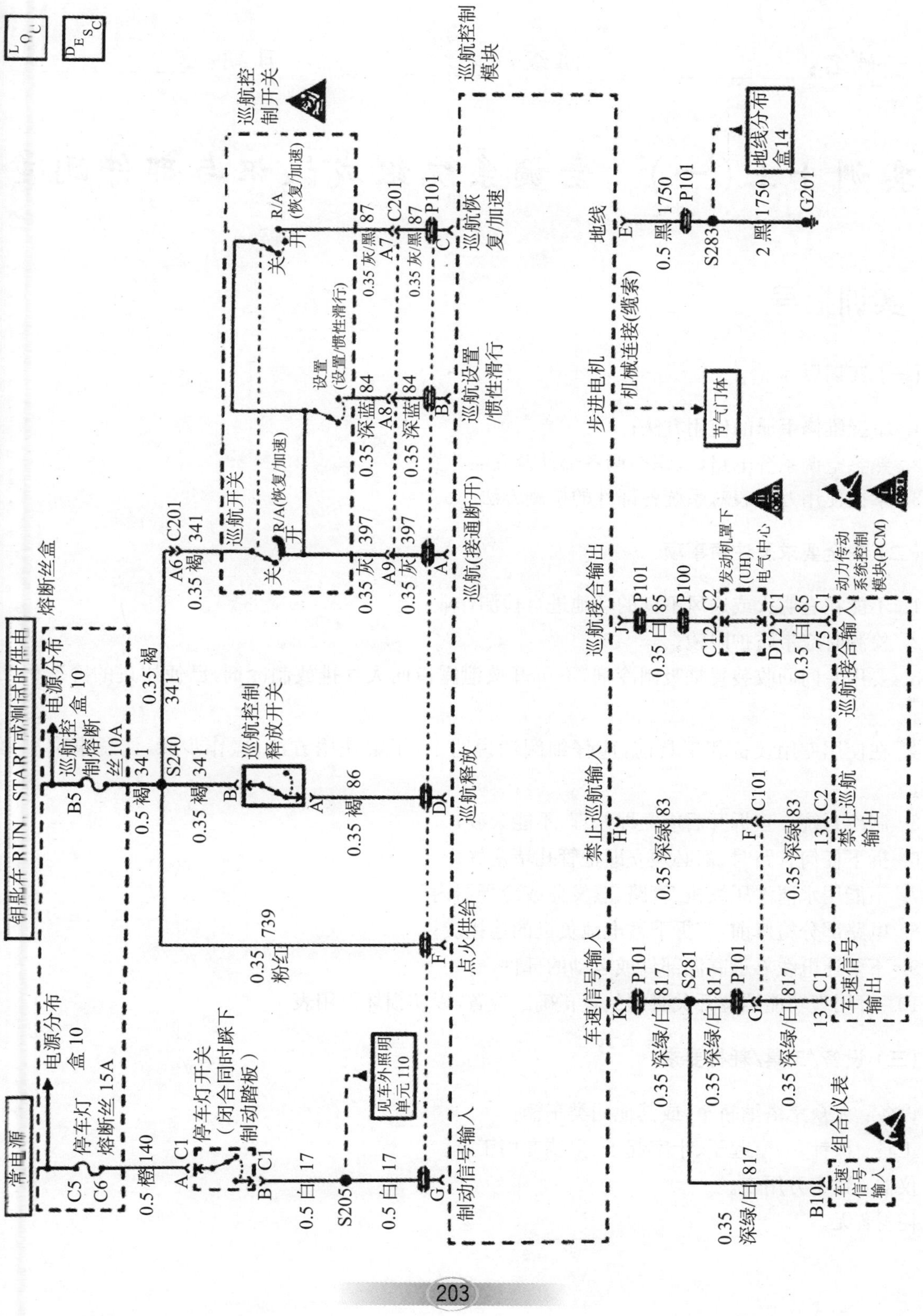

实训十三 空调系统

姓名：____________ 班级：____________ 日期：____________

实训十三(一) 空调系统组成认识与部件测量

一、实训指导

(一) 实训目标

1. 掌握维修手册的使用方法；
2. 熟悉空调系统电路，认识空调各部件及安装位置；
3. 掌握使用万用表对系统各部件的检测方法。

(二) 安全要求及注意事项

1. 不能在有明火或通风不良的场地进行检测作业；
2. 检测时应带防护眼镜；
3. 要用专门回收装置抽吸制冷剂，不可开放泄露口向大气排放制冷剂，已使用过的冷冻机油不能再用；
4. 在使用专用设备和工具前，应仔细阅读说明书，了解使用方法、操作步骤、注意事项后再操作使用；
5. 制冷系统一旦拆开后应立即修理，不能久放；
6. 拆下任何管路时，都必须立即把管孔堵塞好；
7. 不能用水清洗压缩机、管路、蒸发器或冷凝器内部；
8. 电路部分检修前，应拆下蓄电池负极的连接线；
9. 不要让电线靠近高温部件或运动的部件；
10. 万用表功能挡位开关必须放置正确的位置，以防损坏万用表。

(三) 设备/工具/耗材要求

设备：大众桑塔纳轿车，或其他同类车辆。

工具：探针、一字起子、十字起子、空调专用工具。

仪器：数字万用表。

耗材：无。

（四）实训操作指导

1. 认识空调系统的基本组成

汽车空调系统一般由取暖装置、制冷装置、通风净化及电气控制装置四部分组成。其中制冷装置主要由压缩机、冷凝器、蒸发器、节流膨胀装置和储液干燥器（或液气分离器）等组成。

空调压缩机

冷凝器

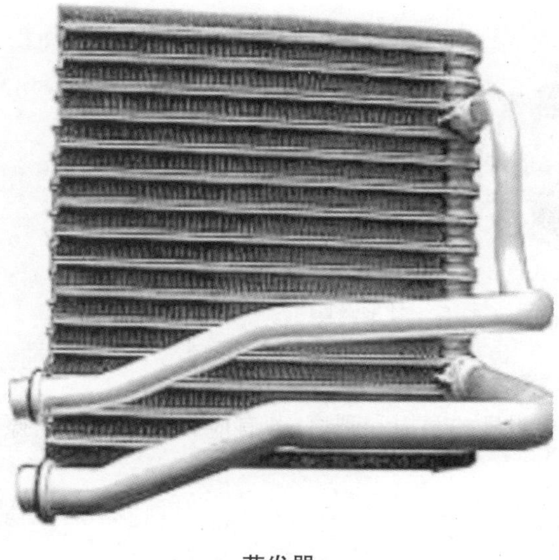

蒸发器

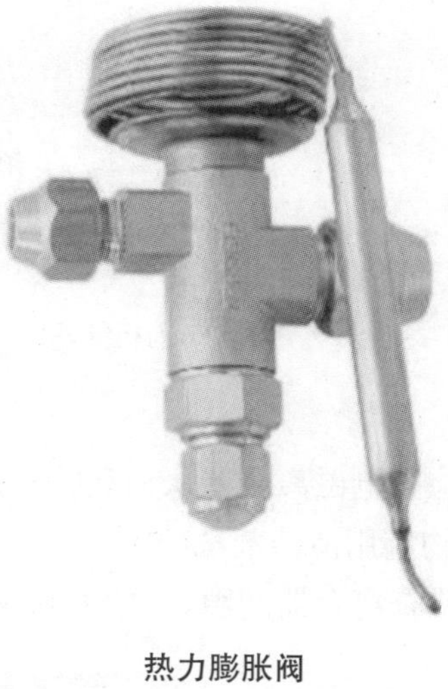

热力膨胀阀

储液干燥器

鼓风机

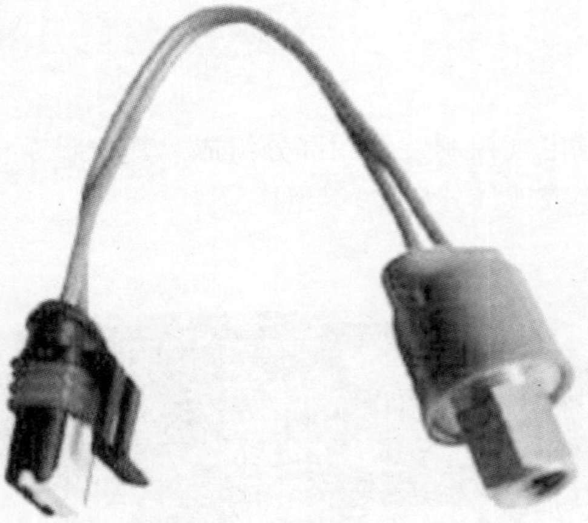

压力开关

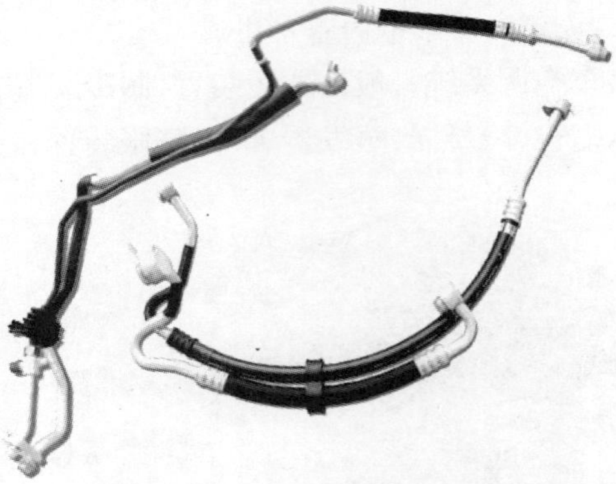

空调管路

2. 空调系统主要部件性能检测

1）压缩机电磁离合器检查

压缩机电磁离合器装在压缩机前部，作用是根据需要接通或断开发动机与压缩机之间的动力传递。

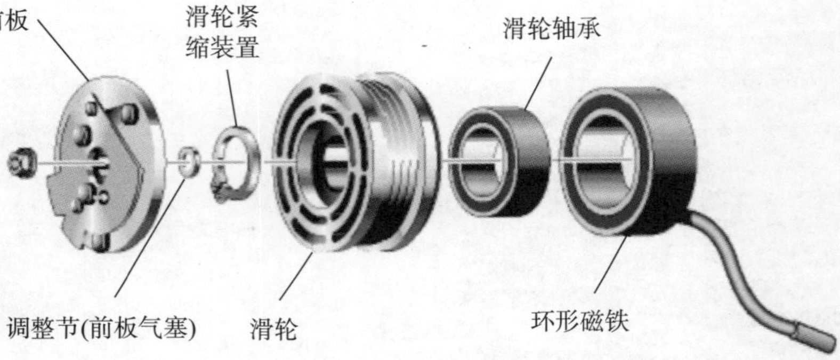

压缩机电磁离合器分解图

(1) 检查电磁离合器从动盘的摩擦表面是否有明显的磨损和刮痕，若有应更换。另外摩擦表面上的油污和赃物应用清洁剂洗净。

(2) 检查离合器间隙，一般为 0.45～0.75 mm。

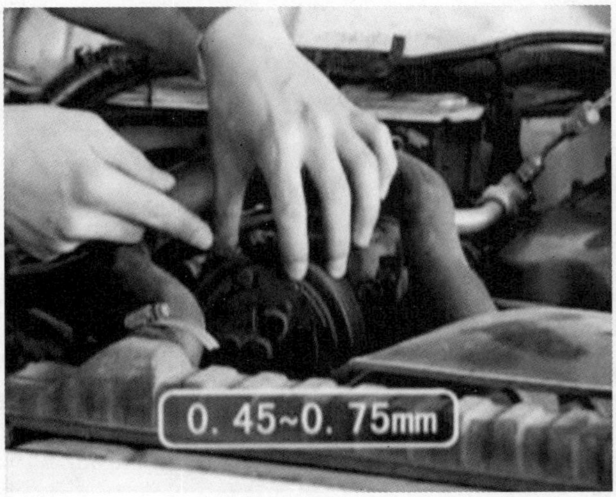

(3) 检查电磁离合器轴承油污松动或损坏,若有应更换。

(4) 用万用表检测电磁离合器线圈有无断路或断路,步骤如下。

① 断开压缩机电磁离合器连接器,测量 A 端子和 B 端子间的阻值,一般为 5～10 Ω。

② 电源电压检测:将空调开关打开,用万用表测量端子 B 是否有电(12.5 V 左右),正常情况下应有电压。

③ 搭铁检测:用万用表的蜂鸣挡检测端子 A 与壳体的导通性,正常情况下应导通。

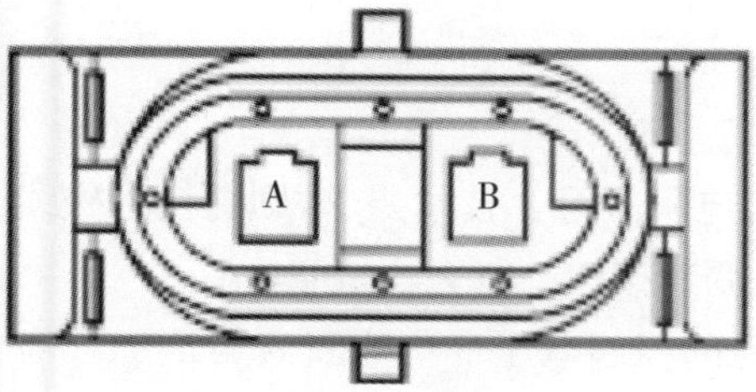

空调压缩机离合器线图

连接器零件信息		• 12162017 • 2-路 F 公制组件 150 系列(灰色)	
针	导线颜色	电路编号	功能
A	黑	1050	接地
B	深棕	59	空调压缩机离合器电磁阀供电

2) 冷凝器的检测

(1) 检查散热片是否变形,若变形应校正。

(2) 检查散热片之间是否有赃物堵塞,若有应清理。

(3) 检查圆管应无瘪凹、弯曲,若有应修复。

(4) 检查进口、出口处应无破损,若有应修复。

(5) 从进口处吹入空气,管道应通畅,若有堵塞应疏通,堵住出口,整个冷凝器应无漏气现象。

3) 蒸发器的检测

蒸发器的检查步骤和冷凝器的检查步骤相同。

注意:如果散热片有阻塞,则可用压缩空气吹干净,绝对不能用水清洗蒸发器。

4) 储液干燥罐的检查

(1) 用手触摸储液干燥罐进出管路，并观察视窗。如果进口很烫，而且出气管接近大气温度，从视窗中看不到或很少有制冷剂流过，或制冷剂浑浊，则可能是储液干燥罐中的滤网堵塞或干燥剂破散并堵住了储液干燥罐的出口，应更换。

(2) 检查易熔塞是否熔化，各接头是否有油污，若有应更换。

(3) 检查视窗是否有裂纹，周围是否有油污，若有应更换。

5) 冷凝器散热风扇和鼓风机检查

冷凝器散热风扇电动机和鼓风机电动机的构造原理与一般直流电动机相同。

检查时用万用表电阻挡测量电动机的两个接线端子，电动机的阻值一般为 2～5 Ω，若阻值过大，说明电动机内部接触不良或断路；若阻值过小，说明电动机内部有短路。

(五) 技术要点

1. 压缩机电磁离合器励磁线圈的电阻约为 5～10 Ω，如果电阻不符合技术要求，则更换励磁线圈；
2. 空调鼓风机控制模块端鼓风机输入控制信号与鼓风机调速按钮控制大小成正比；
3. 调节温度从最冷到最热，空调温度控制执行器电控单元的控制电压变化范围为 0.5～4.5 V。

二、工作页

1. 空调系统。

(1) 认识大众桑塔纳空调系统，并填入下表。

序号	组成部件名称	作用	安装位置	技术参数
1				
2				
3				
4				
5				
6				
7				
8				

(2) 认识上海通用别克凯越空调系统，并填入下表。

序号	组成部件名称	作用	安装位置	技术参数
1				
2				

(续表)

序号	组成部件名称	作用	安装位置	技术参数
3				
4				
5				
6				
7				
8				

(3) 认识丰田卡罗拉空调系统,并填入下表。

序号	组成部件名称	作用	安装位置	技术参数
1				
2				
3				
4				
5				
6				
7				
8				

2. 检查空调系统各元件,并填入下表。

序号	检查部件	检查情况	处理意见
1	压缩机电磁离合器		
2	冷凝器		
3	蒸发器		
4	冷凝器散热风扇电动机		
5	鼓风机电动机		
6	储液干燥罐		

三、复习思考题

1. 空调压缩机电磁离合器压盘与主动盘之间的间隙应为多少？若过大或过小会造成什么影响？

2. 冷凝器和蒸发器的检查内容有哪些？

3. 如何判断储液干燥罐失效？

4. 画出空调系统的组成框图。

实训十三(二)　空调冷媒回收加注机的使用

一、实训指导

(一) 实训目标

1. 认识全自动冷媒回收加注机的操作面板;
2. 认识全自动冷媒回收加注机的回收空调制冷剂操作方法;
3. 认识全自动冷媒回收加注机的抽真空操作方法;
4. 认识补充与加注冷冻机油的操作方法。

(二) 安全要求及注意事项

1. 操作过程中需穿戴保护手套和护目镜,防止制冷剂气体或液体接触到皮肤和眼睛。
2. 设备应防晒、防湿和防火,勿在火源和火星附近使用该设备。
3. 避免设备接触到腐蚀性液体和气体,并在通风良好的环境下使用该设备。
4. 在操作之前,关闭汽车引擎,检查汽车空调所用制冷剂的类型。
5. 冷媒罐实际使用容量应为其有效容量的 80%,以避免由于外界因素产生额外压力而导致严重事故。
6. 加注机与汽车空调系统连接之前,确定设备高、低压手动阀门都处于关闭位置。
7. 将加注机软管远离汽车可转动部分和发热部分,如风扇散热器等。
8. 定期检查真空泵油位和油质,严禁无油运行。
9. 为了确保设备更好的加注功能,储液罐内制冷剂的量不能低于 1 kg,否则不能加注。
10. 每次使用完设备以后,关闭高、低压手动阀。

(三) 设备/工具/耗材要求

设备:上海通用别克凯越,或其他车。
仪器:全自动冷媒回收加注机。
耗材:制冷剂、冷冻机油。

(四) 实训操作指导

1. 设备说明
1) 操作面板说明

AC375C 型冷媒回收加注机操作面板

(1) 低压阀：控制空调系统低压端与设备的通断；

(2) 高压阀/注油器：控制空调系统高压端与设备的通断及注油阀门；

(3) 低压表：显示空调系统低压端压力；

(4) 高压表：显示空调系统高压端压力；

(5) 显示屏：显示操作信息；

(6) 控制键盘：用于选择不同的功能；

(7) 内置存储罐压力表：显示内置存储罐的压力；

(8) 废油排出阀：将空调的废油排入存储瓶中。

2) 主机说明

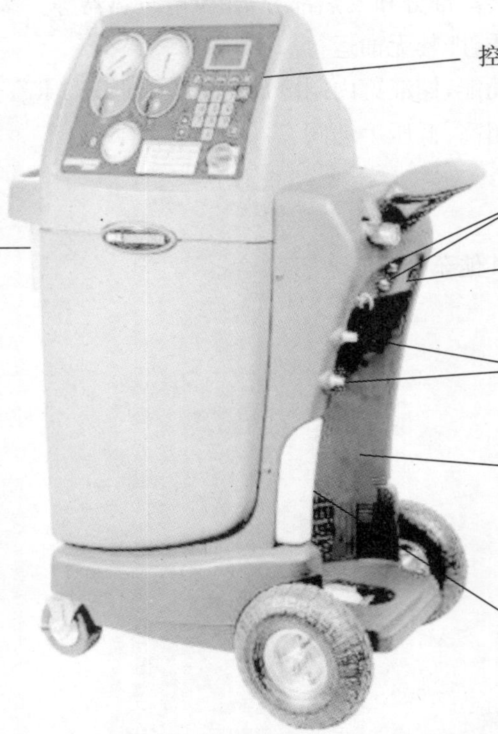

AC375C 型冷媒回收加注机主机

3）主要功能

（1）回收和过滤空调系统的制冷剂；

（2）在预先设定的时间内实现真空；

（3）为空调系统充注预先设定量的制冷剂。

2. 基本操作

1）回收空调系统制冷剂

（1）将设备接上电源，打开电源开关。控制面板上的数码管会显示储液罐制冷剂的净重。注意：工作罐质量不超过罐体标称质量的80%。

（2）确定本设备高低压手动阀门都是关闭的。将设备的高压和低压软管，分别接到汽车空调的高压和低压端。条件允许时，先运转汽车空调几分钟，运行后关闭。打开快修接头上的阀门，观查高压表和低压表是否有压力。如果低于150 kPa就不用回收。

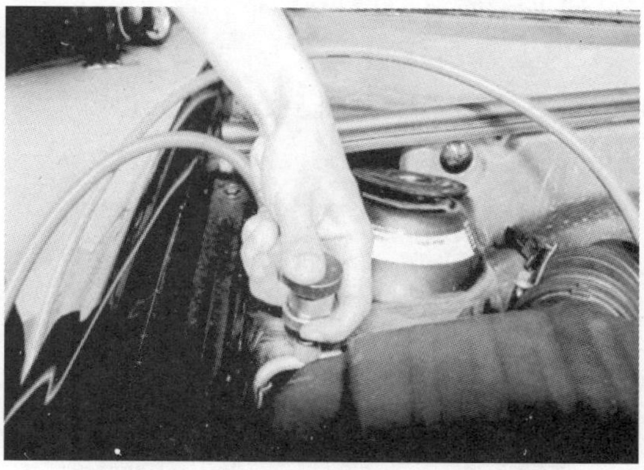

（3）打开操作面板上的高低压手动阀门。

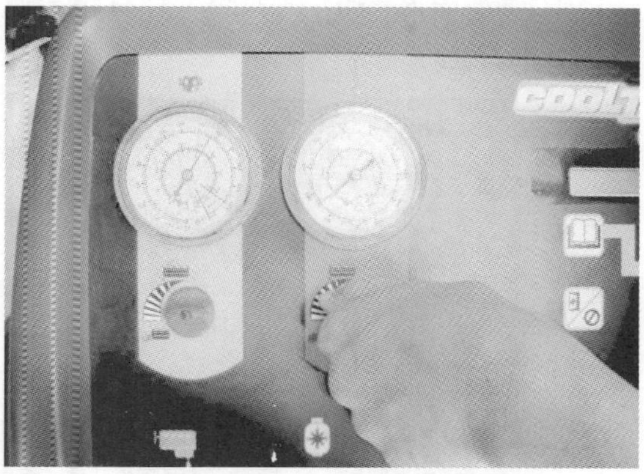

（4）按菜单键直到显示屏上显示“RECOVER X. XX KG”。

(5) 按起动/停止键，设备开始回收工作。显示屏上显示回收的制冷剂数量。

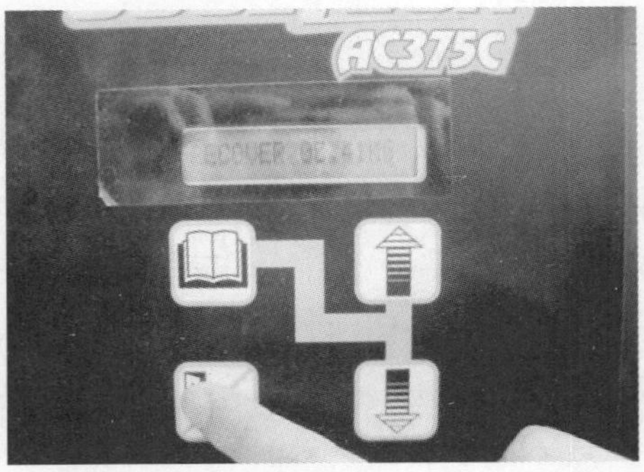

(6) 在回收过程中，应不断地观察低压表，当压力到达－34 kPa 真空时，按起动/停止键，停止回收，关闭面板上的高低压手动阀门。显示屏会在："RECOVER X. XX KG"和"DRAIN OIL"之间转换。

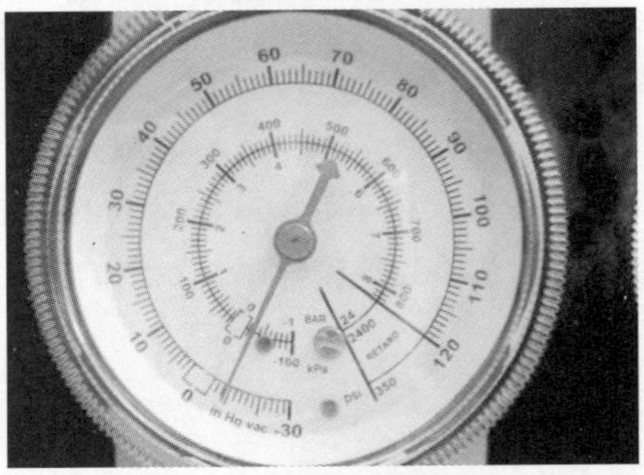

(7) 回收停止 2 min 后，检测蓝色低压表。如果压力值上升到 0 kPa 以上，重复第(4)步到第(8)步，直至低压值回到 0 kPa 以下，并保持2 min。

(8) 回收结束后，显示回收的制冷剂量，按起动/停止键，退出回收程序，仪器准备进行排废油。

(9) 确保排油瓶已腾空，打开排油阀，查看油液是否排入排油瓶。

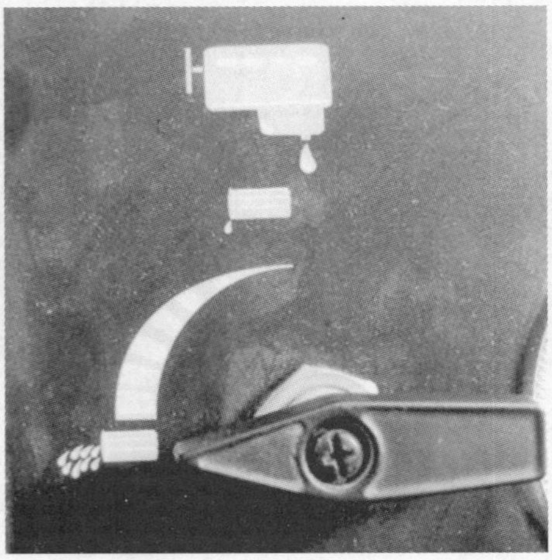

(10) 排油结束，关闭排油阀。查看排油瓶内的废油液面并记录。

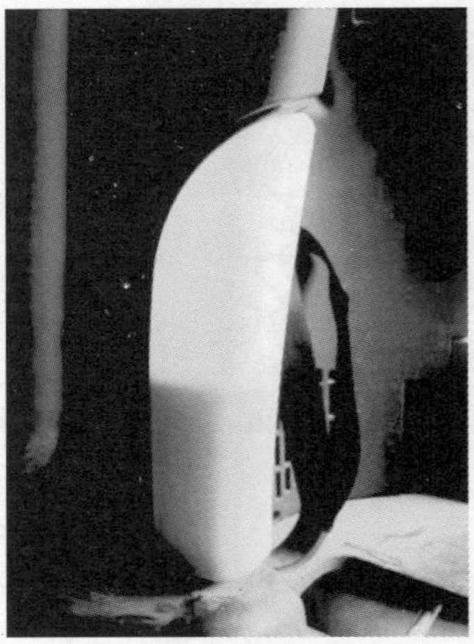

2）抽真空

（1）打开操作面板上的高低压手动阀门，按菜单键，直到屏幕上显示抽真空状态。按箭头键设置所需抽真空的时间，推荐时间 15 min。

（2）按起动/停止键，开始抽真空，显示屏上显示的倒计时。当达到设定的时间，设备自动停止。

（3）抽真空至系统真空度低于－90 kPa。在达到要求的真空度时，应继续抽真空操作，持续时间应不少于 15 min。以充分排除制冷装置中的水分。

（4）关闭高低压手动阀，观察蓝色低压表的压力值，等 5 min。压力没回升，说明系统无泄露，否则检查制冷系统的漏点。

3）补充冷冻机油

（1）计算补充量。

建议补充量为：排出量＋20 ml。

（2）选择与系统同一型号的冷冻机油。在压缩机的标牌上查找系统冷冻机油的型号。

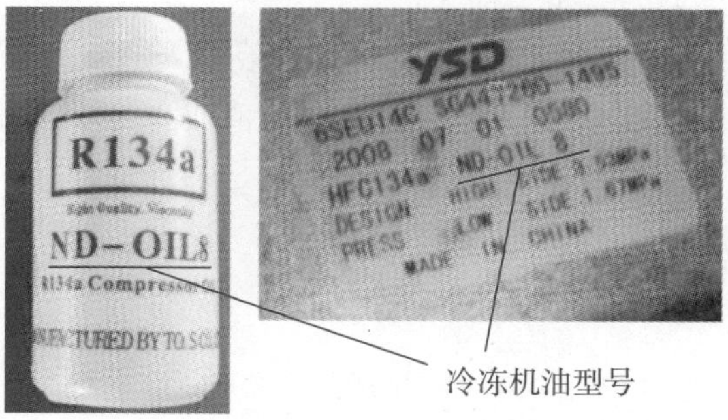

(3) 将适量的冷冻机油加入注油瓶内。

注意：冷冻机油尽量用小瓶，大瓶的用后及时密闭，不应长时间将冷冻机油暴露在空气中，使冷冻机油被空气氧化。

(4) 安装注油瓶。

注意：必须拧紧，防止空气进入。

(5) 打开高压阀到油液冲注位置，并观察注油瓶中的油面高度，直到下降到所需油量的高度为止。

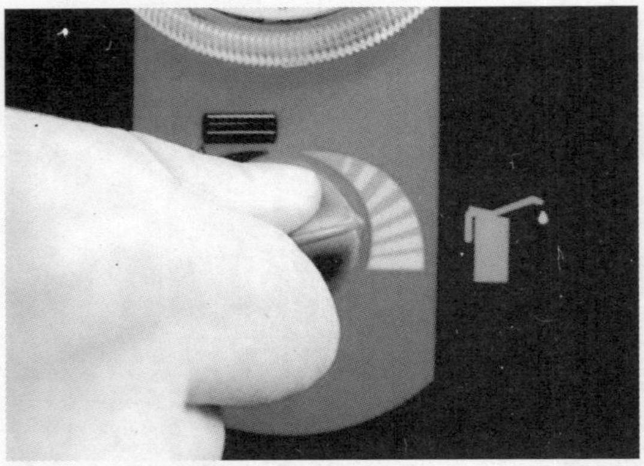

(6) 达到补充量后关闭高压阀，停止加注冷冻机油，按起动/停止键，退出注油界面。准备充注制冷剂。

4) 加注制冷剂

(1) 查阅《车辆维修手册》，确认制冷装置中制冷剂的类型及加注量。

(2) 按菜单键，直到屏幕上显示“CHARGE XX.XX”。按上下键，修改屏幕上的数值，设置新充注值。

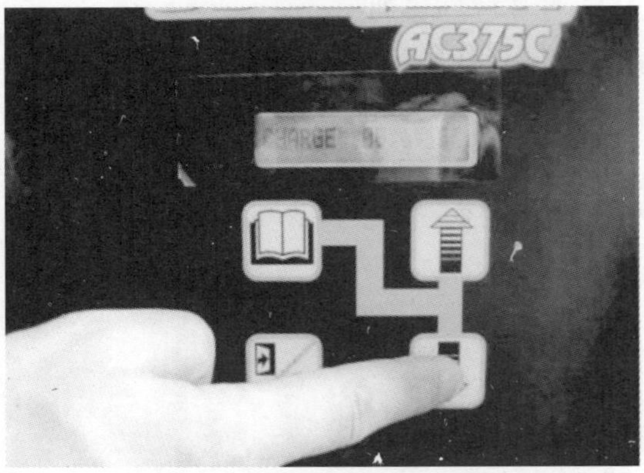

(3) 关闭低压阀(防止液态制冷剂进入压缩机),打开高压阀。

(4) 按起动/停止键充注开始。当已充注量达到设定量时,屏幕会交替显示“COMPLETE”和已充注量。关闭高压阀。

(5) 加注结束后,从车上断开高压快速接头,打开红、蓝色阀门,准备对管路清洁。

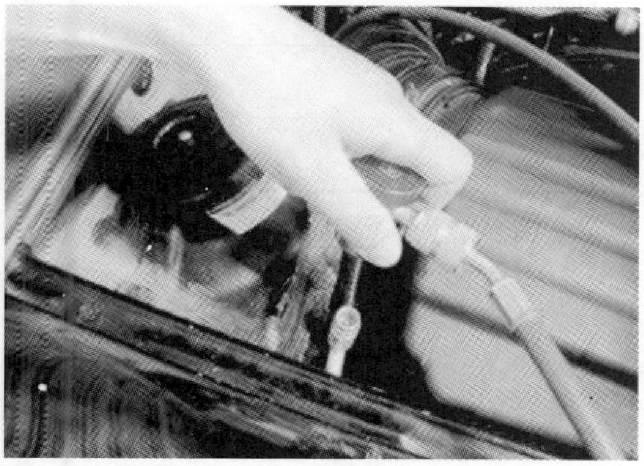

(6) 起动车辆,调节空调系统为最大设置。

(7) 设备只从低压端入口允许压缩机将制冷剂排到空调系统。

(8) 当高/低压表显示压力到最低压力后,从车辆上断开低压快速接头,关闭发动机,关闭控制面板上的红、蓝色阀门。按起动/停止键退出充注程序。

(五) 技术要点

1. 系统抽真空时间应不小于 15 min;
2. 冷冻机油不应长时间暴露在空气中,防止被空气氧化,加注量约为排出量+20 mL;
3. 加注制冷剂前应查阅车辆铭牌或维修手册,确认制冷装置中制冷剂的类型及加注量。

二、工作页

车型:__________

写出使用该车型的空调冷媒回收加注机的基本操作,并填入下表。

序号	操作项目	操作主要步骤	技术要求
1	回收制冷剂		
2	抽真空		
3	补充制冷剂		
4	加注制冷剂		

三、复习思考题

1. 在抽真空时,为什么要抽 15 min 以上?

2. 简述使用冷媒回收加注机回收制冷剂的过程。

3. 简述操作冷媒回收加注机过程中的注意事项。

实训十三(三)　空调系统检漏

一、实训指导

(一) 实训目标

1. 熟悉空调系统的检查方法；
2. 学会空调检漏的方法。

(二) 安全要求及注意事项

1. 设备应防晒、防湿和防水，勿在火源和火星附近使用该设备。
2. 避免设备接触到腐蚀性液体和气体，并在通风良好的环境下使用该设备。
3. 操作过程中需穿戴保护手套和护目镜，防止制冷剂气体或液体接触到皮肤和眼睛。
4. 在使用专用设备和工具前，应仔细阅读说明书，了解使用方法、操作步骤、注意事项后再操作使用。

(三) 设备/工具/耗材要求

设备：上海通用别克凯越，或其他同类车辆。
仪器：电子检漏仪。
耗材：无。

(四) 实训操作指导

1. 初步检查

将车辆停放在通风良好的场地上，发动机以 2 000 r/min 工况运转，车厢空调控制状态分别置车外空气循环、全冷、鼓风机高挡，进行以下人体感观的初步检查。

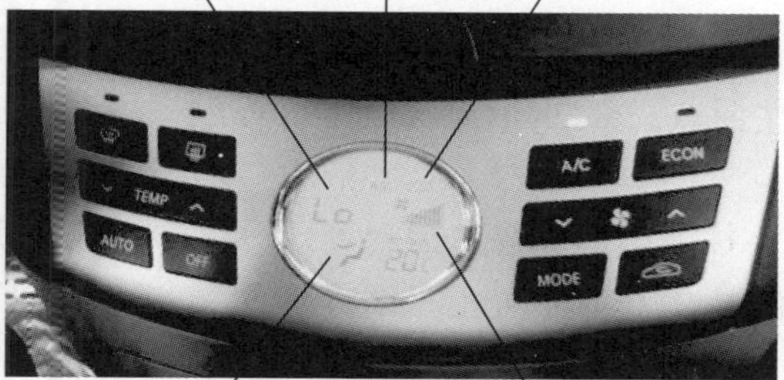

1) 目视油迹

目视检查制冷系统(特别是制冷系统的管接头)部位有否冷冻机油渗漏痕迹，如有油渍痕迹，一般此处有渗漏。因为制冷剂通常与冷冻机油互溶，在泄漏处必然也带出冷冻机油，因此系统管道有油迹的部位就是泄漏处。主要检查部位：接头及阀门连接处、软管表面 、压缩机轴封、密封垫、维修阀、冷凝器表面（被压扁、碰伤）、膨胀阀的进出口连接处、储液器的视镜、低压开关处。

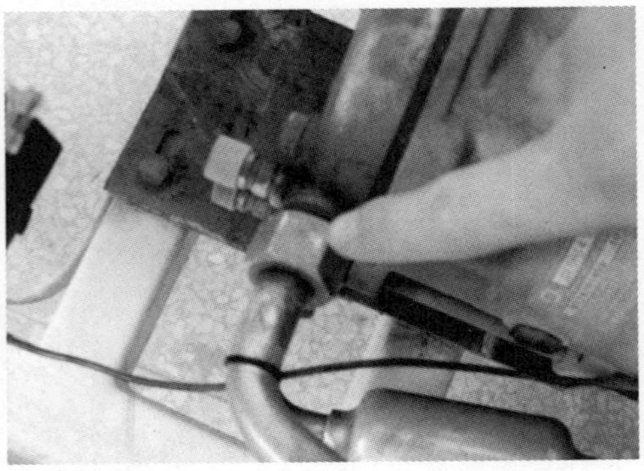

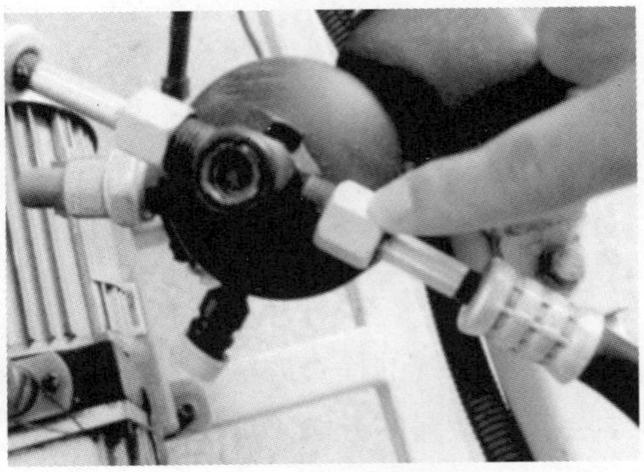

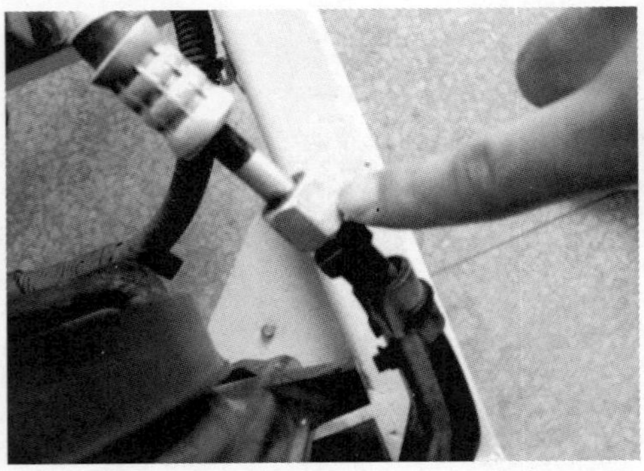

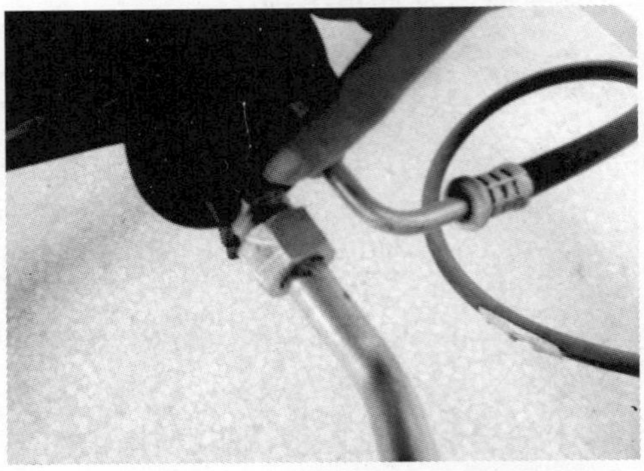

目视检查只适用于泄漏点较大的情况，而细微泄漏、且为气态的制冷剂则难以目视检查。

2）观察系统内的制冷剂状况

利用视镜（位于储液器的顶部或高压管路）进行观察：

(1) 制冷剂为清澈 、无气泡（出风口是冷风）为正常；

(2) 若出风口不是冷风，或观察玻璃上有油纹，则可能制冷剂已漏完；

(3) 若出风口冷风不够冷，当停止压缩机约 1 min 后，仍有气泡流动或停机后瞬间就无气泡且清澈，或泡沫很混淆，则此时制冷剂过多；

(4) 制冷剂中偶尔出现气泡，且膨胀阀处有结霜，则为制冷剂内有水分。膨胀阀处无结霜现象，制冷剂略少；

(5) 制冷剂中出现气泡、泡沫，即制冷剂不足。

3）皂泡检漏

要想确定细微漏点，皂泡是个比较有效的方法。有些漏点局部凹陷，荧光检漏灯或电子检漏仪难进入，要想确定泄露的准确位置，可采用皂泡检漏。

首先，调好肥皂溶液。溶液的浓度要黏稠到用刷子一抹就可形成气泡的程度；其次，将全部接头或可疑处抹上皂液；最后观察空调系统工作时皂泡的出现情况，皂泡形成处就是漏点所在。

2. 专业检查

1）荧光检漏（选做）

荧光检漏适合缓慢微点泄漏的检测，向制冷系统加注荧光剂，空调系统工作后，荧光剂会从有制冷剂泄漏点渗出，如有泄漏，戴上滤光镜可立即看出。如缓慢微点泄漏，可在几天后再检漏。由于荧光剂较难清洗干净且成本高，一般不采用荧光检漏。

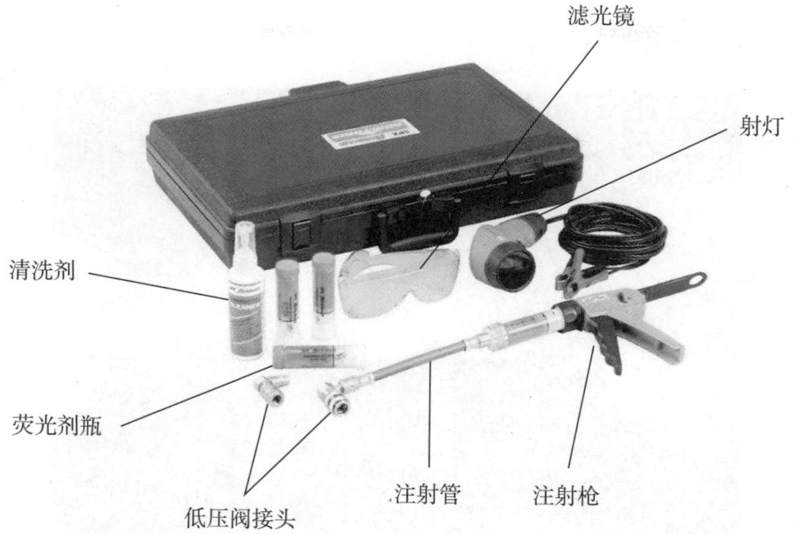

2）检漏部位

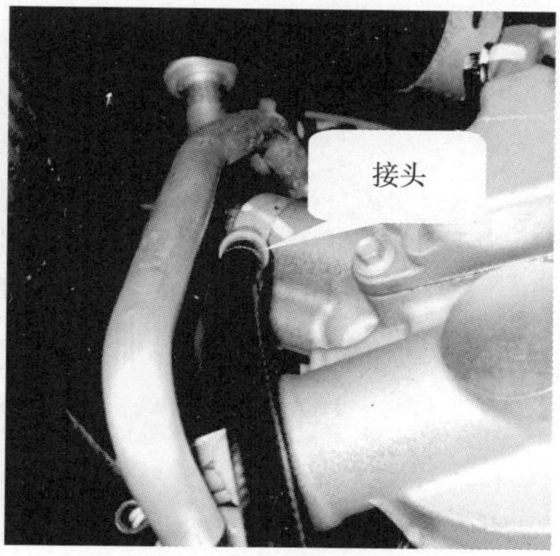

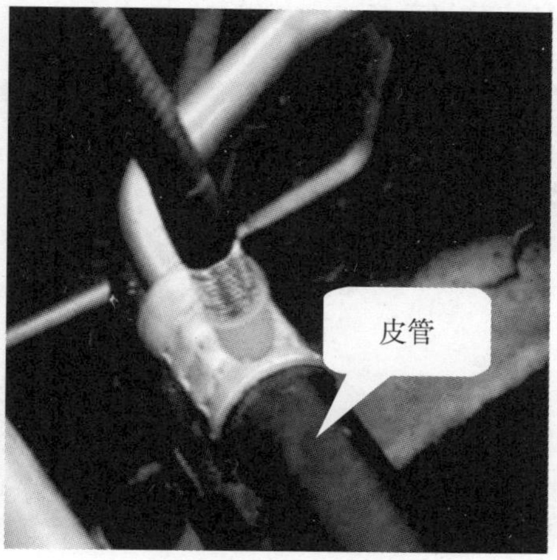

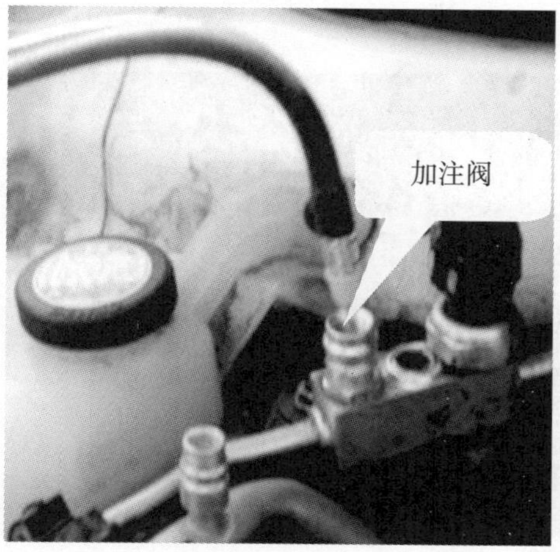

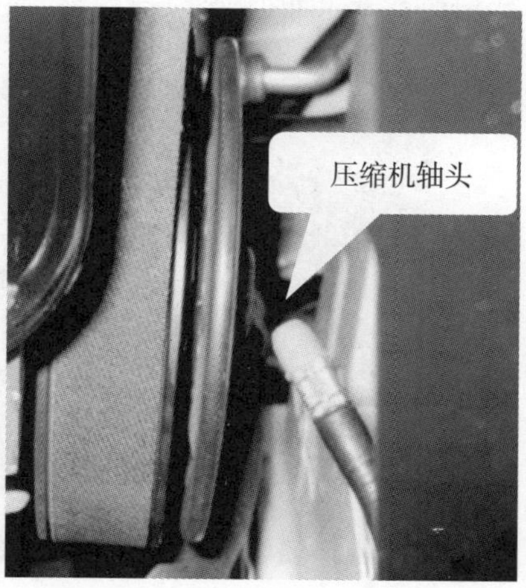

3）步骤

(1) 连接方法：将荧光剂瓶的封口拉开，荧光剂瓶与注射管连接，顺时针旋转，拧紧。

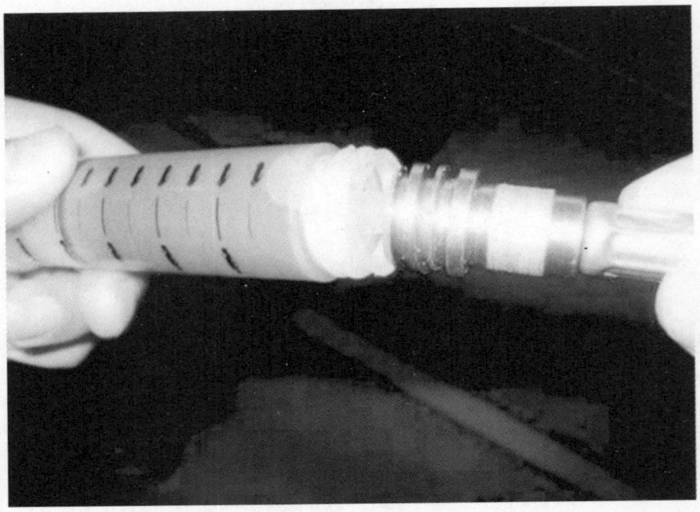

(2) 安装荧光剂瓶与注射枪。

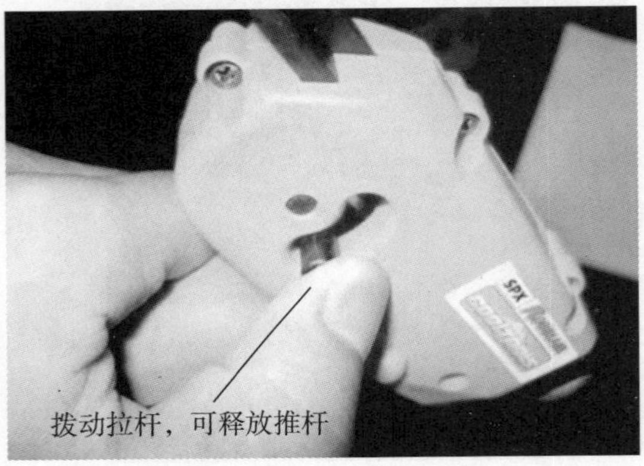

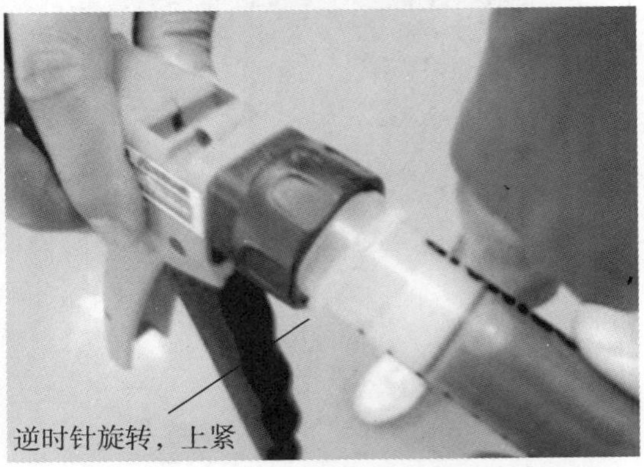

(3) 将注射管接头与低压阀门相连接，加注荧光剂。

注意： 加注前，应确保空调系统无压力。加注荧光剂后，应补充适量制冷剂，使空调系统运转。

(4) 注射荧光剂：小型车辆的注射量为1格，中型车辆的注射量为2格。

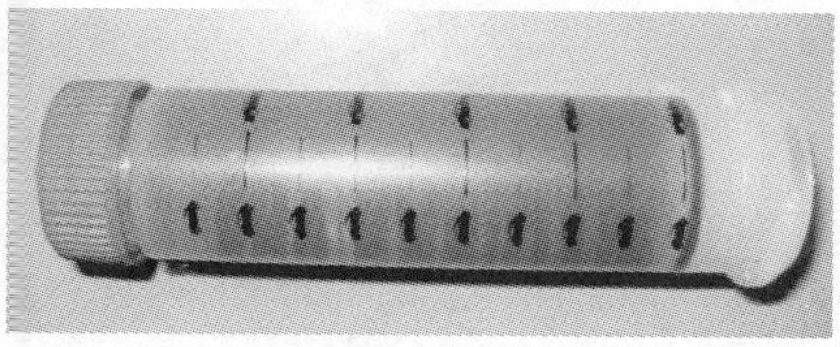

(5) 连接射灯：将射灯的正负极连到蓄电池上。

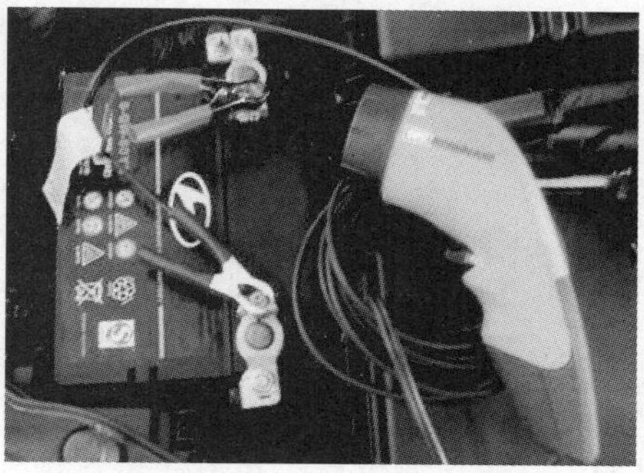

(6) 戴上滤光镜，用射灯照射空调管路及部件。

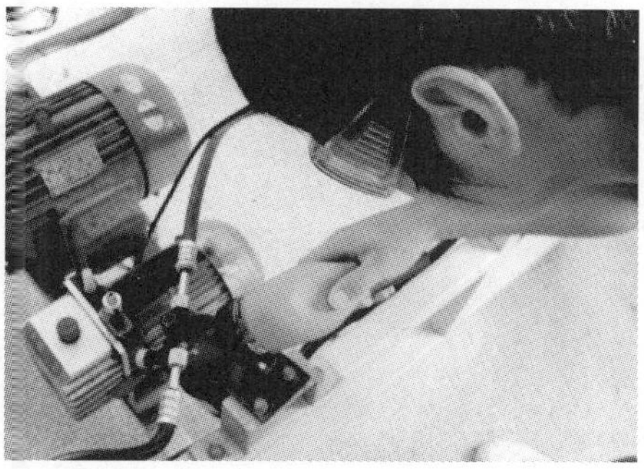

(7) 查找漏点：空调系统运行15 min以上，以便荧光剂与制冷剂充分混合，用射灯照射，如果有黄绿色的光，说明该处有泄漏。

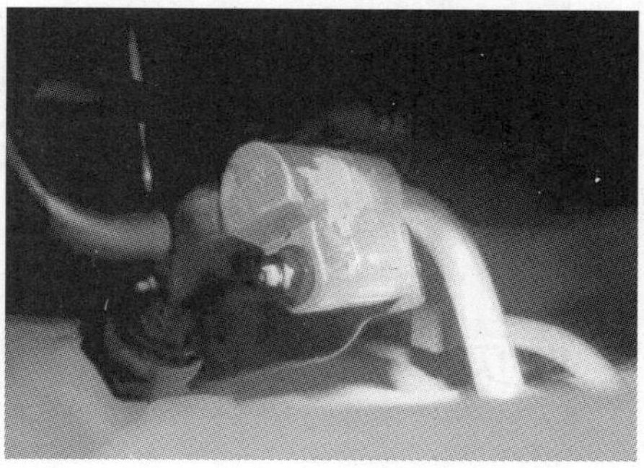

2) 电子检漏仪检漏

电子检漏仪是目前比较先进的检漏仪器。它的优点是使用方便、不需点火、不产生毒性物质、灵敏度高、可以探测到微量泄漏。

它是根据电子检漏仪产生闪光信号的强弱或者蜂鸣器的报警声来标定泄漏的多少，从而测出制冷剂的泄漏部位及其强度的，如图所示。

使用时，把电源开关拨到ON位置，让仪器预热5 min，电源指示灯和检漏指示灯同时发亮，并发出一定频率的声响，检漏指示灯闪烁随声音的频率发出一闪一闪的光亮，调整灵敏度旋钮。这时，将探头向可疑处探测，如出现泄漏，探头接近时，声响会变大，检漏指示灯的闪烁频率会加快。泄漏的多少与声响和检漏指示灯的闪烁频率成正比。有的检漏仪只发出声音，不能调整灵敏度。

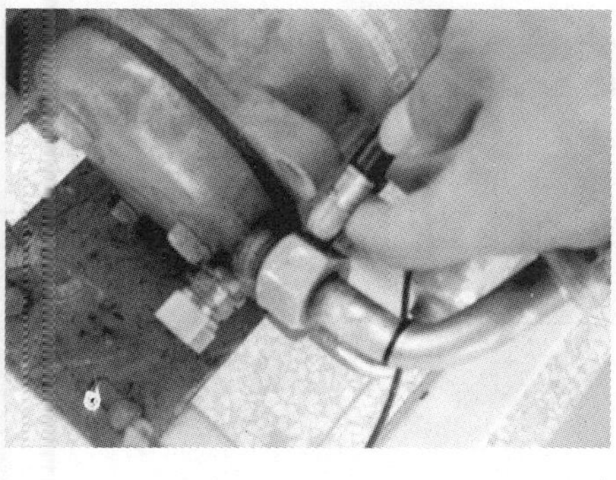

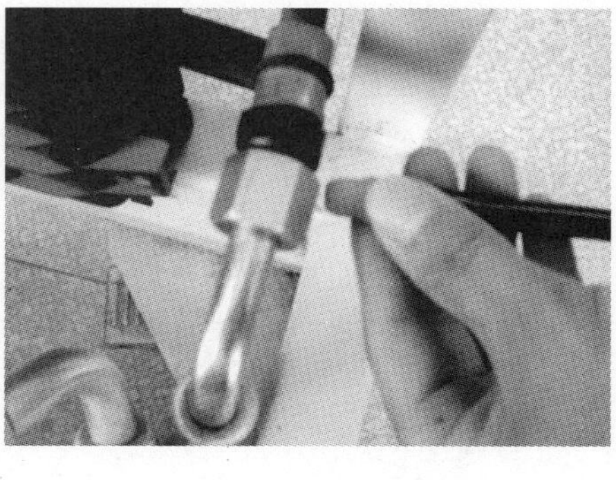

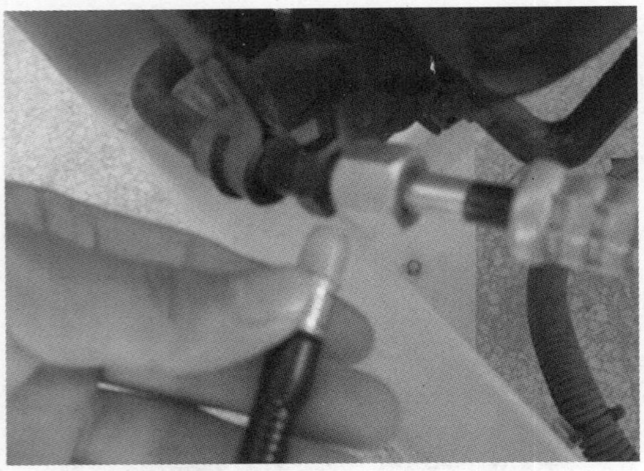 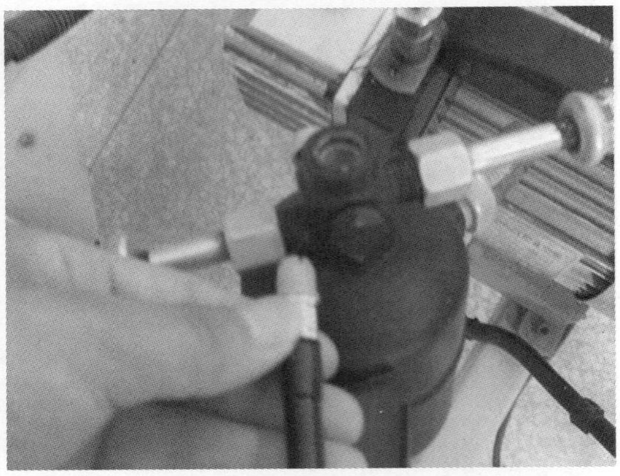

注意：电子检漏仪探头距离测量点最佳约为 1 cm，不要接触到物体。

(五) 技术要点

1. 检漏前的准备工作：发动机以 2 000 r/min 工况运转，车厢空调控制状态为车外空气循环、全冷、鼓风机高挡；

2. 使用电子检漏仪检漏时，探头距离测量物体约为 1 cm，且不能接触到物体；

3. 使用荧光检漏时，加注前，应确保空调系统无压力，加注荧光剂后，应补充适量制冷剂，使空调系统运转 15 min 以上。

二、工作页

车型：____________

选择检漏工具：____________

写出使用检漏工具检测该车型的检漏结果，并填入下表。

序号	检漏部位	检漏结果	分析判断
1			
2			
3			
4			
5			
6			
7			
8			

三、复习思考题

1. 如何确定汽车空调制冷系统中制冷剂的泄漏部位?

2. 汽车空调制冷系统检漏的主要部位有哪些?

3. 简述使用电子检漏仪检漏时的注意事项。

实训十三(四)　空调系统故障诊断与排除

一、实训指导

(一) 实训目标

1. 掌握空调系统维修资料的查阅方法;
2. 学会对空调系统部件的检测方法;
3. 熟悉空调系统的常见故障现象及原因。

(二) 安全要求及注意事项

1. 在打开制冷系统时,必须戴手套及防护眼镜,以免制冷剂冻伤皮肤。一旦皮肤上溅到制冷剂,要立即用大量冷水清洗;

2. 制冷剂的排放应远离工作场所,并保持工作场所通风良好,以免造成窒息危险。制冷剂不要靠近火焰,以免产生对人体有害的物质;

3. 制冷系统打开后,一定要及时加盖或包扎密封,防止空气中的潮气或杂质进入;

4. 更换制冷部件后,要先为系统补充冷冻机油(注意不同品牌的冷冻机油不能混用),然后再加注制冷剂;

5. 更换新压缩机,不需补充冷冻机油(新压缩机内包含整个系统所需的冷冻机油量);

6. 拧紧或拧松螺纹接头时,必须同时使用两把扳手;

7. 为防止电路短路,应拆下与蓄电池负极相连的电线;

8. 安装空调时注意不要夹住电线,电线连接必须可靠、固定牢靠,并且不应与尖锐物体接触,电线要远离热源 50 mm 以上,离开燃油管 100 mm 以上。

(三) 设备/工具/耗材要求

设备与资料:空调实训台架或实训车辆。

工具:探针、一字起、十字起、空调系统专用工具。

仪器:空调歧管压力表、数字万用表。

耗材:制冷剂、冷冻机油、密封 O 型圈。

(四) 实训操作指导

1. 空调制冷系统常规检查

空调系统常规检查是指在不打开制冷系统的情况下,用手感觉各部分温度是否正常,用肉眼检查表面情况及泄漏部位,用耳听和鼻嗅检查有否异常响声和气味,来确定空调系统常见故障的一种方法。

1) 常规检查的内容

(1) 检查制冷剂是否有泄漏;

(2) 检查制冷量是否正常;

(3) 检查电路是否接通牢靠，导线有无破损，各控制元件是否正常工作；

(4) 检查冷凝器是否有明显污垢、杂物，是否通畅；

(5) 检查压缩机传动带张力是否正常；

(6) 检查软管及连接处是否牢固；

(7) 检查系统运行时是否有异响和气味。

2) 常规检查的方法

(1) 用手检查温度

在正常情况下，低压管路呈低温状态，高压管路呈高温状态。从压缩机出口→冷凝器→贮液干燥器→膨胀阀进口处是制冷系统的高压区，这些部件应该先暖后烫(注意手摸时要小心被烫伤)，如有特别热的部位(如冷凝器表面)，则说明此部位有问题：散热不好。如管路有结霜的部位(如膨胀阀入口处)，也说明此部位有问题：可能有堵塞。贮液器进出口之间若有明显温差，则说明此处有堵塞或者制冷剂量不正常。从膨胀阀出口→蒸发器→压缩机进口处是低压区，这些部位表面应该由凉到冷，但膨胀阀处不能发生霜冻现象。

(2) 用肉眼检查泄漏情况

制冷剂的泄漏有可能出现在：所有连接部位、冷凝器表面及蒸发器表面被损坏处、膨胀阀进出口连接处、压缩机轴封、前后盖密封垫等处。上述部位一旦出现油渍，一般说明此处有制冷剂泄漏(但压缩机前轴封处漏油可能是轴承漏油)，应尽快采取措施修理。

2. 利用歧管压力表诊断空调制冷系统故障

如果制冷系统存在故障，可在系统上安装歧管压力表，通过压力表低压与高压的指示值来分析故障。

(1) 正常情况：

高压侧读数应为 1.4～1.6 MPa(14～16 kg/cm^2)；

低压侧读数应为 0.15～0.25 MPa(1.5～2.5 kg/cm^2)。

(2) 空调制冷剂不足。

现象：歧管压力表高压、低压指示都偏低；

排除：应先检测系统是否有泄漏，在排除泄漏后补充制冷剂。

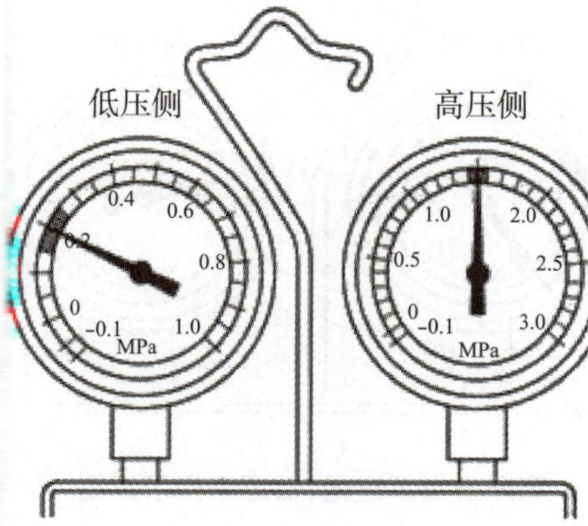

制冷系统的正常压力

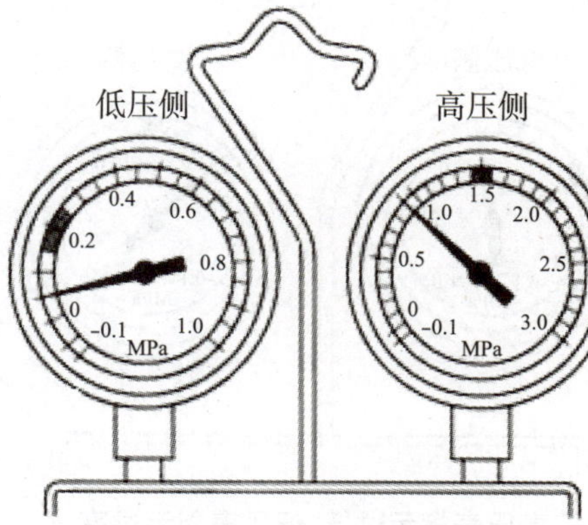

高低压表指示均低

（3）空调制冷剂过多。

现象：歧管压力表高压、低压指示都偏高。低温、低速的时候也同样如此；

排除：适当调整制冷剂量。

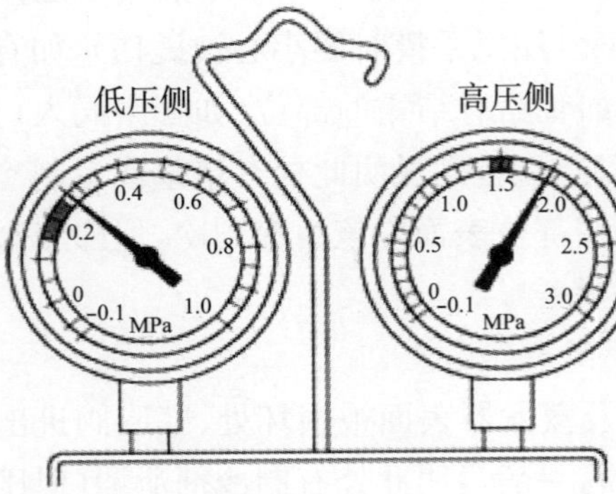

高低压表指示均高

（4）空调系统有水分。

现象：制冷有时有，有时无；压力表在空调起动时正常，过一点时间低压表会显示真空，高压也比正常值低；过一段时间后又会恢复正常；

排除：更换储液干燥器，系统抽真空后重新加注制冷剂。

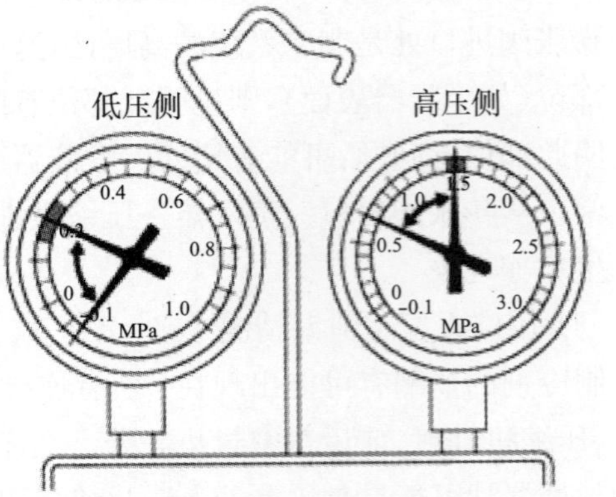

系统有水分时压力表显示

（5）压缩机损坏。

现象：歧管压力表高压指示偏低，低压指示偏高；关闭空调后压力表高低压系统压力很快趋于一致；

排除：检修或更换压缩机。

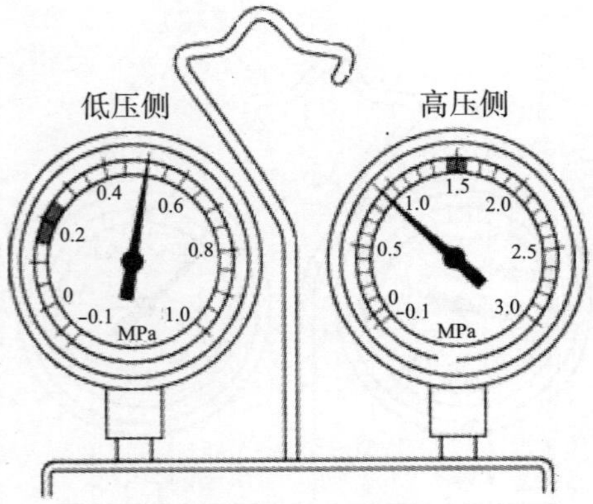

高压表指示过低，低压表指示过高

（6）制冷循环系统有堵塞。

现象：歧管压力表高压指示偏低，低压指示为真空；

排除：堵塞一般发生在膨胀阀、EPR 阀及管路较细的部位，排除时要查明堵塞原因，更换堵塞部件，彻底清理制冷管路。

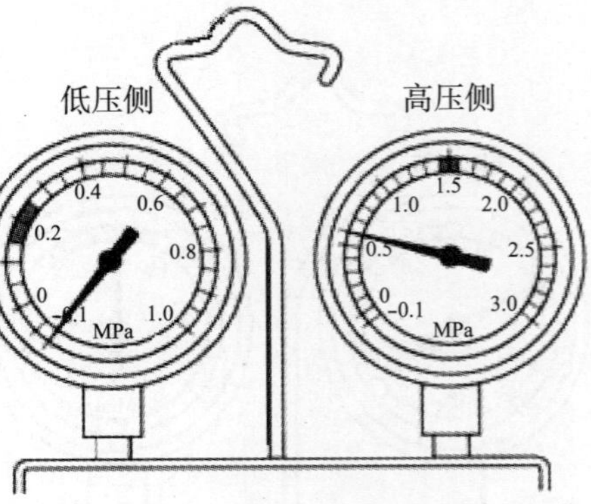

高压表指示过低，低压表指示真空

(7) 制冷系统有空气。

现象：歧管压力表高压、低压指示都偏高；制冷效果不够冷；

排除：更换制冷剂，并对系统抽真空，排除系统空气后重新加注制冷剂。

(8) 膨胀阀开启过大。

现象：歧管压力表高压指示正常、低压指示偏高；低压管路结霜且制冷效果下降；

排除：重点检查膨胀阀热敏管的安装情况；若安装良好就要考虑更换膨胀阀。

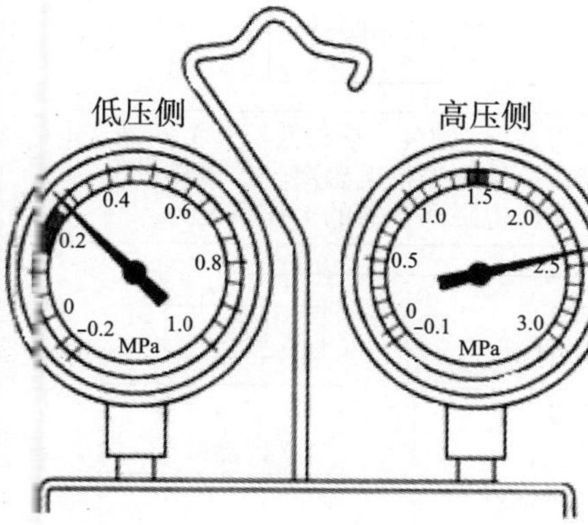

高低压表均过高

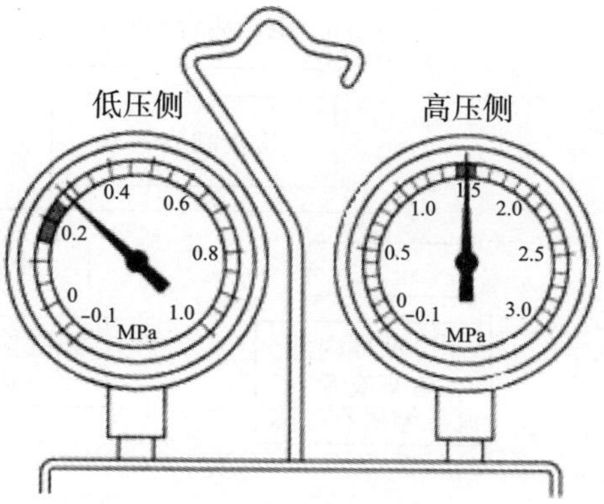

高压表指示正常，低压表指示过高

3. 空调制冷系统常见故障诊断与排除

1) 空调系统不制冷故障诊断与排除

(1) 故障原因

① 空调压缩机不工作；

② 空调压缩机皮带打滑、破裂、太松；

③ 空调管路破损或制冷系统出现泄漏；

④ 节流阀损坏；

⑤ 制冷系统内部堵塞；

⑥ 空调压缩机损坏；

⑦ 熔断丝熔断。

(2) 故障诊断步骤

该故障可按下列流程所示步骤进行诊断。

2) 空调系统制冷不足故障诊断与排除

(1) 故障原因

① 制冷剂注入量太多，引起高压侧散热能力下降，导致制冷效能不良；

② 制冷剂和冷冻机油脏污，使膨胀阀堵塞，导致通向膨胀阀的制冷剂流量下降，导致制冷不足；

③ 制冷剂和冷冻机油中水分过多，导致膨胀阀出现冰堵，制冷能力下降；

④ 系统中空气过多，使冷凝器散热能力下降；

⑤ 压缩机密封不良、驱动皮带松弛打滑、电磁离合器打滑导致压缩机排气压力降低，出现制冷不足；

⑥ 冷凝器表面积污或变形，导致冷凝器散热能力降低；

⑦ 蒸发器表面结霜，冷风通过量减少，引起制冷不足；

⑧ 鼓风机工作不良，导致冷风量减少；

⑨ 送风管路堵塞或损坏。

(2) 故障诊断步骤

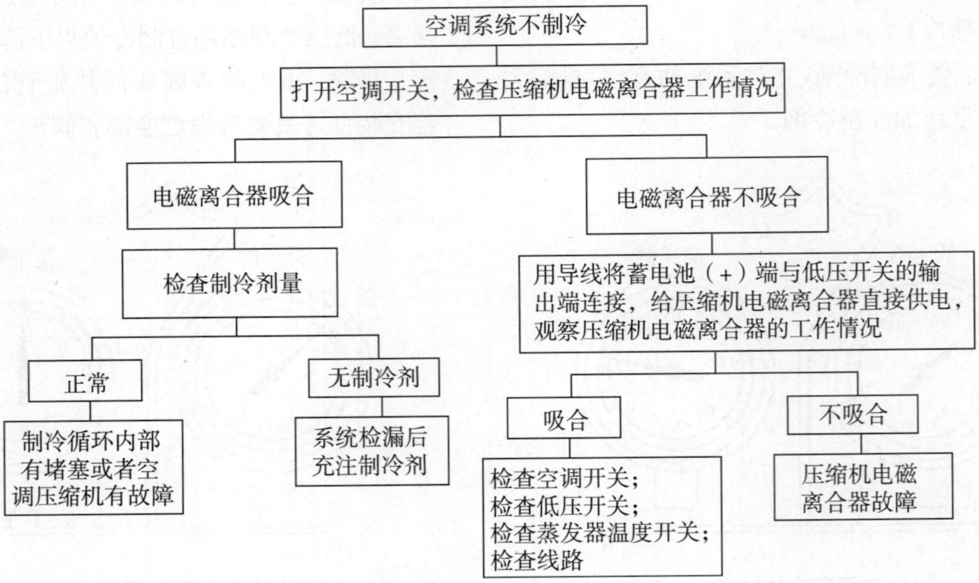

空调系统不制冷故障诊断流程图

该故障可按下列流程所示步骤进行诊断。

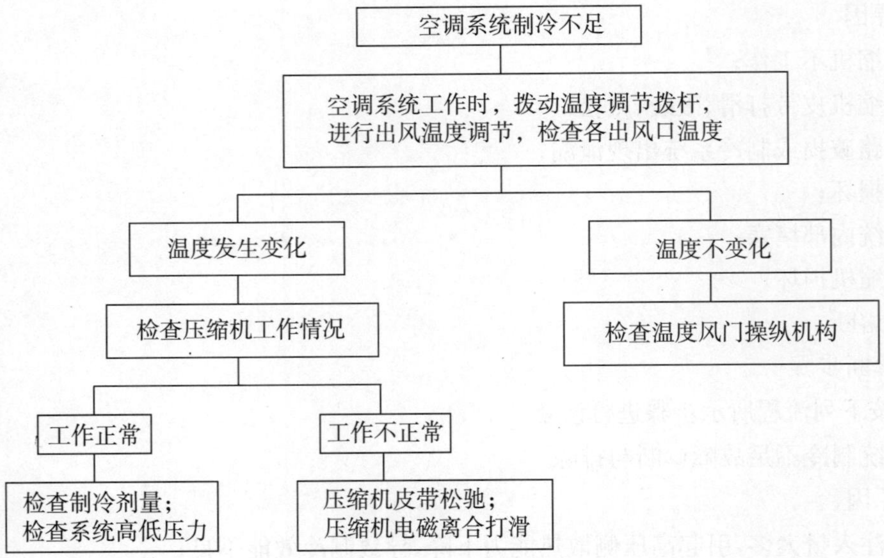

空调系统制冷不足故障诊断流程图

3）空调系统异响故障诊断与排除

(1) 故障原因

① 压缩机驱动皮带松动、磨损过度，皮带轮偏斜，皮带张紧轮轴承损坏等；

② 压缩机安装支架松动或压缩机损坏；

③ 冷冻机油过少，使配合副出现干摩擦或接近干摩擦；

④ 间隙不当、磨损过度、配合表面油污、蓄电池电压低等原因造成电磁离合器打滑；

⑤ 电磁离合器轴承损坏；

⑥ 鼓风机电机磨损过度或损坏；

⑦ 系统制冷剂过多,工作时产生噪音。

(2) 故障诊断步骤

该故障可按下列流程所示步骤进行诊断。

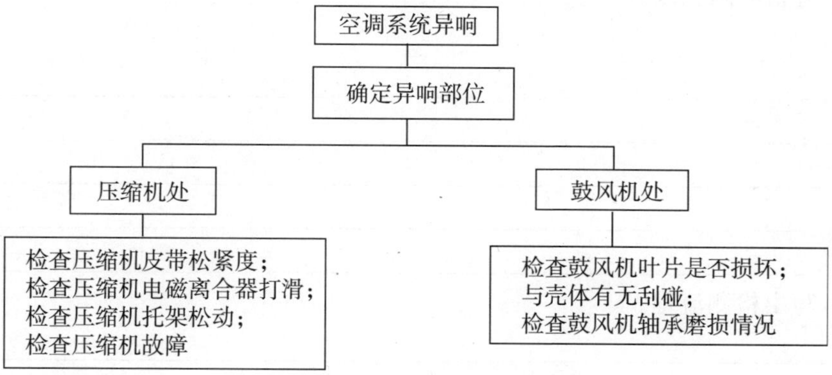

空调系统异响故障诊断流程图

(五) 技术要点

1. 分析故障前可结合车型空调电路图掌握该车型空调结构、控制原理;
2. 诊断空调系统故障时,要按照检测的顺序,逐步进行排查,最终确定故障点。

二、工作页

车型:____________

1. 故障现象描述:________________
2. 按下列顺序逐一检查空调系统各项功能。

步骤	操作	正常结果
1	起动发动机,使发动机稳定运行,按下空调控制按钮键	系统根据车内设定温度、车内当前实际温度、车外温度等信息,选择最佳送风风量和气流设置;外部温度在40°F(4°C)以上时空调系统压缩机会运转
2	按压温度控制键,改变车内设定温度	按压温度控制键提高车内设定温度时,系统出风温度降低;按压温度控制键降低车内设定温度时,系统出风温度下降
3	连续向上或向下按压模式控制键,直到显示所需的模式	选择风窗玻璃/地板模式,空气从地板管道、除霜器和侧窗通风孔流出;选择中部/地板模式,有大部分空气从组合仪表出口流出,一部分空气流经地板管道,少部分空气从除霜器和侧窗通风孔流出;选择中部模式,空气从组合仪表出口流出;选择地板模式,大部分空气流经地板附近管道,少部分从除霜器和侧窗通风孔流出
4	按压前风窗玻璃快速除霜控制键	显示器按键上的指示灯点亮;大部分空气从除霜器通风孔流出,一部分流向地板管道和侧窗除霜器出口
5	按压压缩机控制键	按压该按钮时空调系统压缩机接通或关闭
6	按压内循环模式控制键	显示器按钮上的指示灯点亮,系统进入内循环模式

3. 故障现象确认。

____

____

4. 读电路图,分析故障原因。

可能故障点:

(1) ______________________________

(2) ______________________________

(3) ______________________________

(4) ______________________________

(5) ______________________________

5. 实车检测,写出检测流程。

(1) ______________________________

(2) ______________________________

(3) ______________________________

(4) ______________________________

(5) ______________________________

(6) ______________________________

(7) ______________________________

(8) ______________________________

(9) ______________________________

(10) ______________________________

6. 确定故障点,排除故障。

____

____

三、复习思考题

1. 汽车空调制冷系统中发生冰堵,有什么故障现象?如何排除?

2. 如何用空调歧管压力表检测分析汽车空调制冷系统故障?

3. 汽车空调开启后,有风而没有冷气,应该如何检查(分三种车型)?

4. 按下 A/C 开关,空调电磁离合器不吸合,试根据电路图分析故障原因(分三种车型)?

附录

1. 大众帕萨特空调电路

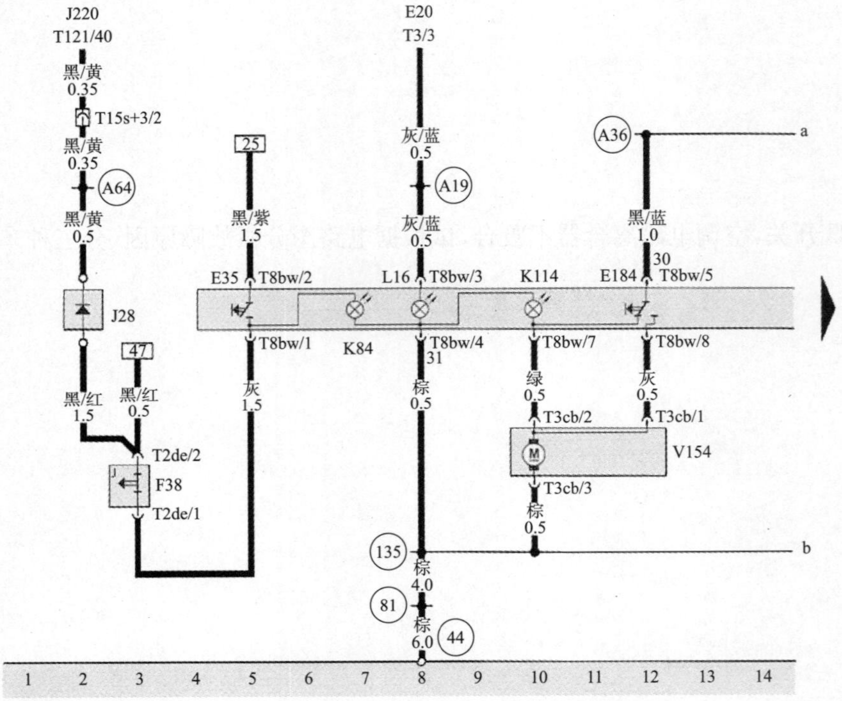

E20—开关和仪表照明控制
E35—空调开关,在空调控制面板后面
E184—新鲜空气和循环空气开关,在空调控制面板后面
F38—外部温度开关,在仪表板右侧进气风口通道上
J28—空调器/暖风截止二极管,在右A柱处
J220—发动机控制单元,在发动机控制单元防护罩内
K84—空调警告灯
K114—新鲜空气和循环空气开关警告灯
L16—新鲜空气控制照明灯
T2de—2针插头,白色,在外部温度开关上
T3—3针插头,黑色,在开关和仪表板照明控制上
T3cd—3针插头,黑色,在新鲜/循环空气板定位电动机上
T8bw—8针插头,黑色,在新鲜空气和循环空气开关上
T15s+3—18针插头,橙/红色,在发动机控制单元防护罩内左侧(3号位)
T121—121针插头,黑色,在发动机控制单元上
V154—新鲜/循环空气板定位电动机,在仪表板右侧新鲜空气鼓风机前方
(44)—接地点,在左A柱处
(81)—接地连接线-1-,在仪表板线束内
(135)—接地连接线,在仪表板线束内
(A19)—连接线(58d),在仪表板线束内
(A36)—连接线(75a),在仪表板线束内
(A64)—连接线(转速信号),在仪表板线束内

大众帕萨特手动空调电路图(一)

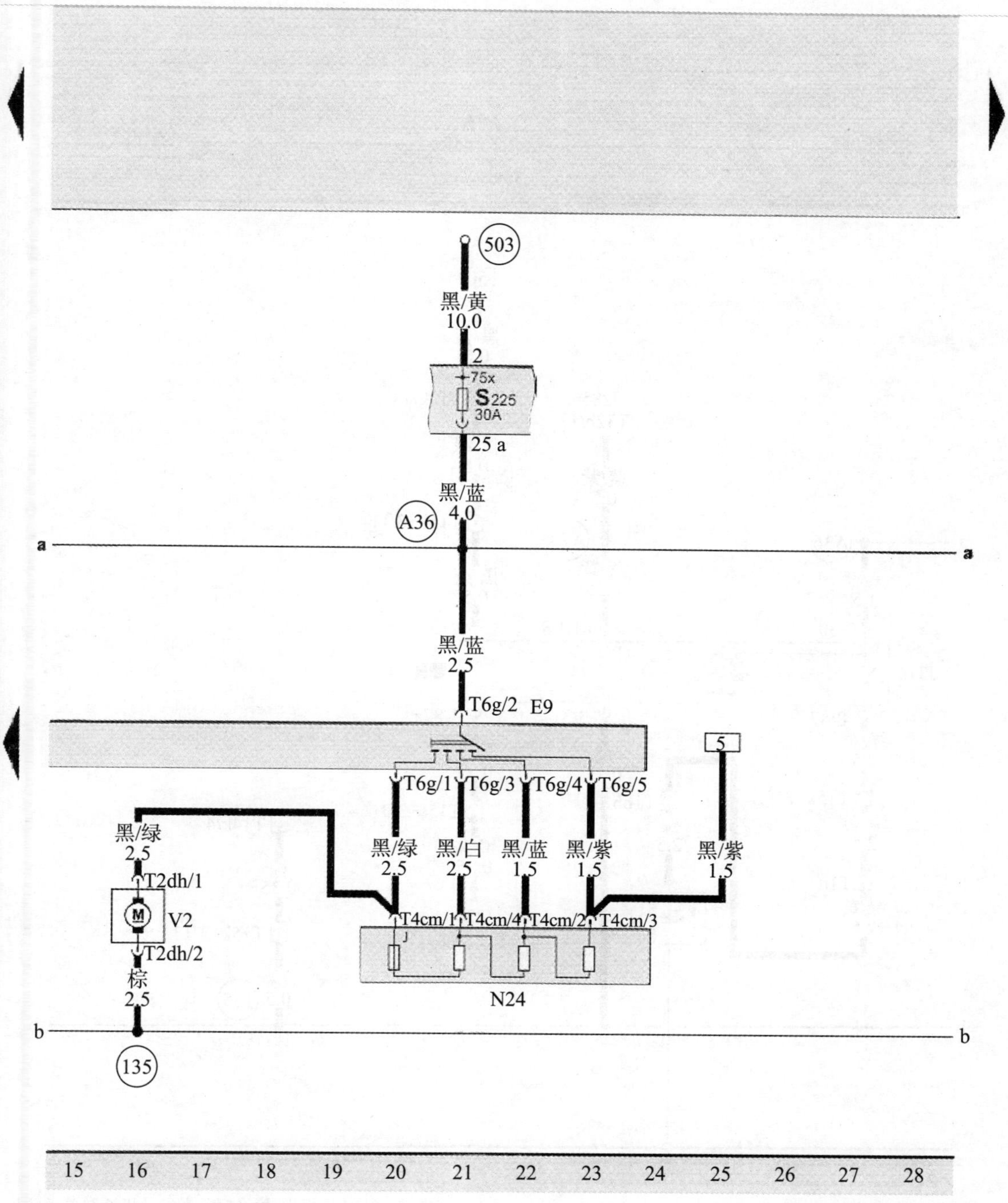

E9—新鲜空气鼓风机开关,在空调控制面板后面

N24—带熔断丝的新鲜空气鼓风机串联电阻,在新鲜空气鼓风机上方左侧

S225—熔断丝25,30 A,新鲜/循环空气板定位电动机、空调器关闭控制单元、新鲜空气鼓风机熔断丝,在熔断丝架上

T2dh—2针插头,黑色,在新鲜空气鼓风机上

T4cm—4针插头,黑色,带熔断丝的新鲜空气鼓风机串联电阻上

T6g—6针插头,白色,在新鲜空气鼓风机开关上

V2—新鲜空气鼓风机,在仪表板右侧下方

(135)—接地连接线,在仪表板线束内

(503)—正极螺栓连接点(75x),在中央电器板上

(A36)—连接线(75a),在仪表板线束内

大众帕萨特手动空调电路图(二)

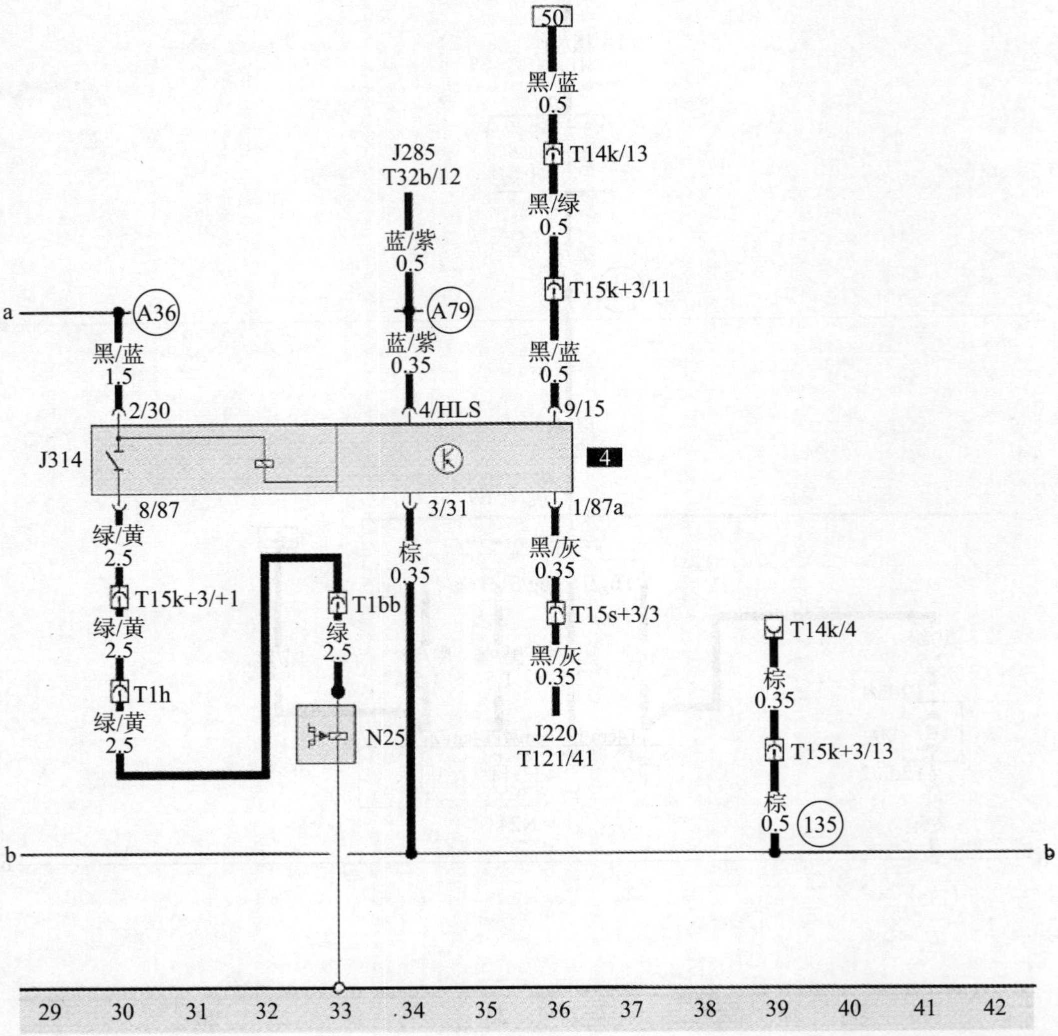

J220—发动机控制单元，在发动机控制单元防护罩内
J285—组合仪表控制单元，在仪表板左侧
J314—空调器关闭控制单元，绿色插座，在 13 位置继电器架上 4 号位(304 继电器)
N25—空调电磁离合器，在发动机舱内右侧前部下方
T1h—1 针插头，绿色，在发动机舱内左前侧
T1bb—1 针插头，绿色，在压缩机前方
T14k—14 针插头，黑色，在发动机舱内左前侧
T15k+3—18 针插头，白色，在左 A 柱处(14 号位)
T15s+3—18 针插头，橙/红色，在发动机控制单元防护罩内左侧(3 号位)
T32b—32 针插头，绿色，在组合仪表控制单元上
T121—121 针插头，黑色，在发动机控制单元上
(135)—接地连接线，在仪表板线束内
(A36)—连接线(75a)，在仪表板线束内
(A79)—连接线，在仪表板线束内

大众帕萨特手动空调电路图(三)

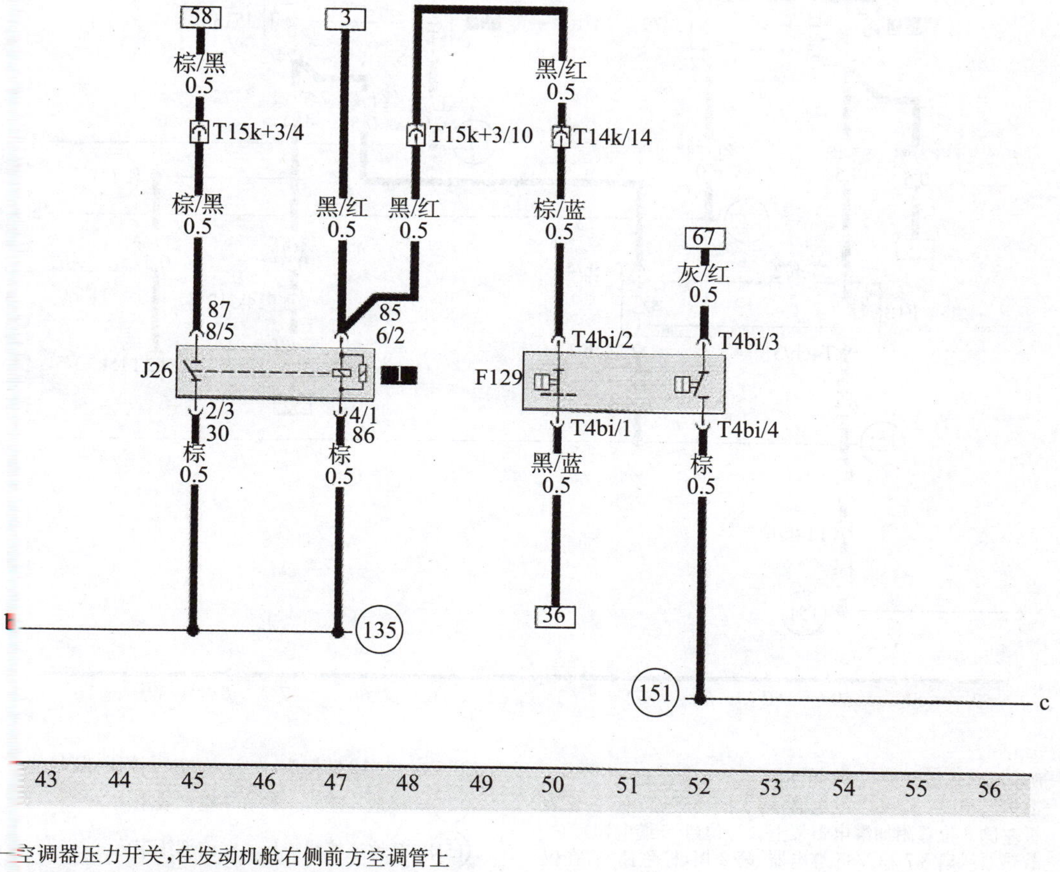

F129—空调器压力开关，在发动机舱右侧前方空调管上

J26—冷却液风扇继电器，红色插座，在 13 位置继电器板上 1 号位(373 继电器)

T4bi—4 针插头，黑色，在空调器压力开关上

T14k—14 针插头，黑色，在发动机舱内左前侧

T15k—3—18 针插头，白色，在左 A 柱处(14 号位)

(135)—地连接线－2－，在仪表板线束内

(151)—地连接线－1－，在前部线束内

大众帕萨特手动空调电路图(四)

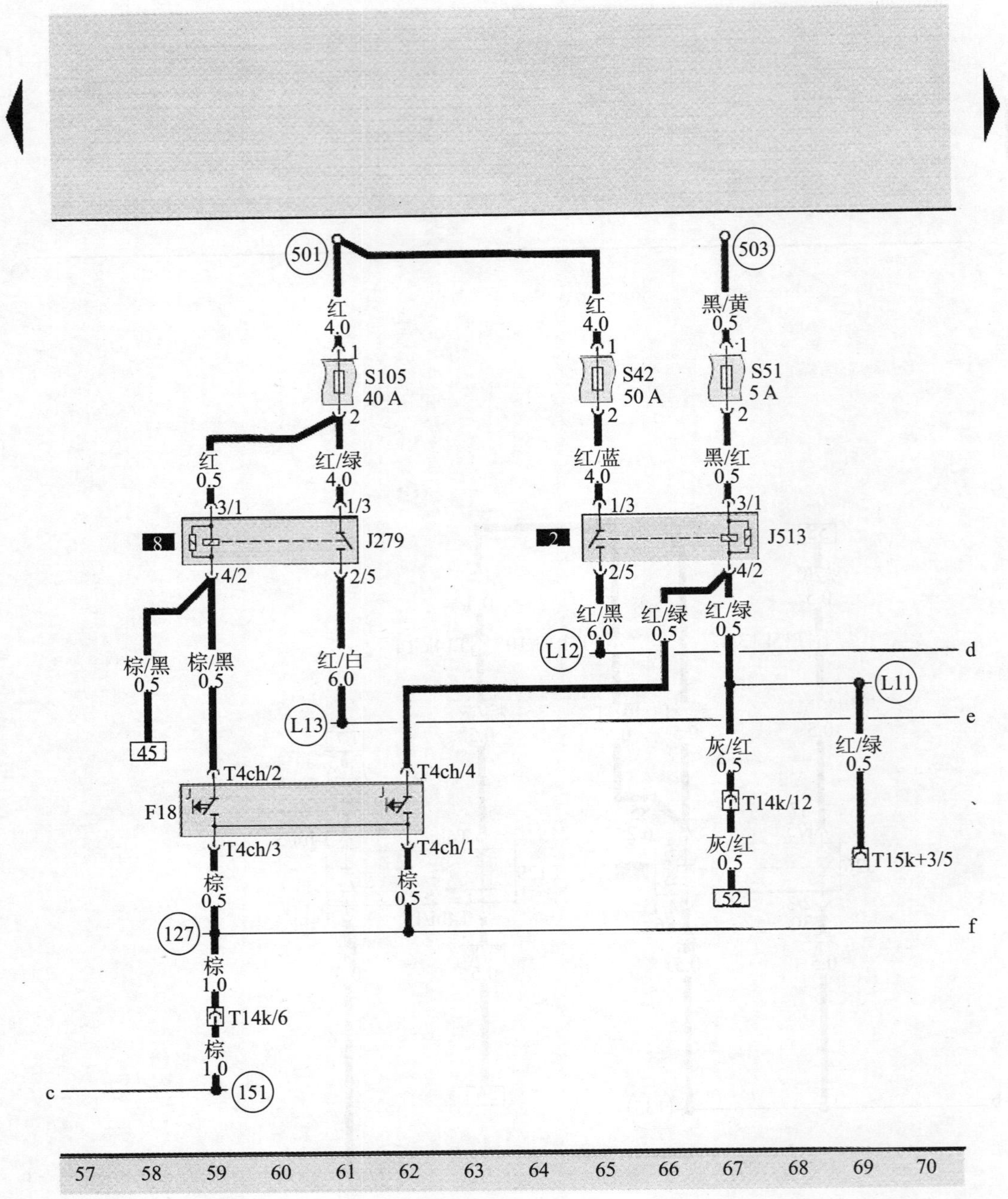

F18—散热风扇热敏开关,在水箱左侧下方出水管上

J279—散热风扇 V7 和 V35 继电器-第 1 挡,红色插座,在仪表板左侧 8 位置附加继电器架上 8 号位(100 继电器)

J513—散热器风扇 V7 和 V35 继电器-第 2 挡,棕色插座,在仪表板左侧 8 位置附加继电器架上 2 号位(100 继电器)

S42—冷却液风扇的熔断丝,50 A,红色插座,在仪表板左侧 8 位置附加继电器架上(C 号位)

S51—冷却风扇继电器的熔断丝,5 A,黄色插座,在仪表板左侧 8 位置附加继电器架上(B 号位)

S105—冷却液风扇熔断丝,第 1 挡,40 A,红色插座,在仪表板左侧 8 位置附加继电器架上(E 号位)

T4ch—4 针插头,黑色,在散热风扇热敏开关上

T14k—14 针插头,黑色,在发动机舱内左前侧

T15k+3—18 针插头,白色,在左 A 柱处(14 号位)

(127)—接地连接线—1—,在空调线束内

(151)—接地连接线—1—,在前部线束内

(501)—正极螺栓连接点(30),在中央电器板上

(503)—正极螺栓连接点(75x),在中央电器板上

(L11)—连接线,在空调线束内

(L12)—连接线,在空调线束内

(L13)—连接线,在空调线束内

大众帕萨特手动空调电路图(五)

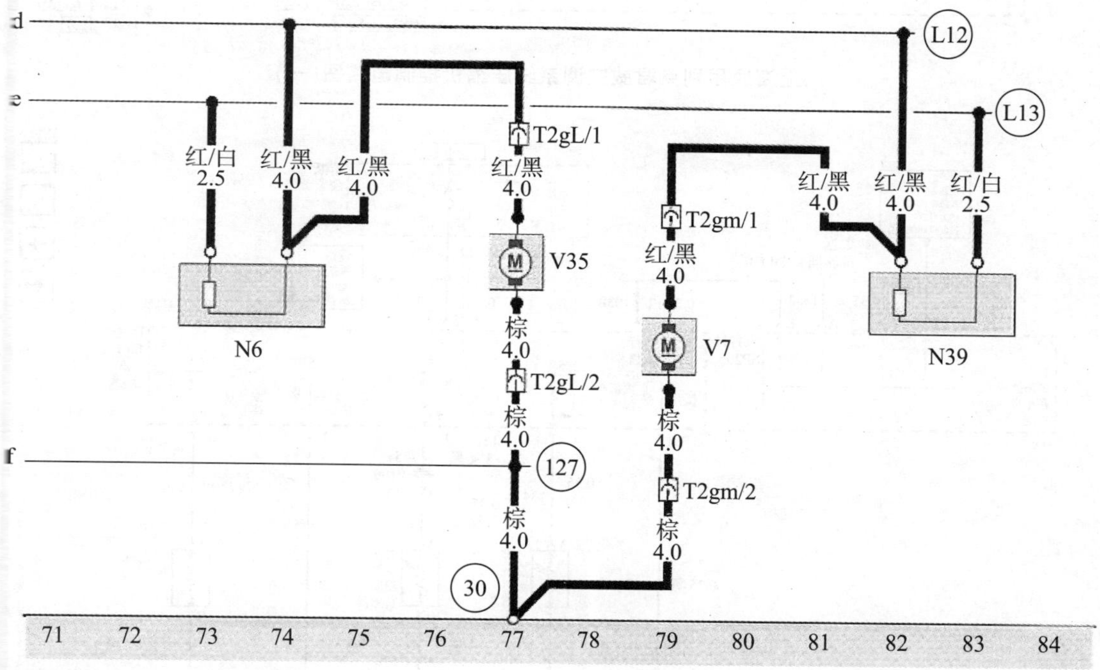

N6—串联电阻，在发动机舱左纵梁下方

N39—冷却液风扇的串联电阻，在发动机舱左纵梁下方

T2gL—2 针插头，黑色，在发动机舱左前侧

T2gm—2 针插头，棕色，在发动机舱左前侧

V7—散热风扇，在发动机前部左侧

V35—右散热风扇，在发动机前部右侧

(30)—接地点，在左 A 柱中部前方

(127)—接地连接线，在空调线束内

(L12)—连接线，在空调线束内

(L13)—连接线，在空调线束内

大众帕萨特手动空调电路图(六)

2. 上海通用别克君威空调电路

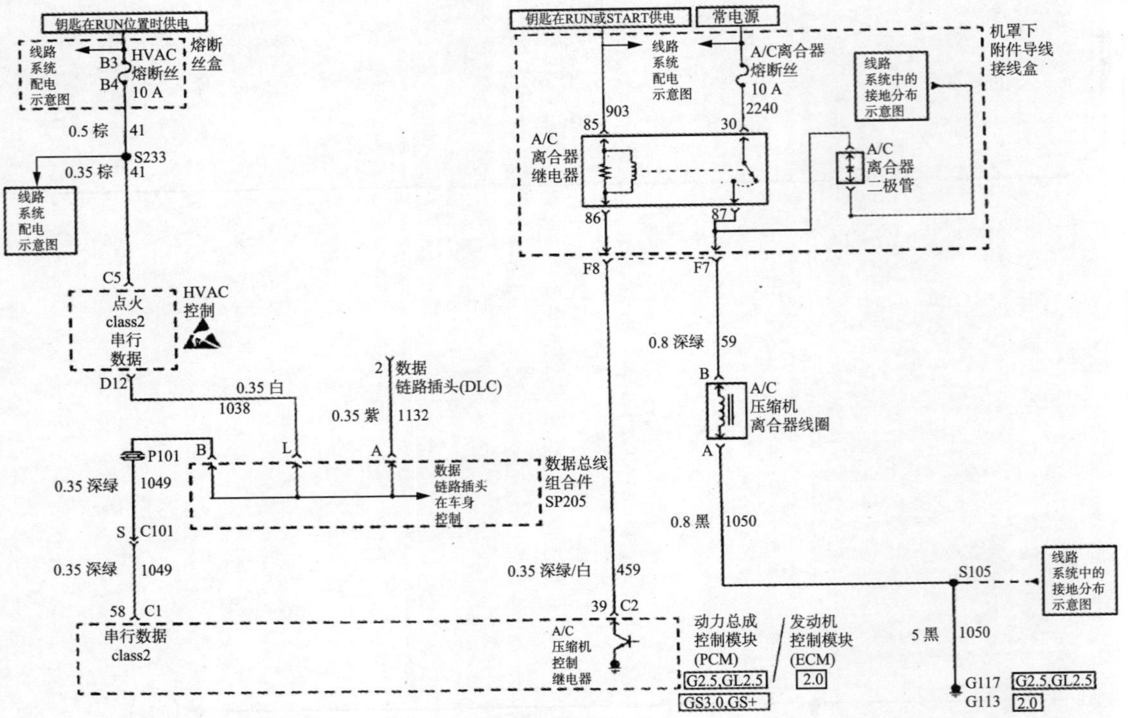

上海通用别克君威空调系统压缩机控制电路图(一)

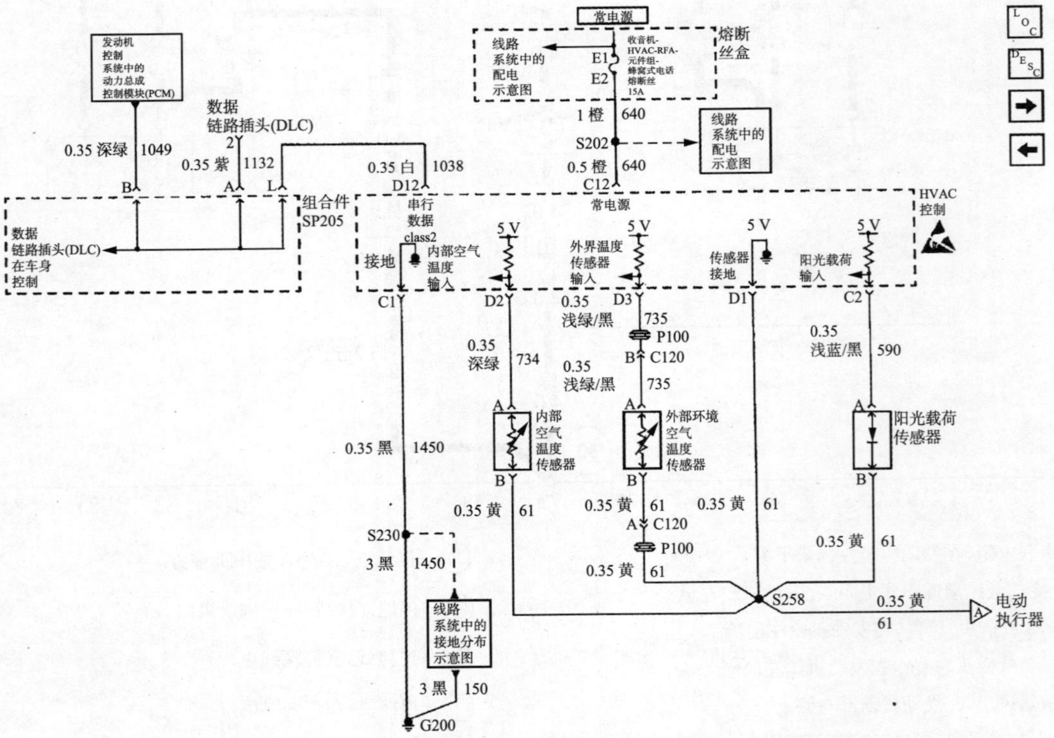

上海通用别克君威空调系统温度控制电路图(二)

3. 丰田卡罗拉车空调电路

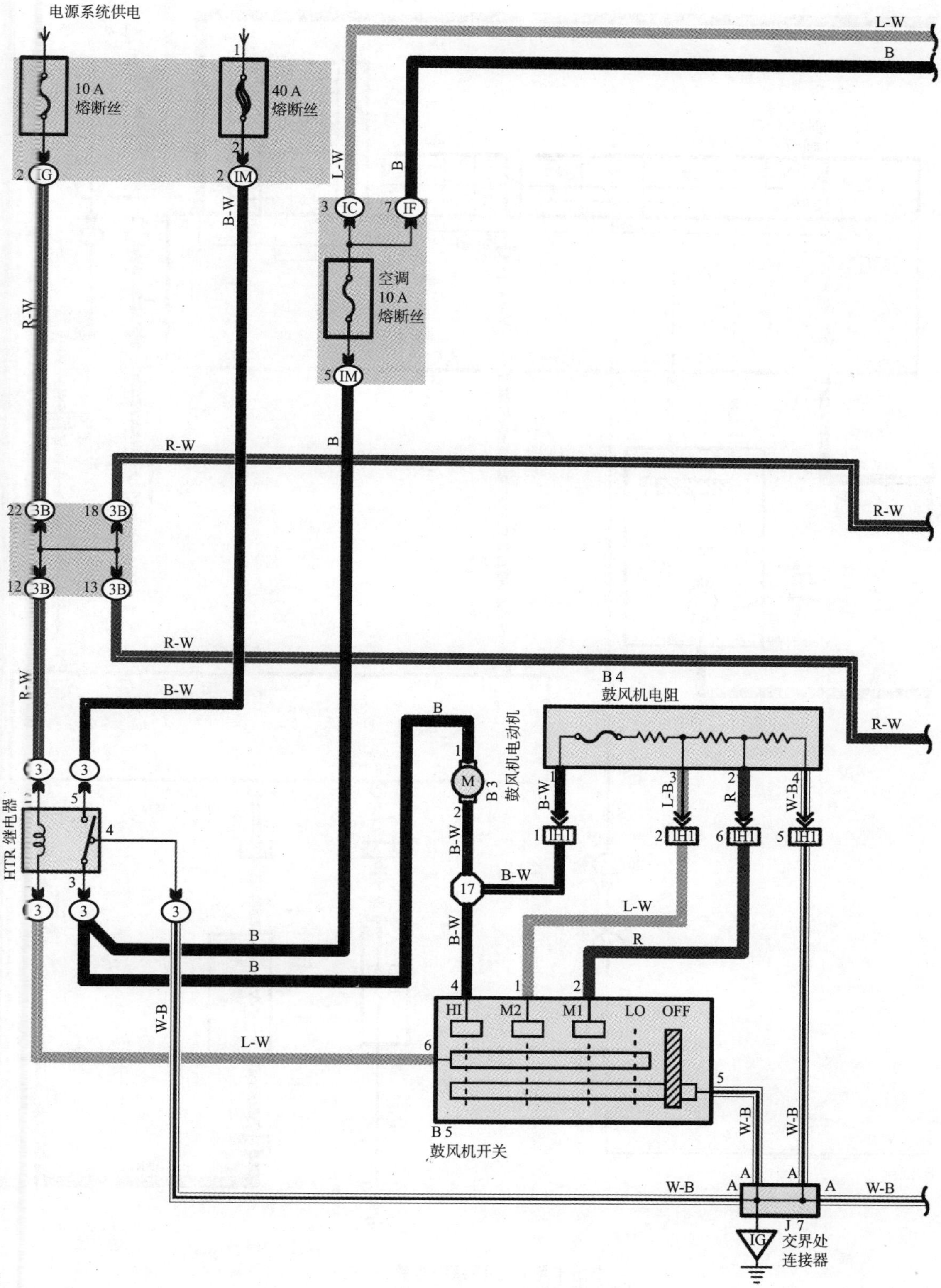

丰田卡罗拉空调系统电路图(一)

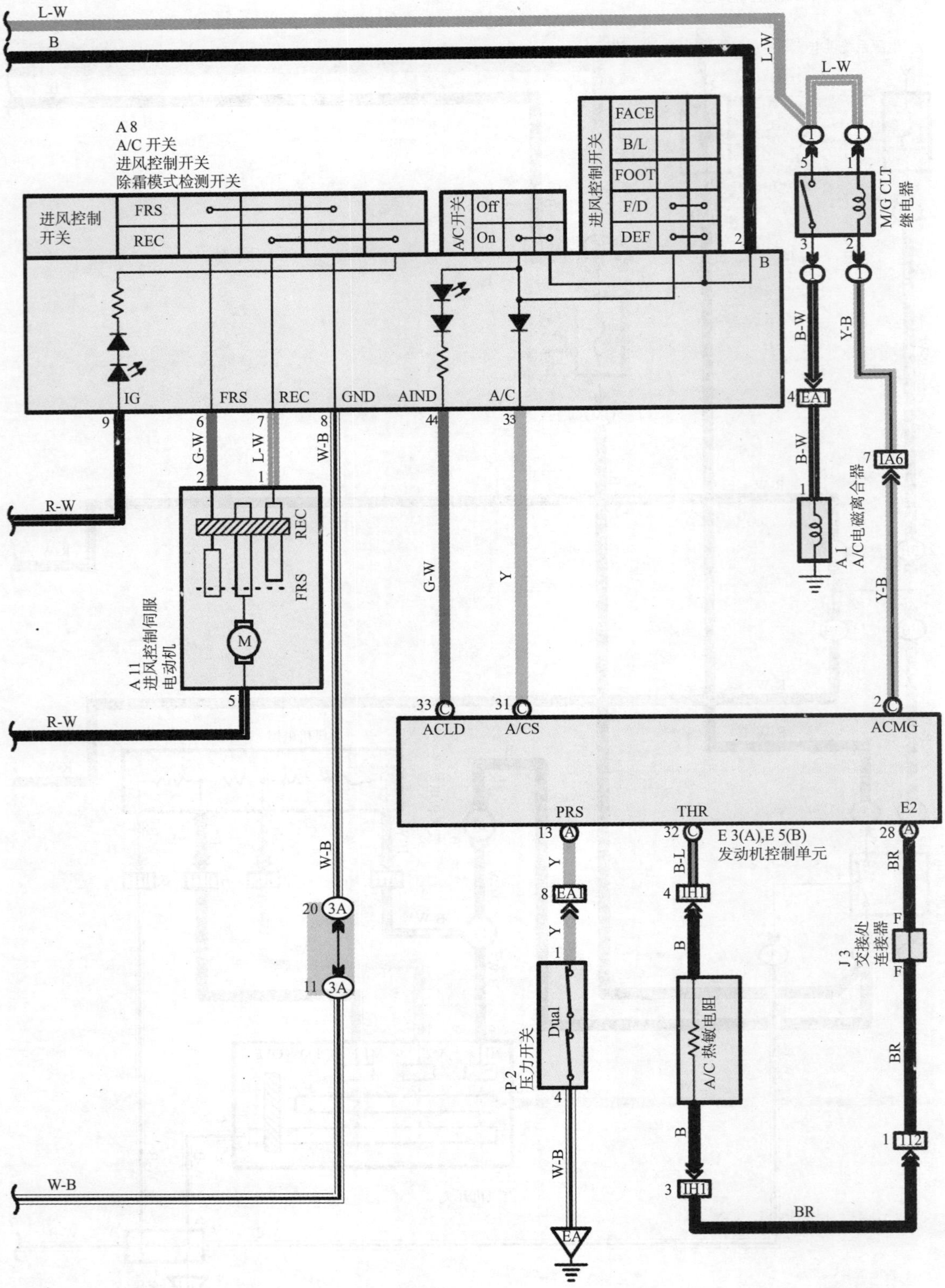

丰田卡罗拉空调系统电路图(二)

实训十四　安全气囊系统

姓名：__________　班级：__________　日期：__________

实训十四(一)　安全气囊系统转向盘模块拆装(选做)

一、实训指导

(一)实训目标

1. 掌握维修手册的使用方法；
2. 熟悉安全气囊系统的组成、结构与安装位置；
3. 熟悉驾驶侧安全气囊系统转向盘模块拆装顺序；
4. 了解安全气囊系统在拆装检修中的注意事项。

(二)安全要求及注意事项

1. 熟悉实训场地的安全制度；
2. 在检测和拆装安全气囊系统前，要先将蓄电池的负极拆下；
3. 在进行安全气囊系统检测和拆装时，注意安全，防止误引爆；
4. 保持实训场地的清洁。

(三)设备/工具/耗材要求

设备：上海通用别克君威。
工具：探针、10 mm 开口扳手、一字起子。
仪器：数字万用表。
耗材：无。

(四)实训操作指导

上海通用别克君威驾驶侧安全气囊系统

1. 拆解顺序

(1) 关闭点火开关,断开蓄电池的负极连接线。

(2) 从位于转向柱基座的充气式保护装置转向盘模块线圈的黄色 2-路线束接头上,拆卸连接器位置固定装置。

(3) 断开充气式保护装置转向盘模块线圈的黄色 2-路线束接头。

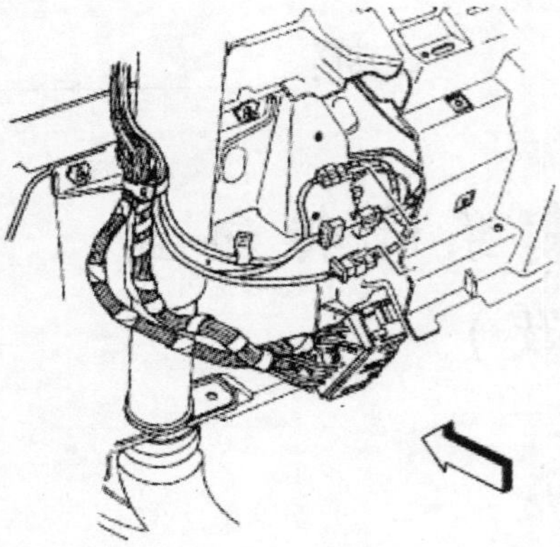

(4) 将一字起子插入转向盘背部四个开口中的一个开口中。

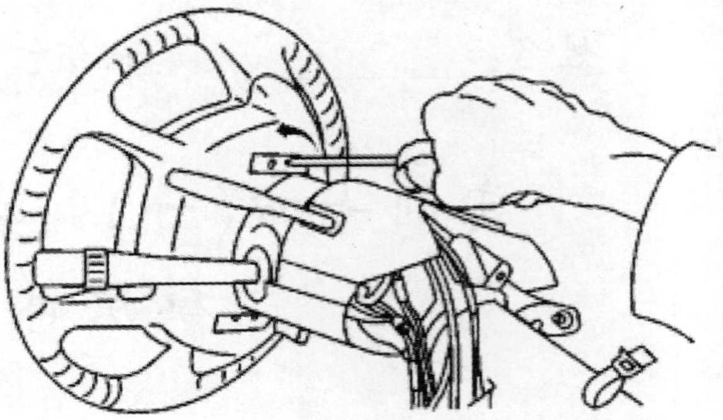

(5) 沿逆时针方向转动起子,使弹簧从充气装置的槽口松脱。

(6) 对其他孔重复以上位置。

(7) 从转向盘上拆卸充气装置模块。

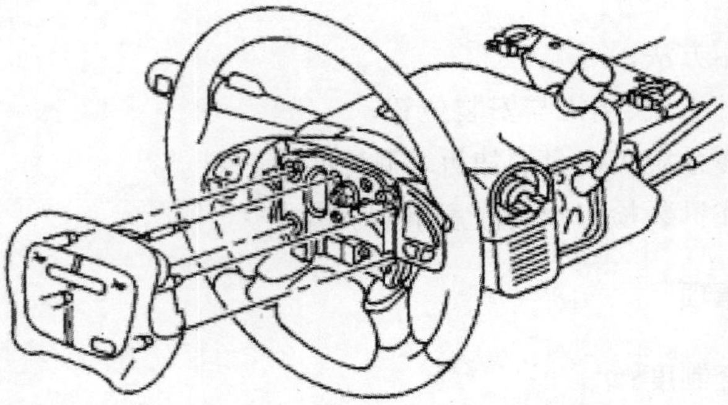

(8) 将驾驶侧充气装置模块轻轻移离转向盘。

(9) 拆卸连接器位置固定装置。

(10) 从充气装置模块背部断开电气接头。

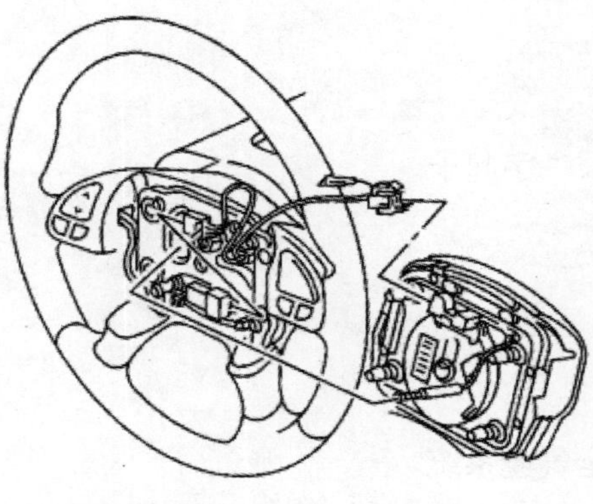

(11) 从转向柱上拆卸喇叭的接地引线。

(12) 逆时针旋转喇叭的接地引线1/4周。

(13) 从转向柱的凸轮架上拆卸喇叭的接地引线。

2. 安装顺序

按照拆解的相反顺序进行安装即可。

(五) 技术要点

1. 拆卸安全气囊前，首先点火开关OFF，然后拆开蓄电池负极桩线，待安全气囊控制单元内部备用电源释放完电量后(约6 min)，才可拆卸安全气囊部件；

2. 安全气囊系统的导线与接插件采用醒目的黄色；

3. 拆装和检测安全气囊系统时，要严格按照原厂技术要求操作，并注意安全，防止误引爆；

3. 在进行安全气囊系统故障诊断时，要按照检测的顺序，逐一进行排查，最终确定故障点。

二、工作页

车型：____________

1. 写出拆解顺序。

(1) ____________________________________

(2) ____________________________________

(3) ____________________________________

(4) ____________________________________

(5) ____________________________________

(6) ____________________________________

(7) ____________________________________

(8) ____________________________________

2. 写出安装顺序。

(1) ____________________________________

(2) ____________________________________

(3) ____________________________________

(4) ____________________________________

(5) ____________________________________

(6) ____________________________________

(7) ____________________________________

(8) ____________________________________

三、复习思考题

1. 检测安全气囊系统，应注意哪些问题？

2. 在拆装上海通用别克君威驾驶侧安全气囊系统转向盘模块过程中，应注意哪些事项？

实训十四(二)　安全气囊系统故障诊断与排除(选做)

一、实训指导

(一) 实训目标

1. 掌握维修手册的使用方法；
2. 熟悉安全气囊系统电路的组成、检修方法；
3. 了解安全气囊的工作原理；
4. 掌握安全气囊系统故障诊断的思路。

(二) 安全要求及注意事项

同实训十四(一)。

(三) 设备/工具/耗材要求

设备：上海通用别克君威，或其他同类车辆。
工具：探针、10 mm 开口扳手、一字起子。
仪器：数字万用表，故障诊断仪 tech2，或其他同类故障诊断仪。
耗材：无。

(四) 实训操作指导

上海通用别克君威驾驶侧安全气囊系统

1　诊断顺序

(1) 点火开关接通，观察安全气囊指示灯是否闪烁；
(2) 在点火开关处于 OFF 挡位时，将 tech2 与车辆诊断接口连接；
(3) 打开点火开关，接通 tech2 电源；
(4) 选择“主菜单”中 F0：诊断；
(5) 选择“车辆识别”中车辆年款：2008(根据 17 位编中的第 10 位输入生产年份)；
(6) 选择“车辆识别”中车辆类型：小客车；
(7) 选择“车辆识别”中车辆型号：别克；
(8) 选择“诊断”中 F1：车身；
(9) 选择“车身”中 F2：辅助充气保护装置；
(10) 选择“辅助充气保护装置”中 F0：诊断故障码；
(11) 选择“诊断故障码”中 F0：读取 DTC 信息；
(12) 显示故障码(如 B0022 驾驶侧正前展开回路电阻低)。

2. 针对故障信息进行故障诊断和排除

(1) 查找维修手册,找出相关电路图。

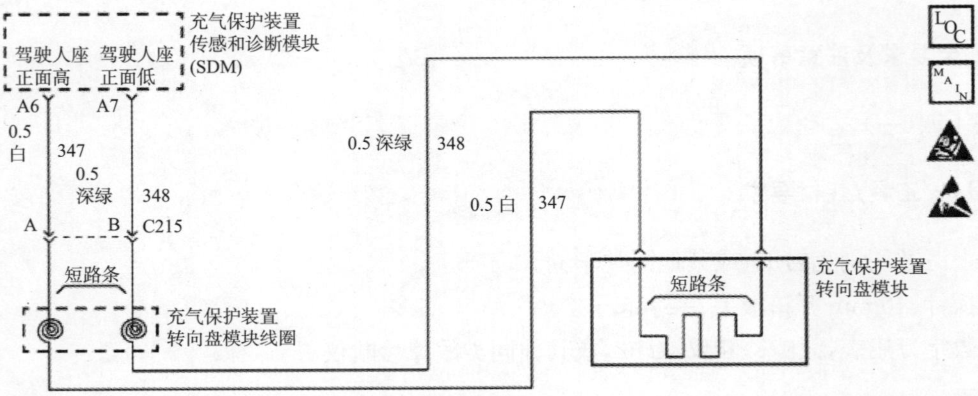

(2) 根据故障码内容分析电路图(例:左前/驾驶侧正面展开回路(单阶段或阶段 1)电阻低)。

(3) 关闭点火开关,断开直列接头 C215。

(4) 检查接头 C215 的凸端和凹端,看是否腐蚀,端子损坏或接触不良。

例:检查的结果为接头 C215 接触不良。

(5) 将接头 C215 安装牢固,接通点火开关,清除故障码。

(五) 技术要点

1. 熟悉维修手册编排框架,掌握维修手册的使用方法;
2. 在车上拆装安全气囊系统部件前,要先断开蓄电池负极柱连接线;
3. 在进行安全气囊系统故障诊断时,要按照检测的顺序,逐一进行排查,最终确定故障点;
4. 在进行安全气囊系统检测和拆装时,注意安全,防止误引爆。

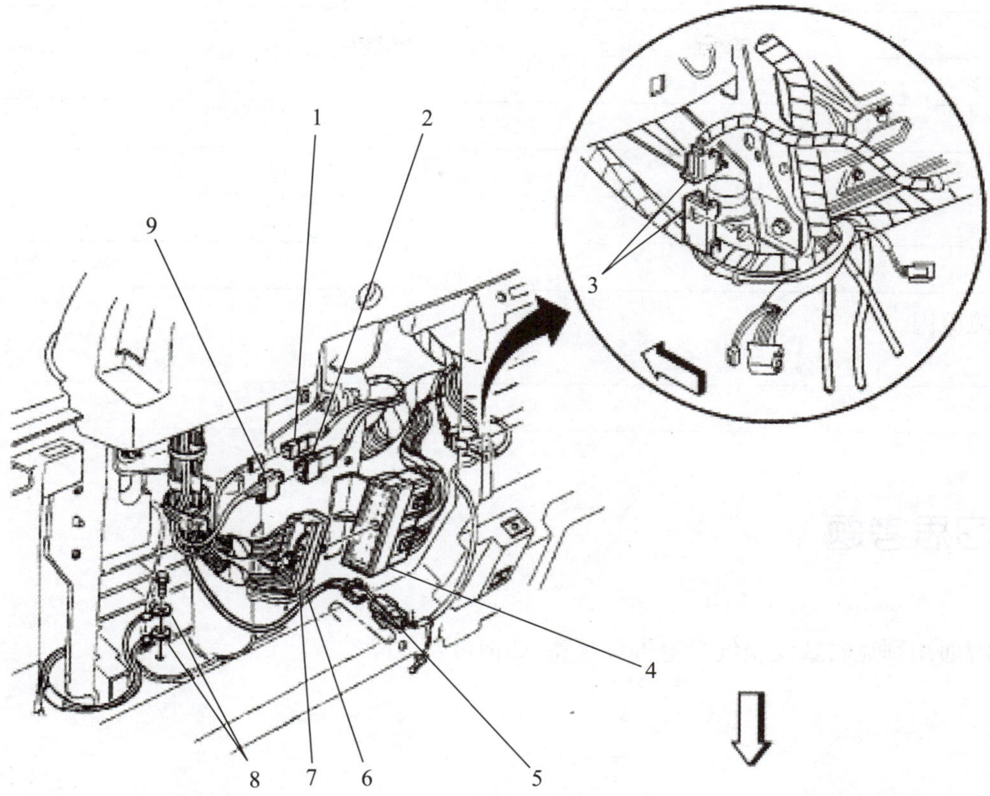

线束布线图(转向往下部)

1—停车灯开关连接器,C1(仪表板线束);2—停车灯开关,C2(仪表板线束);3—C218(连接器至充气式保护装置仪表规模块);4—C201(连接器至转向柱,仪表板线束);5—C215(连接器至充气式保护装置方向盘模块,仪表板线束);6—C215(连接器至充气式保护装置方向盘模块,转向柱线束);7—C201(连接器至转向柱,转向柱线束);8—G203;9—停车灯开关,C2(转向柱线束)

二、工作页

车型:____________

1. 故障现象描述:______________________

2. 读电路图,分析故障原因。

(1) ____

(2) ____

(3) ____

(4) ____

(5) ____

3. 诊断步骤。

(1) ____

(2) ____

(3) ____

(4) ______

(5) ______

(6) ______

(7) ______

(8) ______

(9) ______

(10) ______

4. 故障原因。

______

______

三、复习思考题

1. 上海通用别克君威安全气囊警告灯常亮，如何诊断故障？

2. 分析上海通用别克君威安全气囊系统的电路图，找出系统各故障点所对应的故障现象，并填入下表。

序号	故障点	故障现象
1	熔断丝 D3—D4 熔断	
2	电路 1751 断路	
3	安全气囊模块的端子 A3 电压过高、过低	
4	安全气囊模块的端子 A18 开路	
5	安全气囊模块的端子 A6 开路	

附录

1. 大众帕萨特安全气囊系统电路

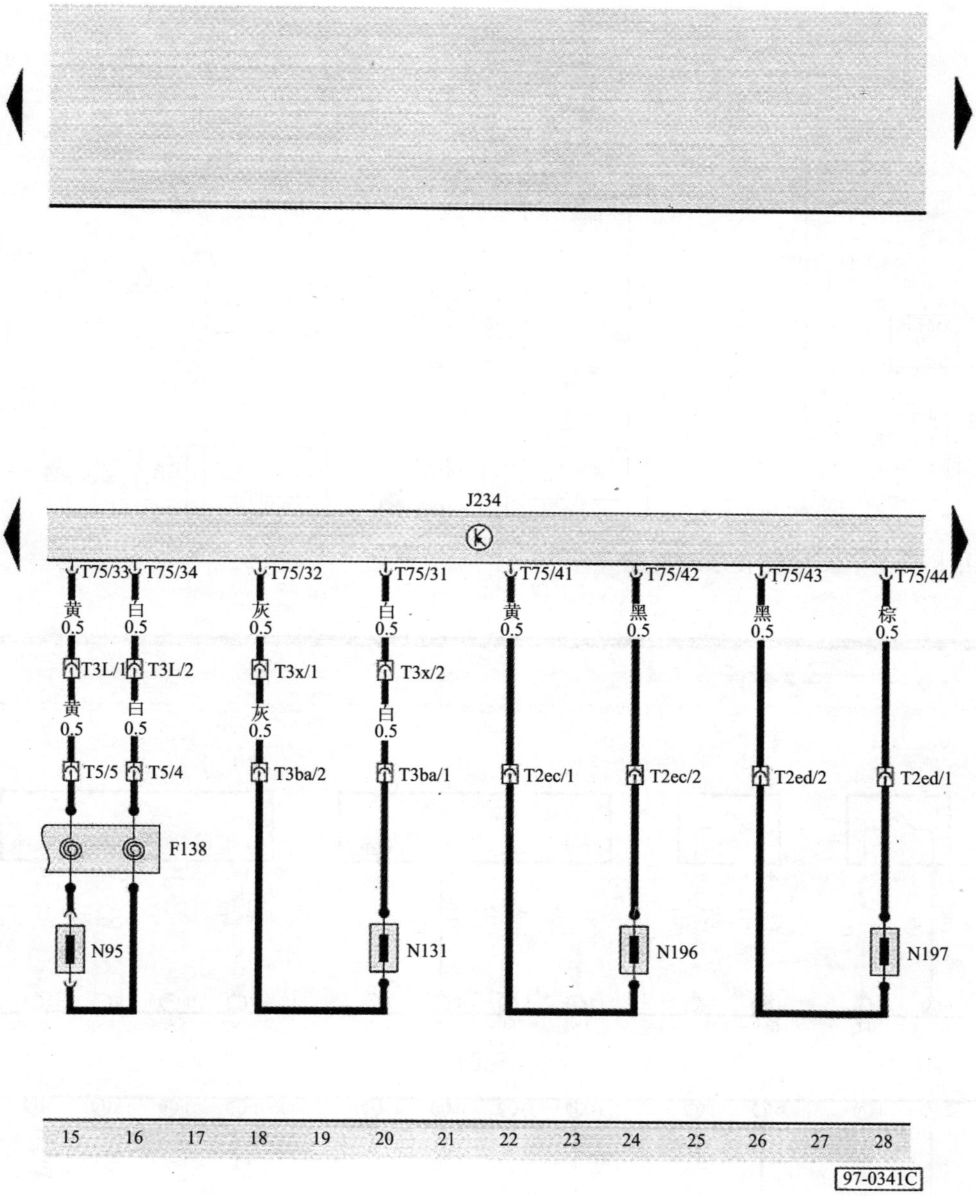

F138—安全气囊螺旋型电缆连接器，在转向盘下面
J234—安全气囊的控制单元，在中央控制台的前下方
N95—气囊气体发生器，驾驶侧，在转向盘中间
N131—气囊气体发生器，右前侧，在仪表板右侧
N196—后部安全带拉紧器引爆装置，驾驶侧，在后行李箱内左后轮罩上
N197—后部安全带拉紧器引爆装置，副驾驶侧，在后行李箱内右轮罩上

T2ec—2 针插头，在后部安全带拉紧器引爆装置上
T2ed—2 针插头，在后部安全带拉紧器引爆装置上
T3ba—3 针插头，黄色，在仪表板右侧
T3L—3 针插头，黄色，在左 A 柱插头支架左侧
T3x—3 针插头，黄色，在右 A 柱插头支架左侧（B 号位）
T5—5 针插头，黄色，在转向盘下方
T75—75 针插头，黄色，在安全气囊控制单元上

2. 上海通用别克君威安全气囊系统电路(附加充气保护装置)

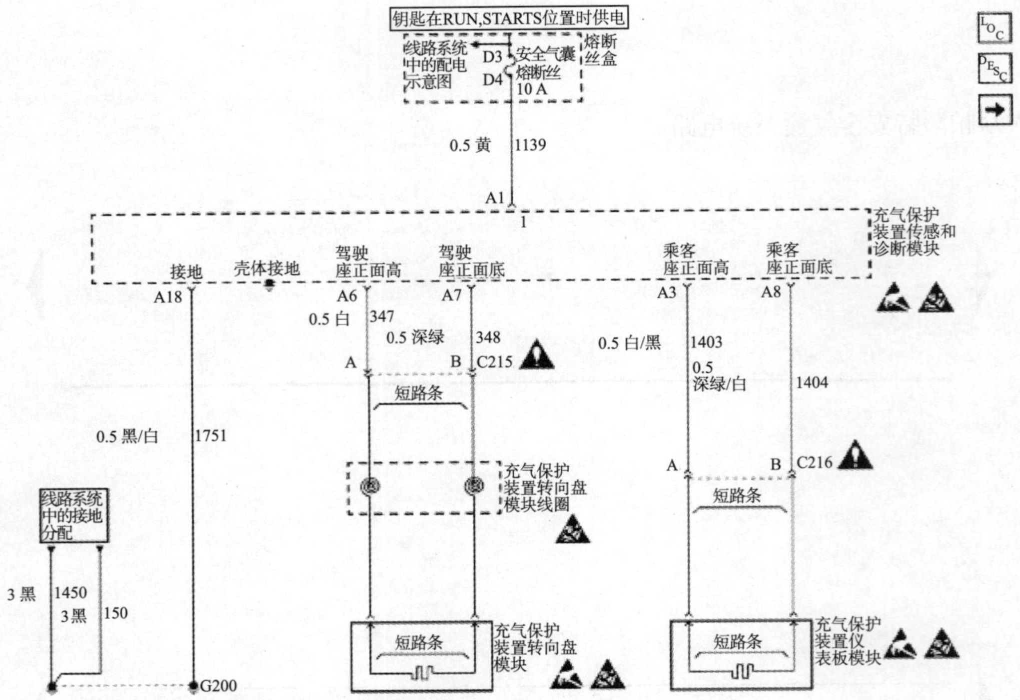

3. 丰田卡罗拉车安全气囊系统电路

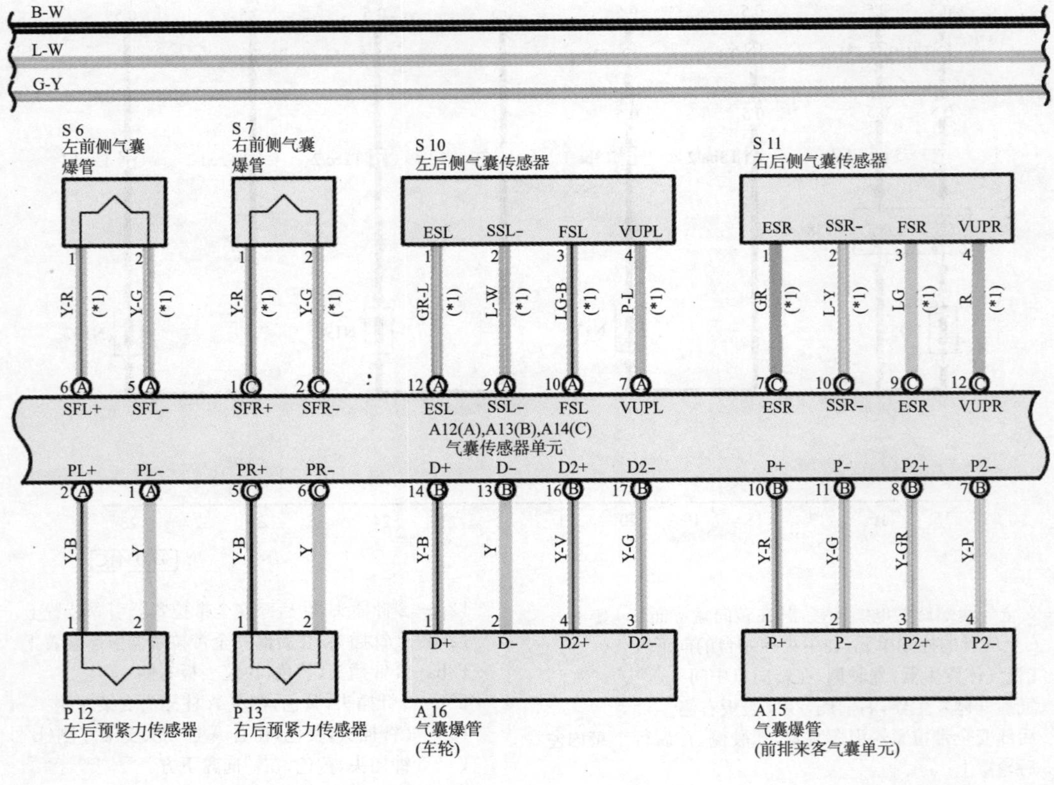

实训十五 总线系统

姓名：__________ 班级：__________ 日期：__________

实训十五（一） CAN BUS 系统自诊断

一、实训指导

（一）实训目标

1. 了解车辆各控制系统间数据的传输方式；
2. 能使用诊断仪对 CAN BUS 系统进行自诊断。

（二）安全要求及注意事项

1. CAN BUS 系统台架采用 220V 交流电，使用注意安全；
2. 诊断仪连接断开时注意关闭点火开关。

（三）设备/工具/耗材要求

设备：一汽大众宝来 CAN BUS 系统台架或大众带 CAN BUS 系统实训车辆。
工具：无。
仪器：VAG 1552 或其他诊断仪。
耗材：无。

（四）实训操作指导

1. CAN BUS 数据总线系统的进入

CAN BUS 数据总线自诊断接口 J533 有一个自诊断地址。

(1) 连接 VAG1552 故障阅读仪，选择“快速数据传递”，打开点火开关，输入地址码“19”，故障阅读仪显示屏显示：

快速数据传递	帮助
输入地址码××	

(2) 按“1”和“9”键，选择“入口”，故障阅读仪显示屏显示：

快速数据传递	Q
19 入口	

(3) 按“Q”确认输入，故障阅读仪显示屏显示：

快速数据传递	Q
检测仪发送地址码 19	

(4) 故障阅读仪显示屏显示：

6N0909901	入口 K

上一行表示控制单元，系统名称(入口 K〈—〉CAN)，版本号；下一行表示代码(取决于与数据总线相连的控制单元)，服务站代码。

(5) 按→键，故障阅读仪显示屏显示：

快速数据传递	帮助
选择功能××	

按“HELP”键后可以打印出可选择功能一览表。

02	查询故障存储器
05	清除故障存储器
06	结束输出
07	编制控制单元代码
08	读取测量数据块

2. 查询故障存储器

显示的故障信息，只有在起动自诊断或用功能“05—清除故障存储器”才能不断更新。

(1) 在故障阅读仪显示屏显示如下的情况下，按“0”和“2”选择“查询故障存储器”。

快速数据传递	帮助
选择功能××	

(2) 故障阅读仪显示屏显示：

快速数据传递	Q
02 查询故障存储器	

(3) 按“Q”键确认输入，故障阅读仪显示屏显示存储的故障数量，显示方式如下：

有 X 个故障

(4) 如果故障阅读仪显示屏显示：

无故障!

按→键，回到起始状态，故障阅读仪显示屏显示：

快速数据传递	帮助
选择功能××	

(5) 如果显示其他内容，请查阅故障阅读仪的使用说明书。

(6) 用“06”功能结束输出。

(7) 关闭点火开关并拔下自诊断连接器。

宝来轿车 CAN BUS 数据总线系统故障自诊断可以输出的故障代码见下表所列。

宝来轿车 CAN BUS 数据总线系统故障代码表

VAG1552 信息	可能的故障原因	可能的影响	故障排除方法
00778 转向角度传感器-G85 无法通讯	转向角度传感器-G85 通过数据总线的数据接收不正常	与数据总线相连的系统功能不正常	(1) 检查数据总线自诊断接口的编码； (2) 查询 ABS 控制单元故障存储器并排除故障； (3) 按照电路图检查连接转向角度传感器-G85 的数据总线
01044 控制单元编码错误	(1) 与数据总线相连的某控制单元编码错误； (2) 与数据总线相连的某控制单元损坏	行驶性能不良(自动变速器换挡冲击,符合变化冲击)无形式动力控制	(1) 读取测量数据块； (2) 查询与数据总线相连的所有控制单元故障存储器,并排除故障； (3) 检查并改正控制单元编码,如果需要更换控制单元
01312 数据总线损坏	(1) 数据总线有故障； (2) 数据总线在“BUS-OFF”状态	行驶性能不良(自动变速器换挡冲击,符合变化冲击)无形式动力控制	(1) 读取测量数据块； (2) 检查控制单元编码； (3) 按照电路图检查数据总线； (4) 更换损坏的控制单元
01314 发动机控制单元无法通讯	发动机控制单元通过数据总线的数据接收不正常	行驶性能不良(自动变速器换挡冲击,符合变化冲击)无形式动力控制	(1) 读取测量数据块； (2) 查询变速器控制单元故障存储器,并排除故障； (3) 按照电路图检查变速器控制单元数据总线
01315 变速器控制单元无法通讯	变速器控制单元通过数据总线的数据接收不正常	行驶性能不良(自动变速器换挡冲击,符合变化冲击)无形式动力控制	(1) 读取测量数据块； (2) 查询发动机控制单元故障存储器,并排除故障； (3) 按照电路图检查发动机控制单元数据总线
01316 制动控制单元无法通讯	制动控制单元通过数据总线的数据接收不正常	行驶性能不良(自动变速器换挡冲击,符合变化冲击)无形式动力控制	(1) 读取测量数据块； (2) 查询 ABS 控制单元故障存储器,并排除故障； (3) 按照电路图检查 ABS 控制单元数据总线
01317 组合仪表内控制单元-J285 无法通讯	(1) 组合仪表内控制单元-J285 控制单元数据总线有故障； (2) 组合仪表内控制单元-J285 损坏	行驶性能不良(自动变速器换挡冲击,符合变化冲击)无形式动力控制	(1) 读取 J553 的测量数据块； (2) 查询与数据线相连的所有控制单元故障存储器,并排除故障； (3) 按照电路图检查数据总线
01321 安全气囊控制单元-J234 无法通讯	安全气囊控制单元通过数据总线的数据接收不正常	安全气囊警报灯亮	(1) 读取测量数据块； (2) 查询安全气囊控制单元故障存储器,并排除故障； (3) 按照电路图检查安全气囊控制单元数据总线
01324 四轮驱动控制单元-J492 无法通讯	四轮驱动控制单元通过数据总线的数据接收不正常	行驶性能不良(自动变速器换挡冲击,符合变化冲击)无形式动力控制	(1) 读取测量数据块； (2) 查询四轮驱动控制单元故障存储器,并排除故障； (3) 按照电路图检查四轮驱动控制单元数据总线

3. 清除故障存储器

说明：清除故障存储器后，其内容自动消失，如果无法清除故障存储器，应再次查询故障存储器并排除故障。

前提条件：已经查询过故障存储器；已经排除所有故障。

(1) 查询故障存储器后，故障阅读仪显示屏显示：

快速数据传递	帮助
选择功能××	

(2) 按“0”和“5”键选择“清除故障存储器”。故障阅读仪显示屏显示：

快速数据传递	Q
05 清除故障存储器	

(3) 按“Q”键确认输入，故障阅读仪显示屏显示：

快速数据传递	→
故障存储器已清除	

这时故障存储器已被清除。

(4) 按→键，故障阅读仪显示屏显示：

快速数据传递	帮助
选择功能××	

如果故障阅读仪显示屏显示：

注意!
未查询故障存储器

说明检测顺序有错误，应严格按照检测顺序：先查询故障存储器，排除故障后再清除故障存储器。

4. 结束输出

(1) 在故障阅读仪显示屏显示如下的情况下：

快速数据传递	帮助
选择功能××	

按“0”和“6”键，故障阅读仪显示屏显示：

快速数据传递	Q
06 结束输出	

(2) 按 Q 键确认输入，故障阅读仪显示屏显示：

快速数据传递	帮助
输入地址码××	

(3) 关闭点火开关，拔下 VAG1552 连接器。

5. 读取测量数据块

(1) 连接 VAG1552 故障阅读仪，选择“快速数据传递”，打开点火开关，输入地址码 17。

(2) 按→键，故障阅读仪显示屏显示：

快速数据传递	帮助
选择功能××	

(3) 按“0”和“8”键选择“读取测量数据块”，故障阅读仪显示屏显示：

快速数据传递	Q
08 读取测量数据块	

(4) 按 Q 键确认输入，故障阅读仪显示屏显示：

快速数据传递	帮助
输入显示组号××	

(5) 按 0、0 和 1 键选择“显示组 001”(显示组 001 只是示例，用来说明过程)，按 Q 键确认输入，故障阅读仪显示屏显示(1……4＝显示区)：

读取测量数据块		1	→
1	2	3	4

说明：显示屏显示的是传感器的实际值，组合仪表上的值已经修正，可能与此不同。显示组 125～127 显示的是数据总线的状态；对于不存在的控制单元，其显示区无显示。

各显示组显示内容及相关解释如下表所列。

显示组 125 的显示内容：

显示组 125					
读取测量数据块 125　→					◢显示屏显示
×××	×××	×××	×××	◥显示区	规定值
1	2	3	4	空[1]	Leer[1]
		ABS 控制单元			ABS 1
	自动变速器控制单元				Getr. 1
发动机控制单元					Motor 1

注：Leer(空)表示显示区无显示。

显示组 125 的分析结果：

显示区	名称	显示内容	故障排除
1	发动机控制单元	Motor 1＝i. o.， 发动机控制单元经数据总线的数据接收正常 Motor 0＝nicht i. o.， 发动机控制单元经数据总线的数据接收不正常	如果数据接收不正常，则按照电路图检查控制单元的数据总线
2	自动变速器控制单元	Getr. 1＝ i. o.， 自动变速器控制单元经数据总线的数据接收正常 Getr. 0＝ nicht i. o.， 自动变速器控制单元经数据总线的数据接收不正常	
3	ABS 控制单元	ABS 1＝ i. o.， ABS 控制单元经数据总线的数据接收正常 ABS 0＝ nicht i. o.， ABS 控制单元经数据总线的无数据接收	

显示组 126 的显示内容：

显示组 126	
读取测量数据块 126 →	◢显示屏显示
XXX XXX XXX XXX ◥显示区	规定值
1 2 3 4 空[1]	Leer[1]
空[1]	Leer[1]
安全气囊控制单元	Airbag. 1
转向角传感器	Lenkw. 1

显示组 126 的分析结果：

显示区	名称	显示内容	故障排除
1	转向角传感器	Lenkw. 1=i. o.， 转向角传感器经数据总线的数据接收正常 Lenkw. 0=nicht i. o.， 转向角传感器经数据总线的数据接收不正常	如果数据接收不正常，则按照电路图检查控制单元的数据总线
2	安全气囊控制单元	Airbag. 1=i. o.， 控制单元经数据总线的数据接收正常 Airbag. 0=nicht i. o.， 自动变速器控制单元经数据总线的数据接收不正常	

显示组 127 的显示内容：

显示组 127	
读取测量数据块 127 →	◢显示屏显示
XXX XXX XXX XXX ◥显示区	规定值
1 2 3 4 空[1]	Leer[1]
空[1]	Leer[1]
Allrad	Allrad. 1
空[1]	Leer. 1

显示组 127 的分析结果：

显示区	名称	显示内容	故障排除
2	Allrad	Allrad. 1=i. o.， 四轮驱动控制单元经数据总线的数据接收正常 Allrad. 0=nicht i. o.， 四轮驱动控制单元经数据总线的数据接收不正常	如果数据接收不正常，则按照电路图检查控制单元的数据总线

（五）技术要点

1. 连接或断开诊断仪前，应先关闭点火开关；测试时应打开点火开关；

2. 清除故障存储器后，其内容自动消失，如果无法清除故障存储器，应再次查询故障存储器并排除故障。

二、工作页

写出一汽大众宝来 CAN BUS 总线系统自诊断的步骤。

1. CAN BUS 数据总线系统的进入。

连接 VAG1552 故障阅读仪，点火开关“ON”，输入地址码“________”；

在 CAN BUS 数据总线系统中可执行的功能，并填入下表。

序号	功能编码	功能
1		
2		
3		
4		
5		

2. 查询故障存储器。

故障内容：____

3. 清除存储故障。

4. 测量数据块。

（1）读取显示组 125，并填入下表。

序号	1	2	3	4
数据组				
数据分析				

（2）读取显示组 126，并填入下表。

序号	1	2	3	4
数据组				
数据分析				

(3) 读取显示组 127,并填入下表。

序号	1	2	3	4
数据组				
数据分析				

三、复习思考题

1. 读取和分析 125,126 和 127 数据块。

2. 观察 CAN BUS 系统台架电路部分,思考各控制单元之间信号传递的方式。

实训十五(二) CAN BUS 总线系统检测

一、实训指导

(一) 实训目标

1. 学会检测 CAN BUS 总线系统总电阻和终端电阻的方法;
2. 学会使用示波器对 CAN BUS 总线系统进行波形检测;
3. 学会 CAN BUS 总线系统的故障诊断方法。

(二) 安全要求及注意事项

1. 台架采用 220 V 交流电,使用时注意安全;
2. 测量电阻前应先断开电压。

(三) 设备/工具/耗材要求

设备:一汽大众宝来 CAN BUS 总线系统台架或大众带 CAN BUS 总线系统实训车辆。
工具:测针。
仪器:数字式万用表、示波器。
耗材:无。

(四) 实训操作指导

1. CAN BUS 总线终端电阻检测

(1) 将蓄电池的负极柱线断开;

(2) 等待大约 5 min,等所有的电容器都充分放电;

(3) 拔掉某个不带终端电阻的控制单元(如自动变速器控制单元、安全气囊控制单元等)连接器,连接万用表,用电阻挡测量线束端的总电阻。测量的总电阻为两个单个终端电阻的并联电阻,单个终端电阻约为 120 Ω,所以总电阻约为 60 Ω。如果测得总电阻远大于该值,说明线路中存在断路或接触不良故障;若测得总电阻远小于该值,说明线路中存在短路故障,应检修线路。

(4) 将一个带终端电阻的控制单元(如发动机控制单元或 ABS 控制单元)的连接器拔下,连接万用表,用电阻挡测量终端线束端的电阻,约为 120 Ω。如果测得总电阻远大于该值,说明线路中存在断路或接触不良故障;若测得总电阻远小于该值,说明线路中存在短路故障,应检修线路。

(5) 第一个控制单元(带终端电阻)的连接器连接好,再将第二个带终端电阻的控制单元的连接器拔下,再次测量终端电阻,判断该电路是否存在故障。

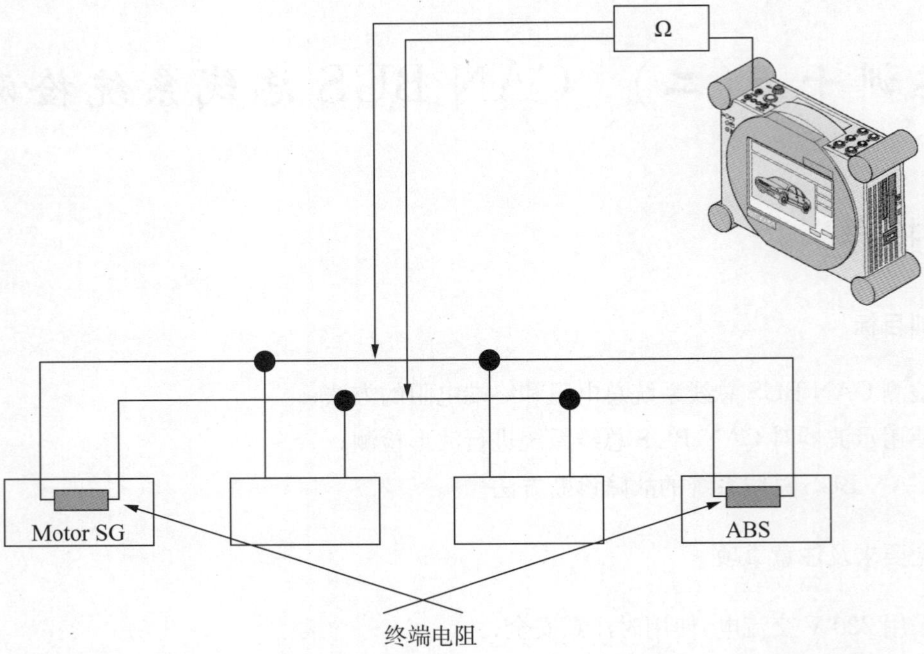

2. CAN BUS总线(大众车系舒适系统)波形检测

(1) CAN BUS标准波形。

(2) CAN low对地短路。

分析过程：CAN low(下方波形)为零电压(0 V)。

结论：CAN low对地短路。

(3) CAN low对正极短路。

分析过程：CAN low(上方波形)为端电压(12 V)。

结论：CAN low对正极短路。

(4) CAN high 对地短路。

分析过程：CAN high(上方波形)为零电压(0 V)。

结论：CAN high 对地短路。

(5) CAN high对正极短路。

分析过程：CAN high(上方波形)为端电压(12 V)。

结论：CAN high对正极短路。

(6) CAN low断路。

分析过程：CAN low(下方波形)为0电压(0 V)但有一其他控制单元应答信号。

结论：CAN low断路。

(7) CAN high带电阻对地短路。

分析过程：CAN high(上方波形)的电压达不到其标准电压，比标准电压低。

结论：CAN high对地短路但带电阻，电阻越大，波形趋于正常. 电阻越小，波形趋于平缓。

(8) CAN low接电阻对地短路。

分析过程：CAN low(下方波形)波形电压值过低。

结论：CAN low接电阻对地短路。

(9) CAN high 和 CAN low 互短。

分析过程：CAN high 和 CAN low 输出信号波形一样。

结论：CAN high 和 CAN low 互短。

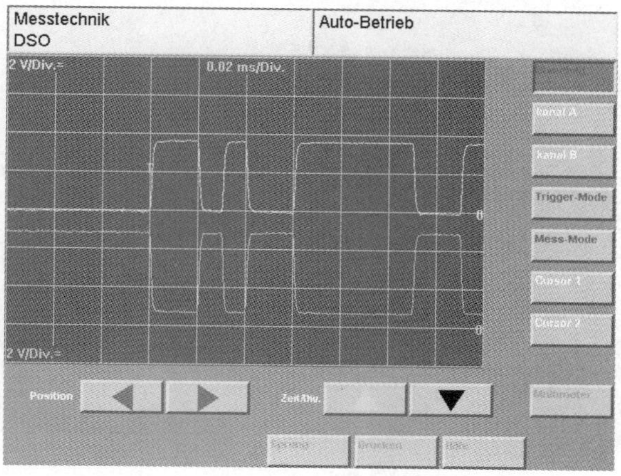

CAN BUS 标准波形

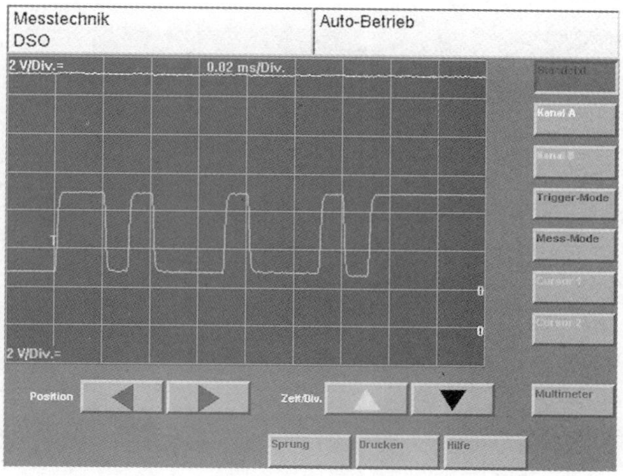

CAN low 对地短路

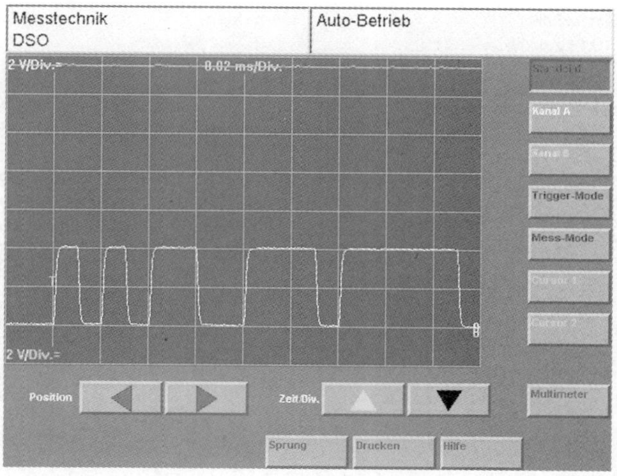

CAN low 对正极短路

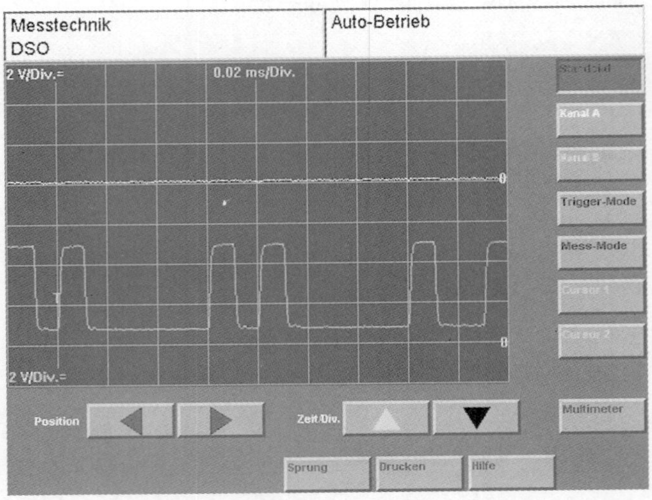

CAN high 对地短路

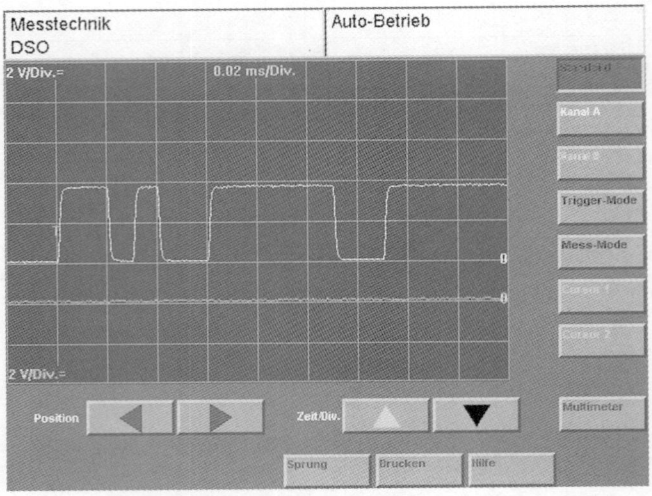

CAN high 对正极短路

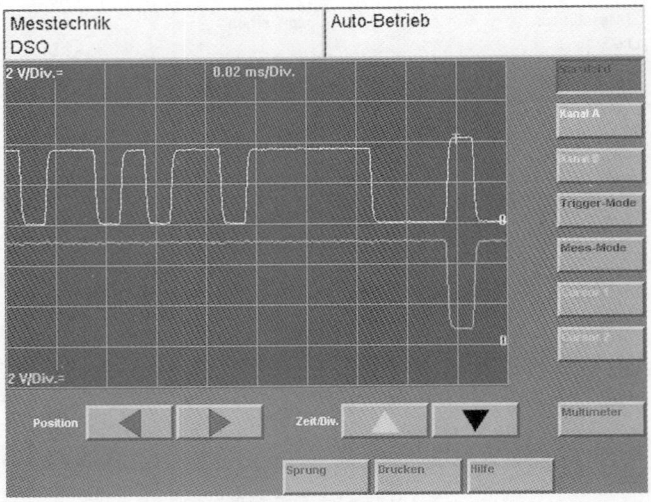

CAN low 断路

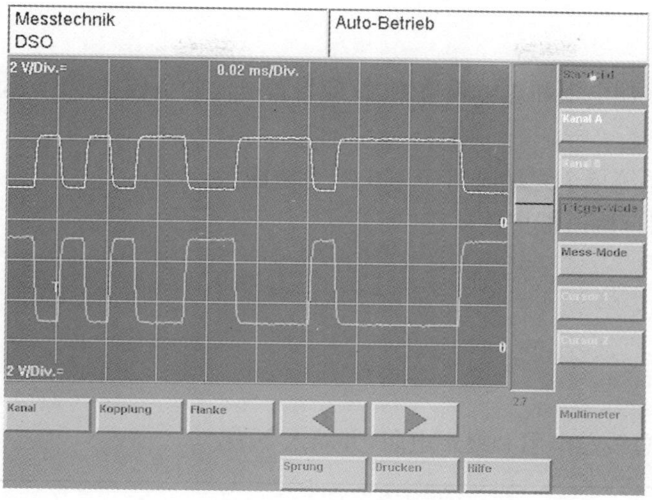

CAN high 带电阻对地短路

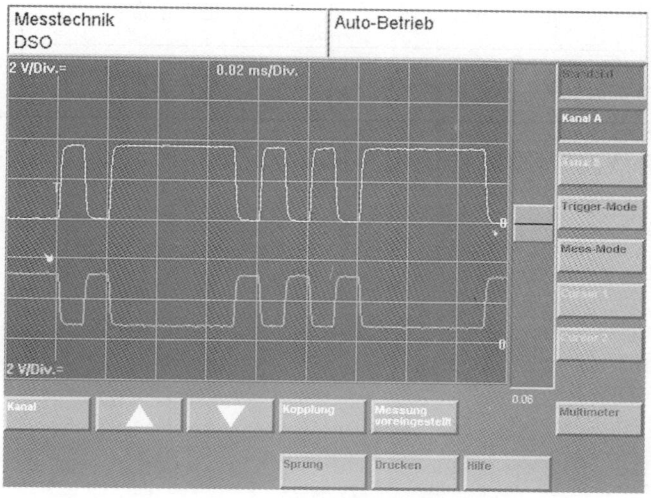

CAN low 接电阻对地短路

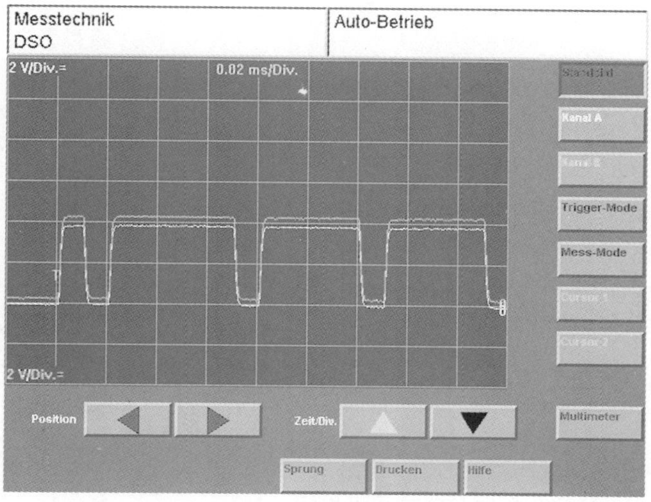

CAN high 和 CAN low 互短

(五) 技术要点

1. CAN BUS 总线终端电阻和总电阻检测时，应将蓄电池的负极柱线断开，等待大约 5 min，等所有的电容器都充分放电后进行；

2. CAN BUS 总线系统单个终端电阻为 120 Ω、总电阻为 60 Ω；

3. 波形检测时，应保证测试端搭铁良好。

二、工作页

1. 检测 CAN BUS 总线总电阻和终端电阻，并填入下表。

检测仪器			
名称系统总电阻		是否正常	
终端电阻		是否正常	

2. 检测 CAN BUS 总线波型，画出波形图，并加以分析。

波形图：

分析结论：

三、复习思考题

1. CAN BUS总线终端电阻的作用是什么，怎样进行检测？

2. 怎样从诊断接口处获取CAN BUS信号？